INVENTAIRE-SOMMAIRE

DES

ARCHIVES DÉPARTEMENTALES

ANTÉRIEURES A 1790

RÉDIGÉ PAR Ch. DE BEAUREPAIRE ET J. VERNIER, Archivistes

SEINE-INFÉRIEURE

ARCHIVES ECCLÉSIASTIQUES — SÉRIE G Nᵒˢ (9435-9900)

TOME SEPTIÈME (3ᵉ PARTIE)

ROUEN

IMPRIMERIE LECERF FILS

—

1912

INVENTAIRE-SOMMAIRE

DES

ARCHIVES DÉPARTEMENTALES

ANTÉRIEURES A 1790

INVENTAIRE-SOMMAIRE

DES

ARCHIVES DÉPARTEMENTALES

ANTÉRIEURES A 1790

RÉDIGÉ PAR Ch. DE BEAUREPAIRE ET J. VERNIER, ARCHIVISTES

SEINE-INFÉRIEURE

ARCHIVES ECCLÉSIASTIQUES — SÉRIE G Nᵒˢ (9435-9900)

TOME SEPTIÈME (3ᵉ PARTIE)

ROUEN

IMPRIMERIE LECERF FILS

1912

AVANT-PROPOS

Ce troisième et dernier fascicule du tome VII de l'Inventaire de la série G des archives de la Seine-Inférieure est constitué en grande partie par l'analyse des registres ayant appartenu à l'archevêché (G. 9435 à 9842) et aujourd'hui déposés, à titre définitif, aux archives départementales, conformément aux dispositions de l'article 16 § 5 de la loi du 9 décembre 1905 et des articles 20 et 22 du décret du 16 mars 1906.

Il y a de nombreuses années déjà, M. de Beaurepaire dressa un inventaire de ces archives qui avaient fait l'objet, vers le milieu du xviiie siècle, d'un classement entrepris par ordre de l'archevêque de Saulx-Tavannes, et d'un répertoire, extrêmement sommaire d'ailleurs et souvent inexact, au dire de M. de Beaurepaire [1], dressé par M. Pellevé, avocat au Parlement et procureur général de l'archevêché.

L'inventaire de M. de Beaurepaire était resté jusqu'à ce jour manuscrit. Les membres de la famille me l'ayant remis avec le désir de le voir imprimé, j'accédai d'autant plus volontiers à ce légitime désir que cette publication devait compléter et très heureusement terminer notre inventaire de la série G.

M. de Beaurepaire s'étant astreint, comme il le dit lui-même dans l'introduction placée en tête de son manuscrit, à n'analyser avec quelques détails que les premiers volumes de la collection des registres du secrétariat de l'archevêché, j'ai dû, avant de livrer son travail à l'impression, le compléter sur certains points et donner une analyse des 185 registres qui avaient été inventoriés en bloc : pour le reste, le manuscrit de M. de Beaurepaire fut scrupuleusement respecté en toutes ses parties.

Ce fascicule se termine par l'analyse des registres ou liasses provenant du chapitre métropolitain et, comme ceux de l'archevêché, actuellement mis en dépôt aux archives départementales en vertu des loi et décret précités. Cette analyse, qui comprend les articles G. 9843 à 9900, est mon œuvre personnelle : c'est ce qui explique pourquoi mon nom figure, sur le titre de ce fascicule, à côté de celui de mon éminent prédécesseur.

J.-J. V.

---

1. *Inventaire sommaire des archives de la Seine-Inférieure. Série G*, t. 1, introduction, p. 42.

INTRODUCTION

Les archives anciennes de l'archevêché se composent, pour la majeure partie, des registres dits du secrétariat (*vicariatus*, *clerici vicariatus*, *secretarie*, *secretariatus*, etc.). Cette importante et volumineuse collection commence à l'année 1434 et se poursuit, sans grande lacune, jusqu'à la Révolution. C'est, sans contredit, une source précieuse à consulter pour l'histoire de toutes les paroisses de l'ancien diocèse de Rouen.

Les registres du secrétariat, tenus non par le secrétaire, mais, sous sa responsabilité, par un commis, assez ordinairement choisi parmi les notaires de la cour d'église, affectèrent la forme de compte pendant tout le xv⁰ siècle et une grande partie du xvi⁰ : *compotus*, *status recepte*, etc., tel fut leur premier titre. Les actes, rangés dans des catégories qui ne sont pas toujours très nettement définies[1], ne sont que sommairement indiqués, et la courte mention qui en est faite ne paraît d'abord avoir d'autre objet que la justification du chiffre qui la suit. On remarque à la fin de chaque chapitre un total, à la fin du registre un résumé et une récapitulation des recettes et dépenses, avec les signatures des officiers de l'archevêché qui avaient entendu et approuvé les comptes du secrétariat. Cette forme primitive se modifia de plus en plus. On vit bientôt disparaître le chapitre des dépenses, la récapitulation de la recette, les signatures des auditeurs du compte. — Quelques actes ayant cessé de donner lieu à une perception de deniers (tels que les collations, les permissions de quêter), on n'en maintint pas moins la mention dans le registre, qui fut de bonne heure appelé *Registrum secretarie* ou *secretariatus*, au lieu de *compotus*. Les « collations », non seulement continuèrent à être mentionnées, mais furent de plus en plus longuement analysées. En même temps, quelques séries d'actes tendirent à disparaître : les dispenses de foi et de serment prêtés dans des contrats reconnus depuis frauduleux n'occupent pas moins de douze pages dans le registre de 1498-1499 ; elles en occupent une seule dans celui de 1554-1555, une demie dans celui de 1559-1560 ; on compte trois dispenses de ce genre en 1572, deux en 1573, une en 1574 ; il n'y en avait point eu de sollicitées en 1566, 1568. — On voit encore des chiffres aux articles inscrits sous les titres de *Non residencie curatorum*, *Approbationes capellanorum*, dans le compte de 1576-1577 ; à partir de là, il n'y a plus de chiffre à aucun article. — Le registre, jusque-là limité entre le terme de la Saint-Michel d'une année et le même terme de l'année suivante, embrasse une période de temps très variable. — Dans le registre de 1605-1607, les provisions sont rapportées en entier. Plus tard (1635-1636), les actes commencent à être revêtus des signatures de l'archevêque et des vicaires généraux. Plus tard encore, on adopte l'usage de plusieurs séries de registres : ainsi, sous Mgr de Harlay et Mgr de Médavy, il y a des registres particuliers pour les ordonnances rendues par l'archevêque, absent de Rouen, et d'autres pour les ordonnances rendues à Rouen par les vicaires généraux.

Les registres du secrétariat de l'archevêché ont été tenus avec un soin remarquable depuis les premières années du xvi⁰ siècle jusqu'en 1577. Nous signalerons, au commencement de

---

1. Cette remarque s'applique, surtout, aux premiers chapitres : *Collationes, Gracie, Dispensaciones.*

chaque volume, dans cette période de temps, les lettres ornées du mot *Registrum*, parfois d'un goût très pur, parfois aussi d'un goût bizarre. Ici, la lettre *R* représente un homme en bonnet (1522-1523) ; là, deux anges jouant de la flûte (1526-1527). La même lettre, dans le registre de 1576-1577, représente un arbre portant les armes du cardinal de Bourbon avec des abeilles autour et ces mots : *Folium ejus non defluet*.

Nous n'analyserons avec quelque détail que les premiers volumes de la collection des registres du secrétariat. Ce n'est pas que tous ne présentent un véritable intérêt. Mais cette analyse nous eût demandé trop de temps et eût allongé démesurément cet inventaire.

Cʜ. de **BEAUREPAIRE.**

INVENTAIRE SOMMAIRE

DES

ARCHIVES DÉPARTEMENTALES ANTÉRIEURES A 1790

SÉRIE G.

G. 9435. (Registre.) — In-folio, 54 feuillets. papier.

1434-1435. — *Compotus sive status recepte emolumenti vicariatus factus per me Robertum Guerouldi ipsius vicariatus, sub venerabili viro magistro Simone de Bergeriis reverendissimi in Christo patris et domini Hugonis archiepiscopi Rothomagensis secretario clerico, et ad ipsum officium exercendum per ipsum reverendissimum patrem commissum, inceptus die ultima mensis septembris anno Domini millesimo quadringintesimo tricesimo quarto et finitum ad consimilem diem anno Domini millesimo quadringintesemo tricesimo quinto.* — Divisé en chapitres : *recepta collationum, mandatorum subhastacionum et approbacionum confratriarum et reconciliacionum ecclesiarum.* Approbation des confréries de S. Jacques, S. Jean-Baptiste, S. Nicolas et S⁽ᵗᵉ⁾ Catherine, à Angerville (Anservilla), doyenné de Valmont; de la Nativité de la Sainte-Vierge, à Anglesqueville, doyenné de Bacqueville ; — de S. Antoine et S. Sébastien, à Annouville, doyenné de Valmont; — de Notre-Dame, aux Authieux, doyenné de Longueville; — de S. Nicolas, à Auzebosc ; — du S. Esprit, à *Bernencourt* ; — de S. Nicolas, à Saint-Pierre de Buchy; — de Notre-Dame, à Criel ; — de la Madeleine, à Écalles, doyenné de Cailly; — de S. Nicolas, à Notre-Dame de Longueil; — de S. Maurice, à Malaunay; — de S. Victor, à Manteville, doyenné de Valmont; — de S. Jacques, à Valmont; — de S. Eustache, à Vireville; — de S. Ouen, à S. Ouen de Rouen; — des Saints-Innocents, à S. Patrice de Rouen; — union des charités de Notre-Dame, du Saint-Sacrement et de S. Godard, à S. Godard de Rouen (prix des approbations : 50, 60 sous). — Permission de réconcilier des églises polluées par effusion de sang ou par le fait de gens de guerre : Boisemont ; Commeny ; Notre-Dame de Gournay; Marquemont; Saint-Paër, au doyenné de Saint-Georges ; Saint-Victor-en-Campagne ; Touffreville, au doyenné d'Eu ; Yvetot; le cloître de Saint-Wandrille. — Commission donnée à Nicolas Prévosteau, jurisconsulte, pour administrer provisoirement le vicariat de Pontoise. — Résignation faite par Guillaume Érart, professeur de théologie, de la cure de Cliponville, pour cause de permutation à faire avec Hugues Leclerc, chanoine de Paris; par Nicolas Feuillet de la cure de Transières. — Nomination par Nicolas Basset, sieur de Malaunay, de Pierre Blanchart, curé de Goupillières, à la cure de Notre-Dame-des-Champs. — Mention de Jean de Typlot, seigneur de Bertreville ; de Jean Milles, curé de S Nicolas de Malaunay; d'Alain Kyrketon, chapelain de S⁽ᵗᵉ⁾ Marie-Madeleine de Fumichon, au diocèse de Lisieux, docteur en décrets, chapelain de la chapelle du Régent (Bedford). — *Recepta questarum. — Recepta dispensacionum de non solvendo debita et contractuum deceptivorum. — Recepta graciarum scilicet pro* *celebrando et desponsando in oratoriis. — Recepta non residenciarum curatorum et approbacionum cappellanorum ecclesiis deservientium. — Recepta litterarum d'a quocumque et aliarum ordines tangentium.* — Ordinations des Quatre-Temps avant Noël 1434, célébrées par l'évêque d'Avranches : 122 enfants tonsurés, 65 acolytes, sous-diacres, diacres et prêtres. — Ordinations après les Brandons : 112 enfants tonsurés ; 85 acolytes, sous-diacres, diacres et prêtres ; — Ordinations *post letare Jherusalem*, célébrées par l'évêque d'Avranches : 26 enfants tonsurés, 65 acolytes, sous-diacres et prêtres ; — après les Rameaux : 24 enfants tonsurés ; — après la Pentecôte : 740 enfants tonsurés, 115 acolytes, sous-diacres, diacres et prêtres ; — en septembre : 147 enfants tonsurés, 72 ordonnés *ad majores* ; — à Dieppe, tonsurés par l'évêque de Lisieux, 205 ; — pour chaque lettre de tonsure, 5 sous ; pour chaque lettre d'ordre, 4 sous 2 deniers. — Compte non signé. Ce registre et un grand nombre de la même collection ont été paginés par M. de Seraucourt. Les indications marginales sont de la main de MM. Cornet, Fliot, secrétaires de l'archevêché au dernier siècle.

G. 9436 (Registre.) — In-folio, 50 feuillets, papier.

1436-1437. — *Compotus sive status recepte facte per me Robertum Guerouldi, presbiterum, apostolica et imperiali auctoritatibus curieque archiepiscopalis Rothomagensis juratum notarium, ad officium clerici vicariatus sub honorabili viro Jacobo Lejure, clerico reverendissimi in Christo patris et domini domini Ludovici de Lucemburgo, Dei gratia Rothomagensis archiepiscopi et Francie cancellarii, exercendum ab eodem reverendissimo patre commissum et deputatum ratione dicti officii, incepte in festo Beati Michaelis in Monte-Gargano, anno Domini 1438 et finientis ad consimilem diem anno revoluto.* — Même division en chapitres qu'au registre précédent. — Collation à Roger Bourguignon, de la cure d'Aizier, vacante par le décès de Jean de Livet ; — à Jean Cordier, de la cure de Bracquemont, vacante par le décès de Guillaume Bellée ; — à Jean de Guerres, prêtre, religieux de l'hôpital de Neufchâtel, de la cure de Bully, vacante par la résignation de frère Laurent Darendel (sur la présentation du prieur dudit hôpital) ; — à *Socius* Votes, de la cure de Duclair, vacante par le décès de Jean de Rosay ; — à Jacques Cochon, notaire, de la cure du Petit-Quevilly ; — à Nicolas Dumontier, de la cure de Poville, sur la présentation de Pierre Poolin, écuyer ; — à Raoul Gervais, de la cure de Salmonville-la-Sauvage, vacante par le décès

d'Étienne Le Bègue, sur la présentation du Roi ; — à Nicolas de Poix, prêtre de la cure de Mauny, vacante par la résignation de Jean Massieu, sur la présentation de Richard Cursum ; — audit Massieu, de la cure de Valliquerville, vacante par le décès de Jean Sécart, sur la présentation de Jean Merlin ; — à maître Jean Doulle, chapelain de M. de Warwick, de l'hôpital de S. Martin-du-Pont, à Rouen ; — à maître Nicolas Caval, chanoine de Rouen, de la chapelle de Notre-Dame des Béguines, de la même ville, vacante par le décès de Guillaume Piques, sur la présentation de la maîtresse de la maison. — Cure de Hautot-sur-Dieppe, vacante par le décès de Guy Voillot ; — chapelle de S. Jacques, à l'hôpital de Pontoise, vacante par le décès de Nicolas Prévosteau. — Mention de Bérard de Montferrand, chevalier, seigneur de Buchy. — *Recepta questarum. — Recepta dispensacionum de non solvendo debita et fide et juramento prestitis in contractibus deceptivis. — Recepta litterarum de gratia concessarum videlicet pro celebrando et desponsando in oratoriis.* Dispense à Jean Le Fèvre, capitaine de Pont-Saint-Pierre, pour se marier dans la chapelle du château de Pont-Saint-Pierre. Permission de célébrer dans l'oratoire de la carrière de Cachalose concédée aux paroissiens de Gommecourt. Concession de territoire à l'évêque d'Avranches pour ordonner quelques-uns de ses diocésains, sans préjudice des droits de Mgr de Rouen. — *Recepta non residenciarum. — Recepta ordinum durante tempore presentis compoti Rothomagensi celebratorum.* En décembre : 62 tonsurés, 12 acolytes ; en février : 58 tonsurés, 10 acolytes ; après les Rameaux : 15 tonsurés, 3 acolytes ; à la Pentecôte : 118 tonsurés, 8 acolytes ; en septembre : 73 tonsurés, 4 acolytes. Total de la recette : 778 l. 17 s. — Mises faites par ledit Guérould. — Compte signé par Pasquier, évêque de Meaux, Philippe de La Rose, official, Pierre Surreau, trésorier, Oudard Le Riche, clerc de la chambre des comptes du Roi, Jean Pajot, scelleur.

G. 9437. (Registre.) — In-folio, 33 feuillets, papier.

1439-1440. — *Compotus sive status recepte facte per me Robertum Guerouldi, presbyterum, curie archiepiscopalis Rothomagensis juratum [notarium], racione et ad causam officii clerici vicariatus reverendissimi in Christo patris et domini domini Ludovici de Lucemburgo, Dei gratia Rothomagensis archiepiscopi et Francie cancellarii, michi sub honorabili viro Jacobo Lejure, clerico ejusdem reverendissimi patris secretario, per eumdem reverendissimum patrem commissum...* Même division en chapitres qu'à l'article précédent. — « Pro quictancia centum saluciorum pro pastu per Re. patrem dominum Egidium, episcopum Constantiensem, debito, XXVIII. Julii, nihil. » — « Pro simili centum librarum, pro quibus composuit Re. pater dominus Pasquierus, Ebroicensis episcopus, die predicta, nihil. » — « Pro quadam commissione per dominum data dominis episcopo Ebroicensi et officiali Rothomagensi ad determinandum et senlenciandum de controversia inter abbates Sancti Wandregisili, Gemmetici et Becci Helluini super suis antelationibus in sinodis et congregationibus, pro domino nihil. » — « Pro quadam commissione pro reverendo patre domino episcopo Ebroicensi et domino officiali ad pronunciandum quandam sentenciam diffinitivam in materia fidei diu ventilitam inter promotorem, etc., ex una, et magistrum Egidium de Campis, parte ex altera, nihil. » — Lettres de territoire à l'évêque de Coutances pour faire, à Rouen, le procès à Guillaume d'Auberive, prévenu du crime de lèse-majesté. — « Pro licentia celebrandi in oratorio concessa Henrico Gray de Heton, comiti de Tancarvilla, et ejus uxori per dominum, nihil ; — pro licentia celebrandi et desponsandi in oratorio concessa domino Simoni Morhier, militi, preposito Parisiensi, per dominum, nihil ; — pro licentia celebrandi in oratorio concessa Roberto Semard, capitaneo de Insulabona, .XV. s. ; — pro licentia celebrandi in oratorio castri de Archis concessa Thome Baldensi, capitaneo loci, .XV. s. ; — pro simili concessione domino Johanni de Montgommery, baillivo Caletensi, nihil ; — pro licentia celebrandi et faciendi servicium de Ruppe Guidonis in bassa curia castri loci, .XV. s. ». — « Pro collacione minoris porcionis de Fontibus-Duni, decanatus de Brachiaco, vacantis per simplicem resignationem domini Petri Cochon pleno jure, domino Abrahe de Platea, presbytero, ultima septembris collatorum, .I. salucium. » — Résignation de la cure de Saint-Germain de Calleville par Thomas Basin pour cause de permutation à faire avec Jean Guedon, chapelain de Grippel ; de la cure de Drosay par André Marguerie ; de celle de Lintot par Jean Basset, nommé chantre de la cathédrale de Rouen ; de celle de Néville, au doyenné de Canville, par Denis Gastinel, nommé à un autre bénéfice. — Mentions : de Nicolas Maulin, chapelain de S. Tomas en l'hôtel de Saint-Antoine à Rouen ; de Richard de Wideville, seigneur de Charlesmesnil, époux de Jacquette de Luxembourg. — *Recepta ordinum* : décembre, 62 enfants tonsurés, 6 acolytes ; — après les Brandons, 51 enfants tonsurés, 9 acolytes ; — après *Lætare Jerusalem*, 16 enfants tonsurés, 3 acolytes ; — à Pâques, 15 enfants tonsurés, 3 acolytes ; —

en septembre, 112 enfants tonsurés, 3 acolytes. — Compte revêtu de signatures.

G. 9438. (Registre.) — In-folio, 22 feuillets, papier.

1440-1441. — Compte du même commis sous le même secrétaire. — Même division en chapitres : *Collationes, Queste, Dispensationes de non solvendo debita et contractuum deceptivorum, Recepta litterarum de gracia videlicet pro celebrando et desponsando in oratoriis, Recepta non residenciarum et approbacionum capellanorum, Recepta ordinum, Recepta litterarum ad recuperandum pro domino traditarum.* — « Pro sex litteras in sex pellibus pergameni de adhesione domini nostri regis ad sanctissimum dominum nostrum Eugenium papam quartum, nihil. » — « Pro quodam territorio concesso domino Johanni, Dimitriensi episcopo, pro benedicendo dominum Johannen abbatem Fiscampnensem in ecclesia parrochiali Sancti Petri Portarii Rothomagensis, VIIa apilis, .X. s. ». — « Pro licentia celebrandi et faciendi servicium canoniale concessa decano et canonicis de Salceya, Ebroicensis diocesis, in domo fratrum minorum, .I. salucium val. XXIX. s. III. d. ». — « Pro simili licentia celebrandi in oratorio concessa parrochianis de Tourvilla in domo abbatis de Gemeticis, .XV. s. ». — « Pro simili concessione rectori et parrochianis de Gommecuria videlicet de celebrando in carreria de Cache Alose, .XV. s. ». — « Pro simili videlicet in carreria Sancti Vigoris, decanatus Sancti Romani, XXIa septembris, .XV. s. ». — Permission accordée à Henri Gray de Hecton, comte de Tancarville, de se marier dans la chapelle de son château. — Approbation des confréries : de S. Marc et S. Gourgon, martyr, en la chapelle S. Marc de Rouen ; de S. Julien, S. Yves, S. Léger et S. Clair, à S. Denis de Rouen. — « Pro approbatione confratrie sacerdotum Kalende Rothomagensis, pro jure domini, .II. sal. val .LVIII. s. VI d. ». — Nominations de doyens ruraux : Jean Ango, à Cailly ; Robert Bertin, à Périers ; Robert Du Moustier, à Saint-Romain. — « Pro collacione vicarie de Rotonda Rothomagi quam nuper tenebat dominus Johannes Massieu, per ejus resignacionem, causa permutacionis faciende cum domino Jacobo de Bosco Heberti, canonico loci, ad canonicatum, etc., facta eidem domino Jacobo licet absenti, die XIa augusti, .XX. s. ». — « Pro questa domicelle Marie de Traseignyes, pro Deo, nihil » — *Recepta ordinum.* En décembre, 78 enfants tonsurés, 2 acolytes ; après les Brandons, 107 enfants tonsurés, 4 acolytes ; à Montivilliers, par l'évêque d'Évreux, 142 enfants tonsurés, 4 acolytes ; après *Lætare Jerusa-*

lem, par l'évêque de Dimitri, 11 enfants tonsurés, 1 acolyte ; après les Rameaux, 43 enfants tonsurés ; en juin, 251 enfants tonsurés, 10 acolytes ; en octobre, 111 enfants tonsurés, 6 acolytes.

G. 9439. (Registre.) — In-folio, 21 feuillets, papier.

1441-1442. — Compte du même commis sous le même secrétaire. — Même division en chapitres : *Collationes* : « Pro quadam littera vadiorum centum marcarum sterlingorum concessa magistro Johanni Fabri, bacalario in theologia, vicario Eliensi, pro domino, videlicet pro feodo, vengiis et diligentiis, die IIII ª octobris, nihil. » — Confirmation de l'élection faite, par voie de scrutin, de Richard de Cauchy, comme prieur de Beaulieu, auparavant curé de Hugleville, au doyenné de Pavilly, et remplacé dans cette cure par Nicolas Le Comte, .IX. l. — Lettre de commission et d'administration de la maison des Bons-Enfants, de Rouen, à Nicolas Hédouys, prêtre, maître ès arts, 3 octobre. XXV. s. — Réconciliations : de l'église de Longueville, polluée par homicides sur les personnes d'Anglais, 18 juillet. X s. ; de l'église de S. Denis de Ferment, où avait été assassiné Charles de Saint-Clair ; du cimetière de S. Aignan, de Pont-Audemer, pollué par le fait des gens de guerre. — Pour annexe autorisée en la confrérie de la Sainte-Trinité et du S. Esprit fondée au monastère des Ermites de S. Augustin, de Rouen, avec addition d'un sermon en l'honneur de Ste Catherine, vierge et martyre, .X. s. — Collation de la cure de la Neuville-Champ-d'Oissel, sur la présentation de l'abbé de Lire, à Raoul de Hangest, chanoine de Rouen, ayant résigné la cure de La Haye-Routot. — Approbation de ventes faites par des communautés ecclésiastiques. — Mention de Guillaume Alington, seigneur du Thuit-Hébert ; Richard de Wideville, seigneur du Grand-Torcy ; Vautier de Hungerfford, seigneur de Vouville-d'Écalles ; Laurent Guédon, avocat du roi, seigneur de Franqueville. — *Recepta questarum*. Pour concession de quête à l'église de Pressigny-l'Ile, qui avait été incendiée, XX. s. — *Recepta dispensationum*. — *Recepta graciarum videlicet pro celebrando et desponsando in oratoriis concessarum*. Permissions de ce genre accordées à Guillaume Gorgonam, capitaine du château de La Roche-Guyon ; à Jean Lefèvre, capitaine du château de Pont-Saint-Pierre ; à Robert Sennard, capitaine de Lillebonne. — Autorisation : aux chanoines de La Saussaye, du diocèse d'Evreux, de faire l'office canonial au couvent des frères mineurs de Rouen. XXX. s. ; aux habitants de la paroisse de S. Hilaire, près de

Rouen, de faire l'office paroissial en la maison de Jacques Miremault pour une demi-année. X. s. ; à ceux de la paroisse de Courcelles de faire le même office au manoir du seigneur. XV. s. Autorisations du même genre aux religieuses de Bondeville, à la prieure de Saint-Paul près de Rouen, aux paroissiens de La Roche-Guyon. — *Recepta non residenciarum et approbationum capellanorum*. — *Recepta ordinum* : « Pro littera d'a quocumque ad tonsuram recipiendam Henrico Fabri. V. s. »; 663 tonsurés, chacun payant 5 sols ; 16 acolytes. — *Recepta antiquarum litterarum ad recuperandum pro domino traditarum*. — Somme totale de la recette du secrétariat : 510 livres. — Mises. — Compte signé par Philippe de La Rose, official, Pierre François, Jean Pajot, scelleur.

G. 9440. (Registre.) — In-folio, 42 feuillets, papier.

1455-1456. — *Registrum litterarum officii clerici vicariatus Rothomagensis*, tenu par Jean de Gisors, commis de Guillaume Mesard, licencié en décrets, secrétaire du cardinal d'Estouteville. — Même division en chapitres : *Collaciones, Gracie, Queste, Dispensaciones, Non residencie, Approbationes capellanorum deservientium ecclesiis, Ordines*. — Confirmation de l'élection de Jean Vallier, comme abbé de Valmont, XV. livres.— Office de sergent de la cour de Rouen, vacant par la démission de Mauger Parmentier, exerçant présentement l'office de procureur, donné à Guillaume Parmentier, XXII. s. VI. d. — Nomination de Jean Rousselin, curé de Notre-Dame de Fauville, au prieuré de la Madeleine de Rouen. — Ordinations : 15 acolytes, 1.070 enfants tonsurés, dont 47 à Heuqueville en Vexin par l'évêque de Dimitri, à l'occasion de la dédicace de l'église de cette paroisse le lendemain de la Nativité de S. Jean-Baptiste 1456 ; un enfant tonsuré *gratis*, « quia de domo et habitu Bonorum Puerorum Rothomagensis ». — Le compte ne comprend pas de dépenses ; il ne porte ni date finale ni signatures.

G. 9441. (Registre.)— In-folio, 42 feuillets, papier.

1456-1457. — Compte du même. — Même division : *Collationes, Gracie, Queste, Dispensationes, Non residencie, Approbationes capellanorum, Capitulum ordinum*. — « Pro mandato subhastationum ecclesie Sancti Nicolai Rothomagensis vacantis per obitum domini Guillelmi Manchon, ultimi rectoris ejusdem, concesso magistro Johanni de Parenti, presbytero... — Pro simili capelle Sancti Anthonii fundate in ecclesia

Sancti Martini de Alisiaco, decanatus de Piris, vacantis per obitum domini Martini Burron, facta domino Thome Gille, presbytero, ad presentationem domini Petri de Rouvilla, militis, domini temporalis de Rouvilla, die XXVᵃ januarii, .XXX. s. » — Nominations de doyens ruraux : Lambert, curé de Bosc-Hyons, doyen du doyenné de Bray ; Germain Denis, doyen du doyenné de Saint-Wandrille ; Guillaume Courant, doyen du doyenné de Pont-Audemer. — Pour la permission : d'apporter la fierte ou châsse de S. Vulfran du monastère de Saint-Wandrille en la ville de Rouen, 5 s. ; — de réconcilier le cimetière Saint-Yves près le bout du pont (permission adressée, le 18 août, à l'évêque de Dimitri), 100 s. ; — de publier les indulgences de l'église de Gerponville, 5 s. ; celles de la paroisse de Blacqueville, 10 s. — Réformation : de la confrérie du S. Sacrement (Eucharistie Christi) de la Rosière, 10 juin, 30 s. ; de celle de S. Jean-Baptiste du Gourrel, 24 juin, 30 s. — Confirmation de l'élection de frère Guillaume Le Lavendier, élu de Saint-Fromond, au diocèse de Coutances, 9 l. — Ordres conférés par l'évêque de Dimitri : 126 tonsurés, 12 acolytes. — Somme totale de la recette : 339 liv. 14 s.

G. 9442. (Registre.) — In-folio, 30 feuillets, papier.

1457-1458. — Compte du même. — Même division. — *Collationes* : Commission de doyen de Longueville pour maître Guillaume de Riville, 22 s. 6 d. ; — approbation et union des confréries de S. Pierre, S. Paul, S. Thomas, et S. Vincent au couvent des Jacobins de Rouen, 30 s. ; — approbation : de la confrérie de S. Jean-Baptiste en l'église de Saint-Jean-sur-Cailly, 40 s. ; de celle de S. Floscel, S. Nicolas, S. Sébastien et S. Laurent, martyrs, en l'église paroissiale de Mannevillette, au doyenné de Saint-Romain. — Réformation de quelques articles de la confrérie de Notre-Dame de Ménerval, 15 s. — Permission de publier les indulgences depuis longtemps accordées par plusieurs pontifes à la chapelle S. Éloi, au doyenné de Bacqueville, 5 s. — « Pro evacuaciones ecclesie parrochialis Sancti Crispini, decanatus de Basquevilla, in vim brevii patronatus ecclesie per dominum temporalem de Montigny levati die XIIIIᵃ marcii, .V. s. ; — pro evacuacione parrochialis ecclesie Capelle de Callevilla facta in vim brevii patronatus per nobilem virum Robertum Biole, armigerum, dominum temporalem de Fomechon, contra Robertum de Pardieu, armigerum, levati, V. s. ». — Etc.

G. 9443. (Registre.) — In-folio, 42 feuillets, papier.

1457-1458. — *Contrarotulus* du registre précédent. — Il n'y a, pour la rédaction, de différence que dans le titre. — Les *contrarotuli* paraissent avoir été des expéditions des registres de comptes ordinaires, plus soigneusement écrites, sans interlignes ni ratures. — Le nom du clerc du secrétaire ne figure pas au titre du *contrarotulus*.

G. 9444. (Registre.) — In-folio, 40 feuillets, papier.

1458-1459. — Compte du même [1]. — Même division. — Approbation des confréries : de S. Pierre de Sévis, 30 s. ; de Notre-Dame de Canville, 30 s. — Réformation de la confrérie de Notre-Dame et de S. Antome de Belbeuf. — Permission de publier les indulgences accordées à l'église de Saint-André-sur-Cailly, 5 s. — Collation de l'église de Bully, vacante par la nomination de Jean Alain au prieuré de S. Thomas le Martyr de Neufchâtel, à Alain Langlois, religieux dudit prieuré, sur la présentation du prieur, 40 s. — Ordres conférés : 83 acolytes; 1.421 enfants tonsurés dont 110 par Guillaume, évêque de Bayeux, à Lamberville, le 29 octobre, avec la permission du vicaire, « crismavit et tonsuravit ».

G. 9445. (Registre.) — In-folio, 42 feuillets, papier.

1459-1460. — Compte du même. — Même division. — On range dans le premier chapitre intitulé *Collationes* les dispenses pour le mariage. — « Pro collatione canonicatus et prebende secunde de Crepicordio in ecclesia Lexoviensi... facta magistro Petro Cerii nominato, sacre theologie professori, propter denegationem Thome, episcopi Lexoviensis, auctoritate metropolitana, XXVIᵃ mensis augusti, .XXX. s. ». — « Licencia publicandi indulgentias concessas per dominum cardinalem Avinionensem benefactoribus ecclesie de Compainvilla, die Xᵃ februarii, .X. s. ». — Indulgences accordées à l'église de Cliponville ; au prieur « Sancti Gemeforti » près Harfleur. — Réformation de la confrérie de la Nativité de Notre-Dame et de S. Nicolas à Londinières, 30 s. — Approbation des reliques de S. Vivien apportées de l'église de S. Vivien de Saintes en l'église de S. Vivien de Rouen, 20 s. —

1. Le *contrarotulus* se trouve analysé à l'article G. 146.

« Pro dispensacione Guillelmi Le Cheron de non solvendo super contractu deceptivo, XIII^a junii, .X. s. ». — Etc.

G. 9446. (Registre.) -- In-folio, 42 feuillets, papier.

1460-1461. — Compte du même. — Même division. — Permission de procéder à l'élection d'un abbé du Tréport en remplacement de Richard de Longuemort, décédé, 20 s. — Confirmation de l'élection d'André de Marquie, 15 liv. — Nominations de doyens : Philippot Lemonnier à Aumale ; Jean Vincent à Bacqueville ; Jean Maroye, au lieu de Jean Le Grand, à Brachy ; André Chief d'Hostel à la Chrétienté, au lieu de Georges Marlet, décédé. 22 s. 6 d. ; Raoul Baillet à Neufchâtel. — Indulgences en faveur des églises de S. Jean d'Eu, de S. Aignan de Pont-Audemer. — Approbation des reliques de Glos (de Glossio), 10 s. ; — de la confrérie de la Purification de Notre-Dame et du S. Sacrement à Alvimare ; de Ste Marie-Madeleine de Senval ; de S. Jean-Baptiste, S. Pierre, apôtre et Ste Austreberthe, à Sainte-Austreberthe. — Ordres conférés par l'évêque de Dimitri. — Total des recettes : 1365 livres.

G. 9447. (Registre.) — In-folio, 41 feuillets, papier.

1460-1461. — Contrarotulus du registre précédent.

G. 9448. (Registre.) — In-folio, 47 feuillets, papier.

1461-1462. — Compte du même. — Même division. — Le premier chapitre porte pour titre : Capitulum collationum, beneficiorum et consimilium litterarum. « Pro licentia eligendi priorem Duorum Amantium, XIIII^a novembris, .XV. s. — Pro mandato subhastationum prioratus Duorum Amantium, vacantis per obitum fratris Nicolai Grimout, concesso fratri Nicolao Le Nouvel, electo per viam Spiritus santi, die XXVI^a novembris, .XX. s. — Pro licentia concessa priorisse et conventui Sancti Amandi Rothomagensis de se obligando in centum libris turon. pro funeralibus et serviciis abbatisse defuncte, etc., die XXVIII^a aprilis,... c. l. — Pro confirmatione electionis monasterii Sancti Amandi Rothomagensis concesse domine Guillemete Ducroq, electe per viam Spiritus Sancti, XXI^a maii, .IX. l. ». — Approbation des confréries de Notre-Dame de Frichemesnil, de S. Martin de Soreng, de S. Eustache et de S. Clair en la léproserie de Notre-Dame du Bec-Crespin, de S. Benoît de Cléville, etc.

G. 9449. (Registre.) — In-folio, 43 feuillets, papier.

1462-1463. — Compte du même. — Même division. — « Pro quadam unione quorumdam articulorum in hospitali sive conventui fratrum predicatorum ad honorem sanctorum Dominici, confessoris, et Petri, martiris et beate Katherine de Senis,... X. s. — Pro approbatione confratrie Sanctorum Jacobi, Christofori, Cosme et Damiani, fundate in ecclesia parrochiali de Calidomonte, XXIIII^{ta} marcii, .XXX. s. — Pro approbatione confratrie Eucaristie Christi fundate in ecclesia parrochiali Beate Marie de Paveliaco, die IIII^{ta} junii, .XXX. s. ». — Autres confréries approuvées : Notre-Dame et S. Martin, à Barentin ; le Saint-Esprit, Notre-Dame, S. Michel, S. Jean-Baptiste, à Notre-Dame du Pollet ; la Sainte-Trinité, la Sainte-Vierge, Tous les Saints et S. Martin, à Saint-Martin de Villequier ; etc. — Nominations de doyens : Raoul Aslyne, à Cailly ; Jean Le Roy, à Eu ; etc.

G. 9450. (Registre.) — In-folio, 40 feuillets, papier.

1463-1464. — Compte du même. — Même division. — « Pro commissione decanatus de Validomonte vacantis per obitum domini Guillelmi Dybart, facta domino Johanni de La Bucaille, curato de Gubervilla La Mellnel, dicti decanatus, die XIX^a octobris predicti, .XXII. s. VI. d. — Pro mandato subhastationum capelle leprosarie de Clemenciaco, infra metas parrochie de Cailleville, Rothomagensis diocesis, vacantis per obitum domini Egidii Vallet, concesso domino Johanni de Guillos, presbytero, ad presentationem magistri Rogeri Vasprée, curati ecclesie parrochialis dicti loci de Cailleville, die prima februarii, .XIII. s. — Pro commissione administrationis domus Bonorum Puerorum Rothomagensis et scolarum loci, concessa magistris Nicolao de Hauville et Roberto de Ruello, presbyteris, usque ad beneplacitum, etc., die ... marcii, per absentiam domini Radulphi Lemonnier, .XX. s. — Pro licentia publicandi indulgencias per dominos cardinales concessas visitantibus ecclesiam de Bourneville, Rothomagensis diocesis, certis diebus ibidem designatis, et bona pargientibus, .V. s. ». — Approbation des statuts des confréries de S. Eutrope et S. Jacques, à Notre-Dame de Bretteville, au doyenné de Valmont ; du Saint-Sacrement, en l'église de Sainte-Beuve ; de S. Michel-Archange et de S. Jacques, à Touffreville-la-Corbeline ; de Notre-Dame et de Ste Appoline, à Valmont. — Réformation des statuts de la confrérie du

Saint-Sacrement, de S. Nicolas et de S. Antoine, en l'église de Montmain (*de Montemedio*).

G. 9451. (Registre.) — In-folio, 36 feuillets, papier.

1464-1465. — Compte du même. — Même division. — Collation de la cure de Saint-Martin-sur-Renelle, à Rouen, vacante por le décès de Jean Cochon, à Guillaume Marguerie, chanoine de Beauvais, sur la présentation du doyen et du chapitre de Rouen, 4 s. — Approbation de confréries : du Saint-Sacrement, de Notre-Dame et de S. Remi, en l'église de Biville, 30 s. ; du Saint-Sacrement, de S. Aubin, S. Laurent et S. Sébastien, à Croixmare, 30 s. ; de Notre-Dame, à Perduville et à Lissy ; de Notre-Dame, S. Maclou, S. Nicolas et S. Eustache, à Saint-Maclou de La Bruyére; de S. Denis, à S. Denis de Torcy-le-Petit.

G. 9452. (Registre.) — In-folio, 37 feuillets, papier.

1465-1466. — *Contrarotulus* du compte du même [1]. — Registre fort endommagé. — Manque le chapitre des ordres. — « Pro questa Sancti Nicolai de Bellovidere, pro uno anno,.... .XV. s.; — pro simili hospitalis Sancti Juliani de Archis, pro uno anno, .XV. s.; — pro simili hospitalis sive domus Dei de Envremodio, pro uno anno, .X. s.; — pro simili prioratus sive domus Dei Sancti Leonardi de Elboto, pro uno anno, .X. s. »

G. 9453. (Registre.) — In-folio, 37 feuillets, papier.

1466-1467. — Compte du même. — Commission de doyen de Gisors donnée à Jean Vyon, curé de Magneville, 22 s. 6 d. — Permission de publier les indulgences accordées par le cardinal d'Avignon, légat en France, à l'église de Monchy, 5 s. — Confirmation de l'aliénation faite d'une masure par le curé d'Erquenchy à Nicolas Le Roy, 15 s. — Collation du monastère de la Madeleine de Bival (*Buyval*), vacant par le décès de Jeanne de Flandre, à sœur Jeanne de Canville, religieuse du même monastère, *pleno jure, actento quod, ex tribus in ipso monasterio religiosis tantum existentibus, communis sequi non poterat electio*, 4 livres. — Collation du prieuré de Sacey, au diocèse d'Avranches, membre dépendant de l'église de Marmoutiers, vacant par la promotion de R. P. Mgr Artur, archevêque de Bordeaux, ou par la renonciation de frère Thomas de La Barre qui s'était porté pour prieur du dit prieuré, à

1. Le compte se trouve analysé à l'article G. 147.

frère Thomas Cherière *aliàs* Serreur, religieux de Lire, *jure devoluto auctoritati metropolitane*, 33 s. — Résignation par Bérenger Le Marchant de son titre de chapelain des Béguines de Rouen.

G. 9454. (Registre.) — In-folio, 38 feuillets, papier.

1467-1468. — Compte du même. — Collation de l'archidiaconé du Grand Caux, vacant par le décès d'Étienne Yver, à Jean Du Mesnil, chanoine de Rouen, par maître Guillaume Mesard, vicaire, 2 liv. ; — de la cure de S. Éloi de Bully, vacante par le décès d'Alain Langlois, à frère Jean Langlois, sur la présentation de Robert Clément, prieur de Neufchâtel ; — du doyenné d'Envermeu, vacant par la mort de Regnaud Orel, à maître Roger de Valongnes, 29 septembre. 22 s. 6 d. ; — du vicariat de S. Julien en la forêt de Rouvray près Rouen (*pro vicariatu Sancti Juliani in foresta de Roboreto juxta Rothomagum*, vacant par le décès de Robert Le Petit, dernier vicaire, à frère Robert Belin, religieux du prieuré de la Madeleine à Rouen, sur la présentation de Rémond, prieur de ce prieuré, 30 s. : — de la chapelle et léproserie de *Rupemare* à Saint-Pierre-de-Lavis... à Jean Delamare, 25 s. — Confirmation de l'élection de Richard Bosvier comme prieur du Mont-aux-Malades, au lieu de Le Fèvre, décédé, 9 liv. — Approbation des confréries de S. Michel, à Ingouville ; de S. Vaast, à Saint-Vaast-du-Val ; de S. Sulpice et de S. Fiacre, en la paroisse du Thil, au doyenné de Brachy ; de Notre-Dame, de S. Pierre et S. Paul de Montfort. — Indulgences accordées par le cardinal d'Avignon, légat, à l'église de Monchy.

G. 9455. (Registre.) — In-folio, 39 feuillets, papier ; 2 feuillets, parchemin.

1467-1468. — *Contrarotulus* du compte précédent, avec, en tête, l'état de la recette du secrétariat (*Compotus seu status recepte secretariatus*), lequel porte à 1.190 livres le total des recettes du vicariat, ledit état signé FRANCISCI.

G. 9456. — (Registre.) — In-folio, 42 feuillets, papier.

1468-1469. — Compte du même — Cure de Couville, vacante par le décès de Jean Julienne, donnée à maître Guillaume Burnouf, clerc, maître ès-arts du diocèse de Rouen, par droit de dévolut, parce que les religieux de Saint-Sauveur avaient laissé passer six mois depuis la mort du dernier titulaire sans présenter à la cure, 25 sols. — Collation de la chapelle ou lépro-serie de S. Jacques de Grainville-la-Teinturière, vacante par la simple résignation de Pierre Le Tourneur, à Jean Du Jardin, clerc, sur la présentation de Jacques de Rouville, seigneur temporel du lieu. — Nomination de Pierre Le Meiteer au doyenné de Ry, vacant par le décès de Richard Regnard. — « Pro licentia dedicandi ecclesiam Sancti Albini juxta Boullentum concessa domino episcopo Crisopolitano (Quimper), .IX. liv. ». — Permission de publier les indulgences accordées à l'église de S. Nicaise de Rouen et à la confrérie de Ste Catherine; par dix cardinaux à l'église d'Ouville. — Approbation des statuts de la confrérie de Notre-Dame, S. Gilles, S. Leu, S. Gorgon, en l'église de Notre-Dame-des-Champs; de S. Jean-Baptiste, S. Pierre et S. Paul, à Caudebec.

G. 9457. (Registre.) — In-folio, 44 feuillets, papier.

1469-1470. — Compte du même. — Confirmation de l'élection d'Agnès La Lièvre, nommée abbesse de Montivilliers, en remplacement de Guillemette de Tournebu, décédée, 2 décembre. 30 livres. — Léproserie de Baons-le-Comte, vacante par le décès de Pierre Alles, donnée à Jean Houel, sur la présentation faite par Guillaume Du Mesnil Cate, à cause de son fief du Mesnil-Cate. — Approbation des confréries de S. Étienne, S. Sébastien, S. Cyr et Ste Julite, à Beaucamp; de S. Clément, S. Blaise, S. Nicolas et S. Sébastien, à Servaville.

G. 9458. (Registre.) — In-folio, 55 feuillets, papier.

1469-1470. — *Contrarotulus* du registre précédent.

G. 9459. (Registre.) — In-folio, 41 feuillets, papier.

1470-1471. — Compte du même[1]. — Approbation des statuts de la confrérie de S. Ouen, S. Antoine et Ste Catherine, en l'église de Belbeuf. — Collation : de l'église de Latainville, vacante par la résignation de Pierre Brébion, à Étienne Lucas, sur la présentation de l'abbesse de Gomerfontaine, 11 octobre. 30 s. ; — de l'église paroissiale de S. Valery de Varengeville, vacante par le décès de Jean de Criel, faite par Pierre Henry, du diocèse de Poitiers, sur la présentation de l'abbé de Conches, au diocèse d'Evreux, 31 octobre. 35 s. ; — de

1. Voir l'article G. 148.

l'église de Criquetot-l'Esneval, doyenné de Saint-Romain, vacante par la mort de Jacques Dupuis, faite à maître François de Dreux, clerc, maître ès-arts, sur la présentation de Robert de Dreux, baron et seigneur temporel dudit lieu, 13 novembre. 35 s. ; — de l'église de Notre-Dame de Queñouville, vacante par la résignation de maître Pierre de Callemesnil ; — de l'église S. Hilaire de Rouen, vacante par la mort de Guillaume Du Désert, faite à maître Jean Lacaille, prêtre, sur la présentation de Jean Le Cornu, chanoine de Rouen, 6 mars. 30 s. ; — de l'église paroissiale de Touffreville-la-Cable, vacante par la mort de Nicolas de La Vatine faite à Robert Malappris, sur la présentation de Jean de Tournebu, seigneur temporel de Villequier, 21 mars. 13 s. ; — de l'église paroissiale de Muids, doyenné de Gamaches, vacante par la résignation de Robert Le Goupil. — Approbation des statuts de la confrérie de S. Jacques, à Mélamare; de S. Nicolas, S. Fiacre, Ste Véronique et des Onze mille Vierges, en l'église S. Nicaise de Rouen. — Permissions de célébrer le culte dans des oratoires accordées à Jean de La Garenne, à Raoul Maillart, à dame Jacqueline de Longroy, dame d'Hermanville. — Ordres conférés par l'évêque d'Hippone : 147 acolytes, 857 tonsurés.

G. 9460. (Registre.) — In-folio, 45 feuillets, papier.

1471-1472. — Compte de Jean de Gisors. — Collation de l'église paroissiale d'Yquelon, vacante par la mort de Jean Loyson, faite à Roger Le Mochon, sur la présentation de Jean de Saint-Mards, seigneur temporel de Blosseville et d'Yquelon, 8 octobre. 40 s. ; — de l'église paroissiale de Colmesnil, vacante par la démission de Richard Le Rat, faite à Jean Lecaron, sur la présentation de Girard de Cailly, prieur du prieuré conventuel de Ste Foy de Longueville, 5 novembre. 20 s. ; — de l'église paroissiale d'Auberville, vacante par le décès de Pierre Le Fèvre, faite à Pierre Le Cordier, sur la présentation de Louis Toustain, écuyer, seigneur temporel d'Auberville, 2 mai. 45 s. ; — de l'église paroissiale d'Étainhus, doyenné de Saint-Romain, vacante par le décès de Geoffroy Amauri, faite à Pierre Le Serrurier, clerc, étudiant à Paris, sur la présentation de Pierre de Roncherolles, chevalier, baron de Heuqueville et de Pont-Saint-Pierre, seigneur temporel d'Étainhus. 15 mai. 45 s. — Approbation des statuts de la confrérie du S. Sacrement, de Notre-Dame et de S. Nicolas, à Gerponville; de S. Georges, à Bréauté. — Nomination au doyenné de Fauville de Guillaume de Grouchet, 10 septembre. 22 s. 6 d. —

Confirmation de l'élection, comme prieur du prieuré de Ste Marie-Madeleine de Rouen, de frère Pierre Le Forestier, prêtre, religieux dudit lieu, élu *per viam Spiritus Sancti* en remplacement de frère Robert Belin, décédé, 15 septembre. 10 livrés. — Etc.

G. 9461. (Registre.) — In-folio, 36 feuillets, papier.

1471-1472. — *Contrarotulus* du registre précédent.

G. 9462. (Registre.) — In-folio, 52 feuillets, papier.

1472-1473. — Compte du même. — Collation de l'église S. Paterne d'Orival, vacante par le décès de Jean Parcier, faite à Jean Gondovelle, sur la présentation de noble homme Colard de Moy, chevalier, seigneur temporel de Moy et châtelain de Bellencombre, à cause de sa châtellenie de Bellencombre. 30 s. ; — de l'église de Sainneville, doyenné de Saint-Romain, vacante par le décès de Raoul Baterel, faite à Jean Laillet, sur la présentation du Roi, 30 octobre. 30 s. ; — de l'église S. Jean de Renfeugère, vacante par le décès de Pierre Lobbe, faite à Pierre Secourable, sur la présentation de Robert Leschamps, écuyer, seigneur temporel dudit lieu, 28 décembre. 40 s.; — de l'église S. Lazare d'Aumale, vacante par le décès de Thomas Le Sueur, faite à Jacques Le Sueur sur la présentation de l'abbé de Saint-Martin d'Aumale, 24 janvier. 35 s. — Permission de publier les indulgences accordées à l'église de Gonneville. 10 s. — Collation de la chapelle de Néaulphe, doyenné de Gisors, vacante par la résignation pure et simple de Robert Pierres, de l'ordre des frères prêcheurs, faite à Nicolas de La Mare, 14 février. 15 s.; — de l'église paroissiale de Notre-Dame-de-Bliquetuit, vacante par le décès de Jean de Laforge, faite à maître Bosquet, sur la présentation de Jean de Tournebu, écuyer, seigneur temporel de Beaumesnil, de Marbeuf, de Bliquetuit et de Villequier, 16 mars. 55 s.; — de l'église de Mireville, vacante par la résignation pure et simple de Thomas Jouyn, faite à Louis Le Goupil, sur la présentation de Louis Le Goupil, écuyer, seigneur temporel dudit lieu, 35 s. — Ordres conférés par l'évêque d'Hippone : 146 acolytes; 1,347 tonsurés.

G. 9463 (Registre.) — In-folio, 52 feuillets, papier.

1472-1473. — *Contrarotulus* du registre précédent.

G. 9464. (Registre.) — In-folio, 37 feuillets, papier.

1474 (janvier-septembre. — N. st.) — *Registrum officii clerici vicariatus*, tenu par Guillaume Lambert en remplacement de Jean de Gisors, sous Guillaume Mesnrd, vicaire. — Confirmation de l'élection de Pierre Roussel, abbé d'Auchy-les-Aumale, 26 février. 10 livres; — de Jean Glace, abbé d'Eu, en remplacement de Jean Vallier, décédé, 25 mai. 15 livres. — Ordres conférés par l'évêque d'Hippone : 177 acolytes, 688 tonsurés. (Il manque un registre qui allait du 29 septembre 1473 au 6 janvier 1474, n. st.)

G. 9465. (Registre.) — In-folio, 52 feuillets, papier.

1474-1475. — Compte du même. — Nomination au doyenné d'Eu de Guillaume Le Flament. 22 s. 5 d. — Collation de l'église Notre-Dame de Tocqueville, doyenné de Pont-Audemer, vacante par le décès de Jean Chanuel, faite à Geoffroi de Chaumont, sur la présentation du Roi, 8 novembre. 25 s. — Approbation des statuts de la confrérie de S. Sébastien, à la cathédrale de Rouen. — Collation : de l'église paroissiale d'Igé, au diocèse de Séez, vacante par le décès de Guillaume Lorry, « auctoritate metropolitana et superiori propter injustam et indebitam recusationem episcopi Sagiensis », faite à Pierre Gorry, sur la présentation de Guy de Beauvoir, écuyer, seigneur de Landemont, Lanaudin et Igé ; 8 décembre. 30 s. ; — de l'église de S. Cande le Jeune, vacante par la mort de Jean de Tieuville, faite à Philippe de La Garde, sur la présentation de Me Antoine, évêque de Lisieux, 24 décembre. *Gratis*. — « Pro commissione promotoris causarum officii Constantiensis » à Saint-Lô, accordée à Nicolas Bechenel après la révocation de Me Henri Pétrequeu, 14 février. 15 s. ; — du prieuré conventuel de Ste Marie-Madeleine « de Catharabia », au diocèse de Séez, vacant par la mort de Robert Leblond, fait au frère Le Tenelier, 24 mars. 30 s. ; — de la chapelle de S. Étienne au cimetière de S. Maur près Rouen, « in atrio Sancti Mauri juxta Rothomagum », vacante par la résignation de Thomas Hulline, faite à Richard d'Eu, sur la présentation de Jean Gouel, 28 août. *Gratis*. — Permission de réconcilier l'église de Nolléval, polluée par effusion de sang, 1er décembre. 5 s. — Permission de publier les indulgences accordées aux églises de S. Jean de Rouen; de Notre-Dame d'Ourville; de Notre-Dame du Mont-Carmel, de Rouen ; de Notre-Dame, de Londinières ; de S. Patrice, de Rouen; à l'église de Tancarville. — Permission de réconcilier le cimetière de l'église de Cropus « propter injectionem manuum usque ad sanguinis effusionem in personam magistri Gauffridi Le Vasseur, presbyteri ». 5 s.

G. 9466. (Registre.) — In-folio, 61 feuillets, papier.

1475-1476. — Registre tenu par le même. — Approbation des statuts de la confrérie de Notre-Seigneur, S. Lazare, Ste Marthe et de la Commémoraison des morts au prieuré de S. Maur près Rouen, 29 septembre. 45 s. — Collation de la chapelle de la Sainte-Trinité, au manoir de Fresles, vacante par la résignation de Jean Sales, faite à Robert Langlois, sur la présentation de dame Jeanne de Tilly, dame de Ferrières, de la Rivière-Thibouville et de Fresles, 30 novembre. 30 s. — Nomination de Guillaume Rochefort au doyenné de Bacqueville, 28 mai. 22 s. 6 d. ; — de Robert Doultresame au doyenné de Fauville ; — de Jean Leroy au doyenné d'Eu ; — de Guillaume de Grouchet au doyenné de Brachy. — Collation de l'église paroissiale de Sainte-Marie-la-Petite, à Rouen, vacante par la résignation de Guillaume Bennain, faite à Médard de Pardieu, sur la présentation de Robert Le Goupil, chanoine de l'église de Rouen, 3 juillet. 25 s. ; — de la chapelle de Notre-Dame du château de Valliquerville, vacante par la résignation pure et simple de Nicolas de Valliquerville, faite à Guillaume Des Mares, sur la présentation de Jean de Valliquerville, seigneur temporel dudit lieu, 17 septembre. 20 s. — Permission de publier les indulgences accordées aux églises de S. Rémi de Dieppe, du Bourg de Saane, de Dénestanville. — Autorisation de recevoir en l'église S. Nicaise de Rouen des reliques du bras de S. Nicaise. — Dispense du degré de consanguinité accordée pour leur mariage à Jean Courel et Catherine Dupont ; — à Colin Osmont et Perrette de La Perreuse. — Ordres conférés par l'évêque d'Hippone.

G. 9467. (Registre.) — In-folio, 54 feuillets, papier.

1476-1477. — Registre tenu par le même. — Collation de la chapelle de S. Michel, aux Emmurées près Rouen, vulgairement appelée de Corbeillon, vacante par la résignation pure et simple de Laurent Surreau, faite à Yves Guérard, 8 janvier. 20 s. — Approbation de la confrérie de S. Ribert, S. Julien et Ste Apolline, en l'église de S. Ribert de Quièvrecourt ; de Notre-Dame, S. Martin, S. Antoine, S. Sébastien, S. Jean, S. Nicolas, en l'église de S. Martin de Blosseville ; de S. Pierre, S. Nicolas, S. Sébastien et Ste Honorine, en l'église de Wanchy. — Collation de l'église S. Vincent de Rouen, vacante par le décès de Jean Lemère, faite à Jean de Saint-Yon, sur la présentation de Mathieu Gaudin, chanoine de Rouen, 2 mars. 60 s. ; — de l'église d'Étalondes, doyenné d'Eu, vacante par la résignation pure et simple de Pierre Tartier, faite à Delphin Franchoys, sur la présentation do l'abbé de Notre-Dame d'Eu, 4 juin. — Commission pour réconcilier le cimetière de Sassetot, « ob injectionem manuum usque ad sanguinis effusionem inibi perpetratam », 5 s. — *Queste.* — *Dispensationes de debitis et contractibus.* — *Non residencie curatorum.* — *Approbationes capellanorum pro deserviendo ecclesiis.* — Incomplet ; manque le chapitre des ordres.

G. 9468. (Registre.) — In-folio, 56 feuillets, papier.

1477-1478. — Registre tenu par le même. — Collation de l'église de S. Jacques de Dieppe, vacante par le décès de Geoffroy Charles, faite à Jacques Tilques, sur la présentation de Jean, abbé du monastère de la Trinité « in monte sancte Katharine », 8 octobre. 75 s. ; — de la chapelle de S. Louis en l'église de S. Herbland de Rouen, vacante par la résignation de Jean Du Moustier, faite à Guillaume Poisson, 24 octobre. 30 s. ; — de l'église de S. Martin d'Ernemont, vacante par la résignation de Samson de Lorraine, faite à Richard de Campigny, sur la présentation de l'abbé de Saint-Germer-de-Flaix (ou de Fly) au diocèse de Beauvais, 26 novembre. *Gratis* ; — de la trésorerie de Charlesmesnil, vacante par la résignation de Michel Blancbaston, faite à Jean Blancbaston, maître ès-arts, bachelier en théologie et en décrets, sur la présentation de Jean d'Estouteville, seigneur de Torcy et de Charlesmesnil, 1er décembre. 30 s. — Permission de fonder un hôpital ou hôtel-dieu « extra portam Martainville Rothomagensis » accordée à Jean de Laigle et à Louise sa femme, 16 avril. 15 livres. — Ordres conférés par l'évêque d'Hippone : 113 acolytes ; 872 tonsurés.

G. 9469. (Registre.) — In-folio, 64 feuillets, papier.

1478-1479. — Registre tenu par le même. — Collation des églises de Saint-Saire, à Thomas Lasne ; de la Ste Trinité, de Cent-Acres, à Guillaume Sereur ; de Sainte-Croix-sur-Buchy, à Antoine Poulain ; de S. Éloi de Bézu, à Yves Dubost ; du Bec-Crespin, au doyenné de Saint-Romain, à Guillaume Guillebert ; de S. Germain d'Hardricourt, au doyenné de Magny, à Laurent Beaupère ; d'Aménucourt, au doyenné de Magny, à Jean Chéret ; de Brametot, au doyenné de Brachy, à Guillaume Ruel ; de S. Germain de Carville à Guillaume de Normanville ; d'Alliquerville, à Jean Fère ; de S. Martin de Thibermesnil, au doyenné de Bacqueville, à Philippe de La Perreuse ; de Saint-Pierre-de-Lavis, à Pierre Bouel ; de Bosc-Bordel, à Antoine Delamotte. — Approbation de la confrérie de S. Nicolas et S. Ildevert, en l'église de Saint-Laurent-de-Brévedent ; de la confrérie fondée en l'église de Bacqueville. — Ordres conférés : 684 tonsurés ; 154 acolytes.

G. 9470. (Registre.) — In-folio, 58 feuillets, papier.

1479-1480. — Registre tenu par le même. — Collation des églises : de S. Nicolas de Pont-Saint-Pierre, à Pierre Alende du diocèse de Bourges ; de Moulineaux, à Raoul Durand ; de Hautot-Saint-Sulpice, au doyenné de Fauville, à Martin Timel ; de Frémainville, au doyenné de Meulan, à Pierre Philippe ; de Saint-Laurent-en-Caux, au doyenné de Brachy, à Jean de Saint-Germain ; de Drosay, à Jean Poisson ; de Vénestanville, à Raoul Fromont ; de Saint-Silvain, à Denis Huet ; de Limésy, au doyenné de Pavilly, à Nicolas Viart ; de Bondeville, au doyenné de Pavilly, à Pierre Surreau ; de Claville, au doyenné de Valmont, à Nicolas Le Jeune ; de Bracquemont, au doyenné d'Envermeu, à Jean de Groussy ; de Saint-Sever près Rouen, à Jean Nicolle ; de Manéglise, au doyenné de Saint-Romain, à Guillaume Houllette ; de S. Sauveur, de Rouen, à Robert Héron, prêtre du diocèse de Coutances ; de Bosc-le-Hard, au doyenné de Cailly, à Nicolas Labbé ; de S. Étienne d'Elbeuf, à Jean Dandeleu ; de Melleville, au doyenné d'Eu, à Pierre Picard ; de Bosc-Rocourt, au doyenné d'Eu, à Pierre Tartier ; de Notre-Dame, de Beaurepaire, au doyenné de Saint-Romain, à Denis de Poys ; d'Anglesqueville-sur-Saane, au doyenné de Bacqueville, à Étienne Tuvache ; de Notre-Dame, de Greny, au doyenné d'Eu, à Jean Le Masurier ; de Foucarmont, à Guillaume Sagel. — Approbation des confréries :- de S. Paterne, à Orival ; de S. Georges, en l'église de S. Georges de Gravenchon ; de S. Georges, à Romilly. — Nomination de Denis Delamare au doyenné de Périers. — Permission de réconcilier le cimetière de S. Sauveur de Rouen. — Ordres conférés : 153 acolytes, 1,016 tonsurés.

G. 9471. (Registre.) — In-folio, 64 feuillets, papier.

1480-1481. — Registre tenu par le même. — Collation des églises : de Monchaux, à Jean Laloe, prêtre du diocèse d'Amiens ; de Neuville-au-Bosc, au doyenné de Chaumont, à Clément Grandin ; de Neuville-Ferrières, au doyenné de Neufchâtel, à Jean Langlois, prêtre du diocèse du Mans ; de Sainte-Beuve-en-Rivière, au doyenné de Foucarmont, à Jean Georges ; de S. Lô, de Rouen, à Robert Colombel, religieux du prieuré de S. Lô ; de Grigneuseville, au doyenné de Cailly, à Jean de Villedieu, bachelier en décrets ; de S. Maclou, de Pontoise, à Henri Poupel ; d'Arques, au doyenné de Longueville, à Pierre Le Saonnier ; de Doudeauville, au doyenné de Gisors, à Jean Duval. — Approbation des confréries de S. Denis, S. Maur, à Torcy-le-Petit ; de S. Sébastien, à Angiens ; de S. Jacques, S. Léonard, S. Christophe, S. Sébastien, S. Nicolas, Ste Barbe et Ste Catherine, à La Cerlangue ; de S. Martin, S. Eutrope, S. Michel, Ste Catherine, Ste Barbe et Ste Véronique, à l'église de Bézu ; de S. Nicolas, à Grainville-la-Teinturière ; de S. Adrien, S. Éloi, S. Mathurin, Ste Catherine et Ste Austreberthe, en l'église S. Rémi de Dieppe ; du S. Sacrement et de la Sainte-Vierge, à Gaillefontaine ; de S. Jean-Baptiste, S. Éloi et S. Fiacre, à Sotteville-sur-Mer ; de S. Étienne et S. Éloi, à Cideville. — Ordres conférés : 129 acolytes, 1.140 tonsurés.

G. 9472. (Registre.) — In-folio, 67 feuillets, papier.

1481-1482. — Registre tenu par le même. — Collation des églises : de Beuzeville, au doyenné de Fauville, à Guillaume Fourmentin : de Croixmare, à Jean Quentin ; de Crosville, au doyenné de Valmont, à Henri Riquier ; de Vassonville, au doyenné de Bacqueville, à Jean Raoullin, docteur en théologie ; de Nointot, au doyenné de Fauville, à Nicolas Dubusc ; de Flavacourt, au doyenné de Chaumont, à Jean Mansel, prêtre du diocèse de Lisieux ; d'Ourville, au doyenné de Valmont, à Pierre Levillain, sur la présentation du Roi ; de Maniquerville, même doyenné, à Thomas Heuze ; de Mouflaines, au doyenné de Beaudemont, à Guillaume de Saint-Pol, du diocèse d'Évreux ; de S. Ildevert, de Gournay, à Guillaume de Fry ; de Radepont, au doyenné de Périers, à Jean de Fultot ; de Gerponville, au doyenné de Valmont, à Nicolas Le Fèvre ; de S. Jacques d'Eu, à Jean Descrables. — Nominations de doyens : Guillaume Tardif, au doyenné de Fauville ;

Thomas de Maurrouy, au doyenné de Bacqueville. — Permission de réconcilier le cimetière de Notre-Dame de Blangy; le cimetière de l'église de S. Étienne d'Elbeuf; le cimetière de l'église du Coudray. — Ordres conférés : 130 acolytes; 521 tonsurés.

G. 9473. (Registre.) — In-folio, 32 feuillets, papier.

1482-1483 (janvier). — Registre tenu par le même. — Collation des églises : de Sainte-Opportune, au doyenné de Pont-Audemer, à Jacques de Groussy ; — de Criquetot, à Jean Suart, présenté par Jacques de Nouvion, écuyer, seigneur du fief appelé Le Fief Quemart ; — du Houlme, au doyenné de Pavilly, à Clément « Malpasteur » ; — de Magny, à Antoine Stuart, du diocèse de Limoges ; — de Cropus, au doyenné de Longueville, à Arthur Daunoy, présenté par Jean d'Estouteville ; — du Torp, au doyenné de Bacqueville, à Robert Duport ; — de Torcy-le-Grand, au doyenné de Longueville, à Michel Le Châtelain, du diocèse de Lisieux ; — d'Hugleville, au doyenné de Pavilly, à Raoul Lertout, religieux du prieuré de Beaulieu ; — de S. Maclou, de Pontoise, à Jean Chardet ; — d'Hérouville, au doyenné de Meulan, à Jean Bidault ; — d'Esclavelles, au doyenné de Neufchâtel, à Jean Letrouvé ; — de Bézu-Saint-Éloi, au doyenné de Gisors, faite à maître Leclerc. — Autorisation des confréries : de S. Jean-Baptiste, S. Sébastien, S. Nicolas, Sᵗᵉ Catherine, à Barentin ; du Saint-Sacrement, à Brémontier ; de l'Eucharistie, à Grainville. — Autorisations de célébrer dans des oratoires ; de publier des indulgences. — Manque le chapitre des ordres.

G. 9474. (Registre.) — In-folio, 35 feuillets, papier.

1483. — *Registrum secretarie* tenu par Guillaume Dombreville, du lundi, jour auquel le nouvel archevêque prit possession de l'archevêché, à la S. Michel de la même année. — « Commissio promotoris cursoris (promoteur volant), in diocesi Rothomagensi, facta magistro Guillelmo Le Danoys, XIIIᵃ maii. *Gratis* ». — Nominations de doyens : de Bacqueville, Thomas Maurrouy ; de Bourgthéroulde, Guillaume Hagin ; de Canville, Jean Sireude ; d'Envermeu, Roger de Valongnes ; d'Eu, Jean Le Roy ; de Foucarmont, Guillaume Lesort ; de Saint-Georges, Jean Mesard ; de Valmont, Jean de La Bucaille. 30 s. pour chaque lettre de commission de doyen.

G. 9475. (Registre.) — In-folio, 81 feuillets, papier.

1483-1484. — Registre tenu par le même. — Ordres conférés par l'évêque d'Hippone : 217 acolytes, 1.793 tonsurés, tant à Rouen que dans le pays de Caux. — Résumé de la recette : *Collationes*, 325 livres 9 s. 6 d.; — *Gracie*, 20 l. 10 s.; — *Queste*, 15 l. 10 s.; — *Dispensationes*, 102 l. ; — *Non residencie et Approbationes*, 721 l. 15 s. 6 d. ; — *Ordines*, 848 l. 13 s. 7 d. — *Summa* : 2.033 l. 18 s. 6 d.

G. 9476. (Registre.) — In-folio, 80 feuillets, papier.

1484-1485. — Registre tenu par le même. — Collation des églises : de Foucart, au doyenné de Fauville, à Robert Bapammes, sur la présentation du Roi ; du Mesnil-Rury, au doyenné de Bacqueville, à Jean Le Maignen ; de La Chapelle, au doyenné de Longueville, à Guillaume Bessin ; de Crasmesnil, au doyenné de Saint-Romain, à Nicolas Mallet ; de Franquevillette, au doyenné de Périers, à Raoul de La Vigne ; d'Auzouville-l'Esneval, au doyenné de Pavilly, à Georges Després ; de S. Pierre, du Pont-Saint-Pierre, au doyenné de Gamaches, à Nicolas Dumont, sur la présentation de l'abbé du Bec-Hellouin ; des Ventes-d'Éawy, au doyenné d'Envermeu, à Jacques Dumont ; d'Appeville, au doyenné de Longueville, à Jean Monnaux, sur la présentation de l'abbesse du monastère de Sᵗᵉ Catherine près Rouen ; de Vattetot, au doyenné de Fauville, à Nicolas Raoulin. — Approbation des confréries de S. Eustache, S. Julien, S. Fiacre et Sᵗᵉ Catherine, à Saint-Romain-de-Colbosc ; de S. Antoine, S. Martin et S. Blaise, à Saussay ; de S. Maur, en l'église de S. Maur « extra muros Rothomagi ». — Confirmation de l'élection de Philippe de La Porte au prieuré de Sᵗᵉ Honorine de Graville. — Enfants tonsurés par l'évêque d'Hippone à Rouen, à Amfreville, à Pontoise, etc. Total des enfants tonsurés : 1.126; des acolytes : 194.

G. 9477. (Registre.) — In-folio, 103 feuillets, papier,
dont 12 non écrits.

1485-1486. — Registre tenu par le même. — Enfants tonsurés par l'évêque d'Hippone à Rouen, à Frichemesnil, 790; acolytes, 215. — Résumé de la recette : *Collationes*, 246 livres 1 sou 6 deniers ; — *Gracie*, 21 l. 15 s.; — *Queste*, 19 l. 15 s.; — *Dispensaciones*, 99 l. 10 s. ; — *Non residencie*, 436 l. 19 s. 7 d.;

— *Approbaciones*, 343 l. 15 s.; — *Ordines*, 515 l. 19 s. — Total : 1,683 l. 6 s. 1 d.

G. 9478. (Registre.) — In-folio, 88 feuillets, papier.

1486-1487. — Registre tenu par le même. — Collation des églises : de Boissey-le-Châtel, au doyenné de Bourgthéroulde, à Michel Daubonne, du diocèse d'Angers; d'Écretteville, au doyenné de Fauville, à Adolphe Mellet, *alias* Roncherolles, sur la présentation de l'abbé de Fécamp; de S. Martin d'Oissel, à Henri Davoult, sur la présentation du doyen et du chapitre de l'église de Rouen; de Neuville près Dieppe, à Nicolas Desains, sur la présentation du prieur du prieuré de Longueville; d'Ableiges, au doyenné de Meulan, à Nicolas Agnès, sur la présentation de l'abbé du monastère de Saint-Denis; de Fresles, au doyenné de Neufchâtel, à maître Kermenec, « ad presentationem magistri et bursariorum collegii Corisopitensis Parisiis fundati »; d'Anceaumeville, au doyenné de Pavilly, à Jean Tyesselin, sur la présentation de l'abbé du monastère de S¹ᵉ Catherine près Rouen; de Valtetot, au doyenné de Fauville, à Pierre Legendre, sur la présentation du Roi; de Saint-Riquier-en-Rivière, au doyenné de Foucarmont, à Nicolas Le Boucher, sur la présentation de l'abbé de Saint-Victor-en-Caux. — Approbation des confréries établies en l'église S. Maclou de Rouen, en l'église de Bordeaux, S. Nicolas de Vertbosc, d'Environville, d'Elbeuf-en-Bray, de Sandouville, de Saint-Vigor [-d'Imonville], de Routes, de la Houssaye-Béranger, de Neuville-sur-Dieppe, de Touffreville-la-Câble, du Mesnil-Geoffroy, de Franquevillette. — Enfants tonsurés dans le pays de Caux par l'évêque d'Hippone, à Andely par l'archevêque : 2,530; acolytes : 72.

G. 9479. (Registre.) — In-folio, 88 feuillets, papier.

1487-1488. — Registre tenu par le même. — Collation des églises : de Tancarville, au doyenné de Saint-Romain, à Robert Dumesnil, sur la présentation du comte de Tancarville; de Bouquetot, au doyenné de Pont-Audemer, à frère Jean Lemaître, religieux du prieuré de Bourgachard; de Saint-Clair, au doyenné de Magny, à Jean Vaillant, sur la présentation de l'abbé du monastère de Saint-Denis; de Saint-Maurice-d'Ételan, au doyenné de Saint-Georges, à Guillaume Ysabelles, du diocèse de Bourges, sur la présentation du prieur du prieuré de Longueville; de La Poterie, au doyenné de Saint-Romain, à Richard Osmont, sur la présentation de l'abbé du monastère de Valmont; de La Chapelle-sur-Dun, au doyenné de Brachy, à Henri Le Denoys, sur la présentation du doyen et du chapitre de l'église collégiale de S. Quentin à Saint-Quentin; du Mesnil-Raoul, à Regnaud Chaffles, sur la présentation de l'abbesse et des religieuses du monastère de S. Amand de Rouen; de Saint-Clair-lès-Gournay, au doyenné de Bray, à Pierre Fontelaye; des Sept-Meules, au doyenné d'Eu, à Jean-Louis, du diocèse de Coutances; de Saint-Denis-sur-Scie, au doyenné de Bacqueville, à Laurent Lenfant; du Bois-d'Ennebourg, au doyenné de Périers, à Guillaume Dombreville, secrétaire de l'archevêque. — Approbation des confréries fondées dans les églises de Toussaint, de Normanville, de Saint-Jouin, de S. Jacques de Dieppe, de Bermonville, de Rogerville, du Bois-Hullin, d'Étrelat, d'Écalles-Allix, de Saint-Nicolas-de-la-Taille, de Lamberville, de Hodeng, de Criquebœuf. — Approbation de l'élection de Marguerite de Barville comme prieure du prieuré de Bondeville. — Enfants tonsurés par l'évêque d'Hippone à son voyage dans le Vexin et ailleurs, 1,311; acolytes, 157.

G. 9480. (Registre.) — In-folio, 89 feuillets, papier.

1488-1489. — Registre tenu par le même. — Collation des églises : de Génicourt, dans l'archidiaconé de Pontoise, à Quentin Thioult, présenté par l'abbé de Saint-Martin près Pontoise; de Saint-Antoine-la-Forêt, au doyenné de Saint-Romain, à Guillaume Legras, sur la présentation de la comtesse de Tancarville; de Gerville, au doyenné de Valmont, à Guillaume Rado, sur la présentation de Jean de Rieux, comte d'Aumale, maréchal de Bretagne; de Soreng, au doyenné de Foucarmont, à frère Jean Félenye, religieux du monastère de Séry, au diocèse d'Amiens; de Saint-Aubin-sur-Arques, au doyenné de Longueville, à Théobald Vautier, du diocèse de Coutances; de la Remuée, au doyenné de Saint-Romain, à maître Le Marinier; de S. Nicolas, de Veules, à Jean Fae, sur la présentation du doyen et du chapitre de l'église de Saint-Quentin en Vermandois; de Montcauvaire, à Jean Bernard, sur la présentation de l'abbé de Fécamp; de Fresnes-l'Éguillon, au vicariat de Pontoise, à Mathieu Capière, sur la présentation de Bertin de Silly, écuyer, seigneur temporel dudit Fresnes; de Sainte-Marguerite-sur-Duclair, à Antoine Le Regratier, du diocèse d'Évreux, sur la présentation du Roi. — Approbation des confréries fondées dans les églises de Notre-Dame-des-Champs, de Vertbosc, de Bierville, de S. Jacques de Dieppe, du

Bourg-Dun, de Saint-Crespin, de Saint-Gilles-de-Crétot. — Ordres conférés : tonsurés, 878 ; acolytes, 170.

G. 9481. (Registre.) — In-folio, 92 feuillets, papier.

1489 1490. — Registre tenu par le même. — Collation des églises : de Marquemont, au doyenné de Chaumont, à Thomas Martin, sur la présentation de l'abbé de Saint-Martin près Pontoise ; de Sainte-Austreberthe, doyenné de Pavilly, à Georges Després, sur la présentation de Jean de Dreux, chevalier, baron d'Esneval ; de Manneville, à Thomas Bellengues, sur la présentation de Théodoric, abbé du monastère de Saint-Georges ; de S. Laurent de Rouen, à Étienne de Pouchier, « ad presentationem domini commendatarii monasterii sancti Wandrigesilensis » ; de Sotteville-sur-Mer, doyenné de Canville, à Henri Le Danoys ; de La Trinité-du-Mont, doyenné de Fauville, à Jacques Debourges, sur la présentation de l'abbé de Fécamp ; de Bermonville, à Philippe Piton, sur la présentation de l'abbé du monastère du Bec-Hellouin. — Approbation des confréries fondées dans les églises de S. Jacques de Dieppe, de Fleury-la-Forêt, de Heugueville, de Martin-Église, de Sommery, de Quevillon, de S. Pierre de Neufchâtel, de S. André de Rouen, de Maniquerville, de Douville, de Beuzeville-la-Guérard. — Autorisation de publier les indulgences accordées à certaines églises ; de réconcilier les cimetières des églises de Manneville-la-Goupil et de Saint-Riquier, au doyenné de Foucarmont. — Ordres conférés à Braquetuit, à La Roquette, à Blainville et ailleurs : tonsurés, 711 ; acolytes, 324.

G. 9482. (Registre.) — In-folio, 88 feuillets, papier.

1490-1491. — Registre tenu par le même. — Collations des églises : de la Cerlangue, à Geoffroy Tongris, sur la présentation du comte de Tancarville ; de Criquiers, doyenné de Neufchâtel, à Jean Manchon, sur la présentation de l'abbé de Beaubec ; de Sagy, doyenné de Meulan, à Jean Luillier, du diocèse de Paris, sur la présentation de l'abbé de l'abbaye de Saint-Denis ; de Bourgachard, doyenné de Pont-Audemer, à Robert Esgret, religieux, sur la présentation du prieur de Bourgachard ; de S. André « extra portam Caletensem », à Philippe Piton, sur la présentation de l'abbé de Jumièges ; de Sassetot-le-Mal-Gardé, doyenné de Brachy, à Jean Dentart, sur la présentation du chapitre de Rouen ; de Fleury-sur-Andelle, doyenné de Périers, à Michel Alorge ; de la Boissière, doyenné d'Aumale, à Michel Loubert, sur la présenta-

lion du prieur de S. Jean de Jérusalem ; d'Éturqueraye, doyenné de Pont-Audemer, à Guillaume Alorge, sur la présentation de l'abbesse du monastère des Préaux ; d'Osny, dans l'archidiaconé de Pontoise, à Guy de Bacle. — Confirmation de l'élection de Marie Dubost comme prieure du prieuré des Filles-Dieu de Rouen. — Approbation des confréries fondées dans les églises de Virville, d'Amfreville-les-Champs, de Quenouville, de S. Jacques de Dieppe, de S. Jean d'Eu, de Saint-Germain-des-Essourts, de Pierrefiques, de Bosc-Bordel, du Bec-Crespin, de Bolbec. — Permission de publier les indulgences accordées aux églises d'Équiqueville, d'Ouville-la-Rivière, de Crosville, d'Appeville, de Froberville, de Notre-Dame de Neufchâtel, de Muchedent, de S. Remi de Dieppe. — Sur une feuille de garde : « A. Sanson, barbier : Solvi pro tonsuris decembris, LX. solidos X. denarios ; solvi pro illis de XL ª, LXII. s. XI. d., etc. »

G. 9483. (Registre.) — In-folio, 96 feuillets, papier.

1491-1492. — Registre tenu par le même. — Approbation des statuts de la confrérie de S. Denis, en l'église de S. Denis de Héricourt, 30 s. — Permission de publier la confrérie de Notre-Dame, des Dix Mille Martyrs, des Onze Mille Vierges et de Sᵗᵉ Suzanne, érigée et instituée en l'église des Frères Prêcheurs de Rouen, 11 s. ; — de publier les indulgences accordées par vingt cardinaux aux bienfaiteurs de l'église de Beaumoncel. 5 octobre ; à ceux de la chapelle de Sᵗᵉ Marie-Madeleine, en l'église de Cléon. 3 novembre ; à ceux de Saint-Martin-en-Campagne. 26 novembre ; à ceux de l'église de Pourville (*de Porvilla*). Même date. 15 sous pour chaque autorisation. — Autorisations semblables pour les églises de : Anglesqueville-l'Esneval, Bellefosse, Berneval-le-Grand, Le Bois-Hullin, au doyenné de Longueville, Le Cable, Graincourt, Saint-Jean de La Chaussée, Tourville-en-Rivière, Longpaon (*ecclesia de Longo Pano que est succursus et de pertinentiis ecclesie de Carvilla prope Rothomagum.* — Mention, à Caudebec, de la chapelle de Sandrin Houel, bourgeois de cette ville. — *Ordines* : « Pro a quocumque Claudii de Rubemprey, scolaris, ad tonsuram et minores ordines, XI ª octobris, .X. solidos ». Tonsurés (non compris ceux qui le furent à Dieppe), 875 ; acolytes, 263. — Légitimations *de soluto et soluta*, 4 ; *de conjugato et soluta*, 1.

G. 9484. (Registre.) - In-folio, 76 feuillets, papier.

1492-1493. — Registre tenu par le même. — Collation des églises : de Notre-Dame, d'Aulnay, doyenné de Saint-Georges, à Guillaume Regnaud, sur la présentation de l'abbé de Jumièges ; de Rouville, doyenné de Fauville, à François de Partenay ; de Guerbaville, doyenné de Pont-Audemer, à Albéric Lanchart, sur la présentation de Colard de Moy à cause de son domaine de la Mailleraye ; de Gouville, doyenné de Cailly, à Nicolas Maulyon, sur la présentation de Jean d'Estouteville, seigneur temporel de Torcy et de Gouville ; de Saint-Sulpice, doyenné d'Eu, à Philibert Leleu, sur la présentation de l'abbé du monastère de Ste Catherine près Rouen ; d'Auffay, doyenné de Longueville, à Jean Balue, sur la présentation de l'abbé du monastère de Saint-Évroult au diocèse de Lisieux ; de Hauville, doyenné de Pont-Audemer, à Jean Jacquelin, docteur en théologie, sur la présentation de Pierre de Cerisay ; d'Auvilliers, doyenné de Foucarmont, à Jean Papillon, sur la présentation de Jean Hazet, prieur de Mortemer ; de S. Hilaire de Rouen, à Antoine de La Colombière, sur la présentation de Guillaume Boursier, chanoine de Rouen. — Approbation des confréries instituées dans les églises de Gonneville, de Notre-Dame de Lillebonne, de Sorquainville, du Torp, de S. Jean d'Eu, de Gonnetot, de Sierville, d'Ourville, de Saint-Eustache-la-Forêt, de Sainte-Geneviève-en-Bray, de La Crique. — Nomination de Philippe Chambor au doyenné de Gisors. — Autorisation de publier les indulgences accordées à l'église d'Anneville-sur-Scie, aux bienfaiteurs de l'église de Colmesnil, à ceux de la chapelle de Notre-Dame-de-La-Mote, paroisse de Dangu. — Ordres conférés : tonsurés, 527 ; acolytes, 175.

G. 9485. (Registre.) — In-folio, 108 feuillets, papier.

1494-1495. — Registre tenu par le même depuis le jeudi 7 août 1794, jour auquel l'archevêque Georges d'Amboise prit, par procureur, possession de l'archevêché. — Collation des églises de Sasselot-le-Mauconduit, à Jean Dufour ; de S. Herbland de Rouen, à Louis Pinelle ; de Montreuil, doyenné de Longueville, à Guillaume Lorget, sur la présentation de l'abbé du Bec-Hellouin ; de S. André de Rouen, à Nicolas Rigault, sur la présentation de l'abbé de S. Ouen de Rouen : du Mesnil-sous-Jumièges, à Nicolas Godet, sur la présentation de l'abbé de Jumièges ; de Varvannes, doyenné

de Bacqueville, à Michel Daniel, sur la présentation de l'abbesse de S. Amand de Rouen ; de Lammerville, doyenné de Brachy, à Jean Perroy, sur la présentation du prieur des Deux-Amants ; de Saint-Ouen-sous-Brachy, doyenné de Brachy, à maître Leborgne, sur la présentation de l'abbé du monastère de Lillebonne ; de Saint-Aubin-sur-Arques, doyenné de Longueville, à Jean de Dampierre, sur la présentation du Roi ; de Saint-Aignan près Rouen, à Jean Rousselin, religieux du Mont-aux-Malades (*religioso de Monte Leprosorum*), sur la présentation de dom Jean, prieur du prieuré du Mont-aux-Malades ; de Saint-Gilles-de-La-Neuville, doyenné de Saint-Romain, à Jean Du Hestray, sur la présentation de l'abbé du monastère de Valmont. — Approbation des confréries instituées dans les églises de Gainneville, de Froville, d'Équiqueville, de Berthenouville, de Saint-Laurent-en-Caux, de Bréauté. — Nomination de Jean « Des Saulxeures de Laillerie » au doyenné de Chaumont ; de Jean de Parves au doyenné de Magny ; de Roger Gervais au doyenné de Meulan ; de Jean Bernard au doyenné de Saint-Romain. — Autorisation de publier les indulgences accordées par les cardinaux aux bienfaiteurs de l'église d'Ancourt, à ceux de l'église de Lindetot. — Ordres conférés en septembre : tonsurés, 153 ; acolytes, 42.

G. 9486. (Registre.) — In-folio, 114 feuillets, papier.

1495-1496. — Registre tenu par le même. — Collation des églises : de Guernes, doyenné de Magny, à Adam Dufour, sur la présentation de l'abbé du Bec-Hellouin ; de S. Pierre du Pont-Saint-Pierre, à Aignan Mauclerc, sur la présentation du même ; de Monchy, doyenné d'Eu, à Jean Damas, sur la présentation du comte d'Eu ; de Cideville, doyenné de Pavilly, à Simon Foucault, sur la présentation de l'abbé de S. Wandrille ; de Muchedent, doyenné de Longueville, à Jean Le Nourquier, sur la présentation du monastère de Ste Catherine ; de Noyon-sur-Andelle, doyenné de Gamaches, à Mathieu Deschamps, sur la présentation de l'abbé de Saint-Évroult ; de Maniquerville, doyenné de Valmont, à Guillaume de Quesnel, sur la présentation d'Antoine de Quesnel, seigneur temporel dudit lieu ; d'Hautot-l'Auvray, doyenné de Canville, à Guillaume Legras ; de Trouville, doyenné de Pont-Audemer, à Jean Cavon, sur la présentation de l'abbé de Jumièges ; de Quincampoix, doyenné de Cailly, à Antoine de Feures, archidiacre de Mâcon, « presentato per vicarium et conventum monasterii sancti Audœni Rothomagensis » ; de Bois-l'Évêque, doyenné de Périers, à Alexandre

Souris, sur la présentation du prieur de Beaulieu ; de S. Laurent de Rouen, à Richard Péchart, sur la présentation de l'abbé commendataire de S. Wandrille ; de Doudeville, doyenné de Canville, à Jacques de Longchamps ; de Bouafles, doyenné de Foucarmont, à Nicolas Lamoureux, sur la présentation de l'abbé de Foucarmont. — Approbation des confréries instituées dans les églises de Villemartin, d'Étalleville, de Longpaon, de Crasville-la-Mallet, d'Isneauville, de Saint-Silvain. — Autorisation de publier les indulgences accordées par les cardinaux aux bienfaiteurs des églises de S. Jean d'Eu, d'Auzouville, de Sainte-Marguerite-sur-Duclair, de Carville, de Saint-Rémi-en-Rivière, de la Trinité et de S. Jean-Baptiste d'Yvetot, de S. Pierre de Neufchâtel, de Limésy, de Caudebec.

G. 9487. (Registre.) — In-folio, 87 feuillets, papier.

1496-1497. — Registre tenu par le même. — Collation des églises : de Belleville, doyenné d'Envermeu, à Marin Hébert, sur la présentation de l'abbé du Bec-Hellouin ; du Saussay, doyenné de Pavilly, à Jean Lecauchois, sur la présentation de Louis de Rouville ; de Saint-Ouen-au-Bosc, doyenné de Valmont, à Guillaume Bouverie, sur la présentation du Roi ; d'Elbeuf-en-Bray, doyenné de Bray, à Pierre Roussel, sur la présentation de l'abbé de Bellosanne ; de Claville, doyenné de Cailly, à Guillaume de La Londe, sur la présentation de Jacques de Moy, à raison de son domaine de Gouville ; de S. Pierre-du-Châtel de Rouen, à Michel Mouriot, sur la présentation de l'abbé de S. Ouen ; du Houlme, doyenné de Pavilly, à Geoffroy Le Maire ; de Sainte-Marie-des-Champs, doyenné de Fauville, à Jean Lehéricher, sur la présentation de Jean Chenu, prince et seigneur d'Yvetot ; d'Angerville-l'Orcher, doyenné de Saint-Romain à Jean de Brézé, sur la présentation de Louis de Brézé, à raison de son domaine d'Orcher ; de Saint-Martin-aux-Arbres, doyenné de Pavilly, à Robert Des Sillons, sur la présentation du chapitre de Rouen ; d'Angiens, doyenné de Canville, à Guillaume Lecomte, sur la présentation du prieur de Longueville ; de Serans, doyenné de Magny, à Nicolas Ragier, sur la présentation de l'abbé du Bec-Hellouin. — Approbation des confréries fondées dans les églises de Notre-Dame de Caudebec, de Fresne-le-Plan, de S. Martin de Tôtes, de S. Jean d'Eu, de Notre-Dame d'Envermeu, de Perduville (doyenné de Neufchâtel), de Bosc-Guerard, du Tilleul. — Autorisation de publier les indulgences accordées par les cardinaux aux bienfaiteurs des églises de Saint-Aubin près Arques (Saint-

Aubin-sur-Scie), de S. André de Rouen, de S. Sever de Rouen, d'Hibouville. — Le chapitre des ordres manque.

G. 9488. (Registre.) — In-folio, 88 feuillets, papier.

1497-1498. — Registre tenu par le même. — Collation des églises : des Ventes-d'Éawy, doyenné d'Envermeu, à Jacques Sergent, sur la présentation du chapitre de Rouen ; de Banthelu, doyenné de Magny, à Nicolas Dupré, sur la présentation de l'abbé du monastère de S. Martin de Pontoise ; de Saint-Vigor, doyenné de Saint-Romain, à Michel de Mauny, sur la présentation de dom Pierre, abbé de Valmont ; de S. Pierre-l'Honoré de Rouen, à Jean Mésenge, sur la présentation de l'abbé de S. Ouen ; de Saint-Martin-du-Manoir, doyenné de Périers, à Antoine Énel, sur la présentation du même ; de Boutencourt, doyenné de Chaumont, à Jean de Boinnare, sur la présentation du chapitre de Rouen ; d'Oudalle, doyenné de Saint-Romain, à Nicolas Mallet ; de Saint-Maurice-d'Ételan, doyenné de Saint-Georges, à Richard Letellier, sur la présentation du prieur commendataire du prieuré de Longueville ; de Morgny, doyenné de Gisors, à Ysambard Lemaire, sur la présentation de Charles de Boulainville, écuyer ; de Saint-Martin-aux-Buneaux, doyenné de Valmont, à Florent Bataille, chanoine de Lisieux, sur la présentation de Jean Quesnel, seigneur temporel du lieu ; de La Neuville-Champ-d'Oisel, doyenné de Périers, à Jean Parent ; de Serville, doyenné de Valmont, à Jean Gaillard, sur la présentation du Roi « racione gardie liberorum minorum defuncti Nicolai Dupont, dum viveret domini temporalis loci de Servilla » ; d'Elbeuf-sur-Andelle, doyenné de Ry, à Alain Debures « post decisionem brevii patronatus levati dominam Franciscam de La Rochefoucault contra dominum Jacobum d'Estouteville militem finiti, ad intentum dicti d'Estouteville qui prefatum magistrum Alanum presentaverat ». — Nomination d'Aignan Mauclerc, au doyenné de Périers. — Approbation des confréries instituées dans les églises de Vassonville, de Criquetot-l'Esneval, d'Houville, d'Herqueville, de Vascœuil, du Mesnil-Raoul, de Berville, de Saint-Maurice-d'Ételan, d'Estouteville. — Permission de réconcilier les cimetières de Saint-Martin-aux-Buneaux, d'Yébleron, de Ricarville, de Norville, de Villedieu. — Total des droits perçus pour approbation de non résidence des curés, 490 livres.

G. 9489. (Registre.) — In-folio, 88 feuillets, papier.

1498-1499. — Registre tenu par le même. — Sept chapitres : *Collaciones, Gracie, Queste, Dispensaciones, Non residencie, Approbationes, Capitulum ordinarum.* — *1º Collaciones.* · « Collatio Sancti Germani subtus Cailliacum... vacantis per obitum domini Johannis Soret, facta domino Johanni de Baroches post finem et decisionem brevii patronatus levati per procuratorem domini nostri regis contra nobiles Katherinam Havart et Ludovicum de Boessay, simul junctos, finiti ad intentum dicti procuratoris regis ex appunctuamento partium, ultima septembris » — Collations relatives aux bénéfices suivants : cure de S. Martin-du-Pont, de Rouen, vacante par le décès de Guillaume Le Boursier, à Jean Masselin, sur la présentation des religieuses de S. Amand de Rouen ; cures de Saint-Sulpice de Bléville, S. Jean de Bouafîles, S. Pierre de Buchy, Notre-Dame de Bulot, S. Martin de Cléon, S. Martin de Criquebeuf, au doyenné de Valmont, Écretteville (*Escrudcvilla*), S. Valery de Fontaine-la-Mallet, Froville (bénéfice régulier), S. Martin de La Folletière, Vénestanville (bénéfice régulier) ; chapelles de S. Thibaud de Cany, de S. Nicolas de Griserne à Quiberville, de S. Éloi de Maurepas, de S. Thibaud du Mesnil-Durécu, de Notre-Dame à Saint-Martin de Néville, de Sᵗᵉ Anne à S. Martin de Néville, de S. Julien au hameau de Flainville. — « Pro evacuacione capelle Sancte Katherine de Maurepast in parrochia de Besuto in foresta de Leonibus fundate in vim brevii levati per nobilem Johannem de Guysencourt contra magistrum Guillelmum Maignart, die Vª septembris,. V. s. » — « Mandatum subhastacionum cappelle Sancte Anne de La Fontaine, decanatus Sancti Georgii, vacantis per obitum magistri Nicolai de Fontenay, concesse domino Guillelmo Hucher, presentato per dominum Ludovicum de Graville, admiralem, dominum loci, XXIIª novembris,. XIII. s. » — « Reservacio pensionis annue. IIII. librarum sub fructus ecclesie seu perpetue vicarie Beate Marie de Insula bona facta magistro Roberto Guerould, .XV. s. » — « Pro approbacione confratrie Sancti Johannis de Nova Villa, Rothomagensis diocesis, .XXX. s. » — « Confirmatio electionis monasterii de Cornevilla... facte per viam Spiritus Sancti de persona domini Johannis Du Fay, presbyteri, religiosi dicti monasterii, electi in abbatem et pastorem dicti monasterii, vacantis per decessum domini Petri Dumont, XIXª septembris ». — *2º Gracie.* « Commissio reconciliandi ecclesiam et cimiterium Sancti Martini in Campania, directa decano loci, .V. s. ». — « Licentia publicandi indulgentias concessas per IIIIᵒʳ cardinales benefactoribus ecclesie de Menonval, XVIª octobris, .XV. s. ; ... celebrandi in oratorio concessa Rigaldo de Berquetot et ejus uxori ad annum, .XV. s. ; ... celebrandi in oratorio concessa Guillelmo Du Chatel, armigero, parrochie de Sommery, XIª decembris, .XV. s. » — « Dispensacio magistri Nicolai Le Caron, accoliti, super deformitate et defectu prime juncture policis manus dextere,... ut possit ad omnes sacros ordines promoveri... juxta litteras penitentiarie apostolice, VIª januarii, .XX. s. » ; « Dispensacio magistri Johannis Lynard et Margarite Pigace super impedimento cognationis spiritualis proveniente quia pater dicti Johannis eandem Margaretam de sacro fonte levavit, ut, eo nonobstante, valeant matrimonialiter copulari, juxta litteras penitentiarie, XXVª octobris, .XX. s. ». — *3º Queste.* « Questa domus Bonorum Puerorum Rothomagi, ad unum annum, XIVª decembris, (pas de chiffre). — *4º Dispensaciones.* « Pro dispensacione Johannis Quillart super debitis, penultima septembris, .X. s. » — *5º Non residencie.* « Pro non residencia ma. Thome Lemonnier, curati de Lully, decanatus de Cailliaco, ad unum annum. Iª septembris, .XXV. s. » ; « pro simili domini Johannis de Sainct-Polain, curati de Auffrevilla, decanatus de Canvilla, ad dimidium, IIª octobris, .XII. s. VI. d. (chapitre très étendu ne comprenant pas moins de 47 pages). Total de la recette de ce chapitre, 538 l. 15 s. — *6º Approbaciones.* « Approbacio Sancti Albini in Campania, decanatus de Piris, pro domino Laurencio Souris, ad unum annum, penultima septembris, (plus de chiffres aux articles de ce chapitre). — *7º Capitulum ordinum.* « Pro approbacione tituli Johannis Guilbert, XXVIIª octobris, .XXXIIII. s ». — « A quocumque dicti Johannis Guilbert, accoliti, ad omnes sacros ordines, die predicta, .XV. s. ».

G. 9490. (Registre.) — In-folio, 97 feuillets, papier.

1499-1500. — Registre tenu par le même. — *Collaciones.* Collation des cures de S. Michel du Pont et de la Sᵗᵉ Trinité de Boisguillaume, vacantes par le décès de Jean Masselin, la première à Michel Daniel, sur la présentation des dames de S. Amand, la seconde à Gilles de Tilques, sous-diacre, sur la présentation de Jean, abbé de la Trinité du Mont ; — de la cure de Luneray, vacante par l'entrée en religion de Guillaume Lohier. — Collations relatives aux bénéfices suivants : cures de Bellengrevillette (*de Bellengrevilleta*), de Notre-Dame de *Bernonmesnil*, de la Trinité *de Bosco-Eudelini*.

de S. Pierre *de Bosco-Ilulini*, de S. Michel *de Espine-villa*, de Notre-Dame *de Espineto*, au doyenné de Neuf-châtel, de S. Martin de Fesques, de Grainville-la-Regnard, de S. Pierre de Heuqueville, au doyenné de Saint-Romain, d'Yquebeuf, de Lignemare, de Notre-Dame des Loges *(de Logiis)*, de S. Martin de Martigny, au doyenné de Saint-Romain, de Saint-Denis-d'Aclon, de Saint-Denis-le-Thiboult, de *Fragarvilla*, au doyenné de Saint-Georges ; — chapelles de Malpertuis, S. Jacques de Lestang, Ste Croix *de Flamenguevilla prope Augum*. — Approbation des statuts des confréries : de S. Antoine, S. Ouen, S. Côme et S. Damien, à Saint-Ouen-sous-Bailly-en-Rivière ; de la Ste Vierge et la Madeleine, à Vimont ; de la Ste Vierge, S. Nicolas et S. Éloi à Ogerville ; de la Ste Vierge, à Vicquemare ; de la Trinité, de la Nativité, de la Conception, de S. Fabien, S. Sébastien, S. Michel, à Corneville ; de S. Aubin, S. Nicolas, S. Étienne, S. Sébastien, S. Remi, Ste Catherine, à Saint-Aubin-sur-Mer ; de S. Nicolas, à Buchy ; du Saint-Sacrement, à Normanville et à S. Paër-sur-Duclair ; d'une confrérie en la chapelle de Fontaines *(de Fontibus supra Bolbeccum)*. 40 sous pour chaque approbation de ce genre. — *Gracie.* Sous ce titre, indulgences et permissions de les publier. — *Non residencie.* Dispense de ce genre à Robert Lavache, curé de Pissy. Somme de ce chapitre : 528 l. 2 s. 6 d. — *Approbationes.* — *Capitulum ordinum.*

G. 9491. (Registre.) — In-folio, 104 feuillets, papier.

1500-1501. — Registre tenu par le même. — Collations relatives : à la cure de S. Michel de Rouen, vacante par le décès de Guillaume Austin, chanoine et vicaire général de Rouen, conférée à Thibaut Placel, chanoine d'Avranches, sur la présentation de l'abbé du Mont Saint-Michel ; — aux cures : de Notre-Dame de *Alcimara ; Amfrevilla media via* ; S. Pierre, d'Anneville, au doyenné de Canville ; Auquemesnil, au doyenné d'Eu ; S. Martin, de Bazinval ; Baromesnil ; *Beuzevilla Guiffardi* ; S. Sulpice, de Bléville ; S. Sauveur, de Boos ; S. Paër, de Colleville ; S. Martin, de Dénestanville ; S. Pierre, d'Elbeuf *(de Elboto)* ; Étennemare *(Stephanimara)* ; Ste Marie, de Gaillefontaine *(de Gaillionifontibus)* ; *Gohovilla* ; S. Michel, de Grand-Camp ; Intraville *(Intravilla)* ; S. Pierre, de Longueil ; Notre-Dame, de Martainville-sur-Ry ; *Montdely* ; S. Éloi, de Monchy ; S. Pierre, de Muchedent ; S. Martin, de Néville ; S. Pierre, du Petit-Quevilly ; Pommeréval ; Ste Marguerite, de Quincampoix *(de Quiquenpoix)*, au doyenné de Cailly ; Radicatel *(ecclesia de Rathicastro)* ; S. Denis,

de Rouxmesnil ; S. Maclou, de La Bruyère ; Saint-Martin-le-Blanc ; S. Martin, du Saussay ; S. Martin, de Sorquainville ; S. Sauveur, de Tocqueville, au doyenné d'Eu ; S. Martin, de Touffreville-la-Corbeline ; S. Martin, de Tourville ; S. Martin, de Turretot ; *Villemervilla* ; S. Aubin, de Virville. — Approbation des confréries : de S. Hélier, S. Côme, S. Damien et Ste Barbe, à Barentin ; de S. Jean-Baptiste, S. Éloi, S. Lubin, S. Fiacre, à S. Jean de Bruquedalle ; de S. Gilles, S. Leu, S. Sanson, à Notre-Dame du Catillon, d:yenné de Bray ; de S. Sébastien, Ste Anne et Ste Barbe, à la Cerlangue ; de S. Martin, S. Jean-Baptiste, S. Sébastien, Ste Barbe, S. Antoine, à Écuquetot ; de S. Hildevert, à S. Hildevert de Gournay ; de Ste Barbe, Ste Véronique, Ste Austreberthe, etc., à S. Denis de Lillebonne ; de S. Nicolas, à Pommeréval ; de S. Jean-Baptiste, S. Côme, S. Damien, S. Nicolas, S. Maur, S. Lubin, à Rocquemont ; de S. Nicolas, S. Jacques, S. Christophe, à S. Jean de Rouen ; du Saint-Sacrement, de S. Vigor, S. Michel, S. Yves, à Saint-Vigor, au doyenné de Saint-Romain ; de Ste Geneviève, S. Barthélémy, S. Clair, à Sainte-Geneviève, au doyenné de Bacqueville ; de S. Martin, S. Sébastien, à S. Martin-de-Touffreville-la-Corbeline ; de S. Jacques, S. Jean, S. Blaise, à Villainville.

G. 9492 (Registre.) — In-folio, 141 feuillets, papier, dont 125 écrits.

1501-1502. — Registre du secrétariat de l'archevêché. — Collations relatives aux bénéfices suivants : Anvéville *(Onvevilla)*, au doyenné de Canville ; S. Martin, de Blancmesnil ; Buchy, cure vacante par la résignation de frère Jean Langlois, conférée à Michel Godefroy, religieux de l'hôtel-dieu de Neufchâtel, sur la présentation du prieur ; S. Thomas, du Catillon ; S. Martin, de Claville ; S. Martin, du Coudray ; S. Pierre, de Crosville ; S. Étienne, d'Elbeuf ; Notre-Dame, d'Étalondes ; Notre-Dame, de Fresles ; Fresnes-le-Plan *(Fresnes l'Espelenc)* ; S. Siméon, de Gruchet ; S. Martin, de Lignemare ; Mesnil-David ; S. Nicolas, de Marais, au doyenné d'Eu ; Nointot *(Noytot)* ; S. Martin, à l'Hortier *(l'Ortiay)* ; Sassetot-le-Mal-Gardé ; cure « Beate Marie de Bosco in Sausseyo alto » ; la Ste Trinité du Mont ; Touffreville ; S. Pierre, de Wanchy ; — chapelles de : S. Amador, à Auberville ; S. Ulfran, à Colleville ; S. Jean des Couldreaux, à Villequier ; S. André, à Épreville ; S. Thomas, au manoir d'Esneval ; S. Martin de Fontaine, à Bolbec ; Mauny ; S. Thibaud, du Mesnil-Durécu ; la Ste Trinité, au château de

Tancarville ; S. Jean, au manoir du fief de Varennes, à Saint-Jean-du-Cardonnay. — Approbations ou confirmations des confréries : de Notre-Dame, S. Côme, S. Damien, à Ambourville *(Anborvilla)* ; de S. Pierre, S. Sébastien, à Bôbec ; du Saint-Sacrement, à Biville-la-Baignarde *(Buyvilla le Baignart)* ; de S. Martin, à Blancmesnil ; de S. Martin, S. Sébastien, à S. Martin de Boissay ; de S. Martin, S. Antoine, S. Fabien, S. Sébastien, au Coudray ; de S. Jean-Baptiste, S. Adrien, S. Sébastien, S. Fiacre, S. Antoine. S. Nicolas, Sᵗᵉ Barbe, à Ectot-les-Baons *(Esquetot supra Banna)* ; de l'Assomption, S. Maur, S. Lubin, Sᵗᵉ Apolline, à Équinbosc ; de S. Martin, S. Gilles, S. Leu, à Graville ; de S. Nicolas, S. Fiacre, S. Sébastien, Sᵗᵉ Barbe, *in ecclesia parrochiali de Groffay* ; de S. Léonard et S. Sébastien, à Maulévrier ; de S. Pierre, S. Paul, S. Sébastien, S. Eutrope, Sᵗᵉ Barbe, à Oudalle *(Ouvedalle)* ; de S. Crespin, S. Crépinien, S. Rémi, à S. Laurent, de Rouen ; de S. Nicolas, S. Sébastien, à Saint-Martin-le-Gaillard ; de S. Martin, S. Vimer, S. Nicolas, Sᵗᵉ Austreberthe, à Tourville, au doyenné de Valmont : 30 sous pour chaque approbation ou confirmation.

G. 9493. (Registre.) — In-folio, 105 feuillets
écrits, papier.

1502-1503. — Registre du secrétariat. — Collations relatives aux bénéfices suivants : cures : de Saint-Léonard *du Belle*, au doyenné d'Eu ; de Notre-Dame, de Blosseville *(de Blovilla)*, au doyenné de Périers, vacante par le décès de Jean Houel, conférée à Jean Le Porchier ; de S. Martin, d'Étaimpuis ; de la Sᵗᵉ Trinité du Mont ; — léproseries : de la Madeleine, à Doudeville ; des Innocents, dite de la Croix de Pierre ; de S. Thomas, à Canville ; — chapelles : des Innocents, à Angerville ; de Sᵗᵉ Catherine de Roudemare, à Appeville ; de S. Mellin, en la terre d'Auzebosc, doyenné de Foville ; de Pierreville, à Bacqueville ; de S. Vulfran et S. Éloi, à Culleville ; de Notre-Dame, au manoir des Viviers, à Campuley, doyenné de Bray. — Approbation des confréries de S. Hildevert, S. Antoine, S. Clair, à Roquefort ; de S. Jean-Baptiste et S. Jean-l'Évangéliste, à S. Jean de Preuseville.

G. 9494. (Registre.) — In-folio, 97 feuillets, papier.

1505-1506. — Registre du secrétariat. — Collation des églises : d'Yquebeuf, doyenné de Cailly, à Cristophe Barbier, sur la présentation du Roi ; de Bourg-théroulde, à Robert Pépin, sur la présentation de Guil-

laume Le Roux, seigneur temporel du lieu ; de Saint-Valery, doyenné d'Envermeu, à Guillaume Heudebert, sur la présentation de l'abbé de Fécamp ; de Sigy, doyenné de Ry, à Guillaume Deschaney, sur la présentation des religieux de S. Ouen ; de Lucy, doyenné de Neufchâtel, à Jean Le Roy, sur la présentation de l'abbé du Bec-Hellouin ; de S. Laurent, d'Envermeu, à Nicolas Orcher, sur la présentation de Guillaume, abbé du Bec-Hellouin ; de Fresnoy, doyenné de Foucarmont, à Jean Legrand, sur la présentation de Guillaume, abbé du monastère de Foucarmont ; de Mirville, doyenné de Fauville, à Guillaume Du Mesnildot, sur la présentation de Jean Du Mesnildot, seigneur temporel dudit lieu ; de Sᵗᵉ Marie-Madeleine, de Chambine, diocèse d'Évreux, à Henri Bitouze ; de Beaucamps-le-Jeune, doyenné d'Aumale, à Pierre Desmarets, sur la présentation du comte d'Aumale ; de Saint-Ouen-Prend-en-Bourse, doyenné de Bacqueville, à Raoul Duval, sur la présentation du chapitre de l'église Notre-Dame de Rouen ; de S. Martin, du Plessis, doyenné de Ry, à Guillaume Landry, sur la présentation du duc de Longueville, « racione gardie liberorum annis minorum defuncti domini comitis Vindocinensis » ; de Rouxmesnil, doyenné de Longueville, à Guillaume Dossencourt, sur la présentation d'André, seigneur de Rambures et du Bourg-Dun ; de Cent-Acres, doyenné de Longueville, à François Blénouveau, sur la présentation de l'abbé et des religieux de Saint-Évroult ; de Lestanville, doyenné de Bacqueville, à Pierre Bouresse, sur la présentation de François duc de Longueville ; de S. Vivien, de Rouen, à Thomas Succault, sur la présentation des religieux de S. Ouen ; de S. Vincent et de S. Michel, de Rouen, la première à Jean Pellifier, sur la présentation de Jean Bohier, chanoine de Rouen, la seconde à Jean Desmoustiers, sur la présentation des religieux de Saint-Michel-au-Péril-de-la-Mer ; de Beaussault, doyenné de Neufchâtel, à Guillaume Valloys, sur la présentation de l'abbé du Bec-Hellouin. — Collations relatives aux bénéfices suivants : chapelles : de S. Jean, au château de Beaudemont ; de S. Adrien de Roufrebosc, à Auberbosc ; de Sᵗᵉ Anne, au château de Cars ; de S. Jacques, à Drosay ; hôpital de Bailly-en-Rivière ; trésorerie, canonicat et prébende en l'église collégiale de Blainville ; prieuré de S. Martin de Chaumont. — Approbation des confréries érigées dans les églises : de Cléville, de Saint-Mards, de Grosmesnil, de Saint-Wandrille, de Caudebec. — Total de la recette pour le chapitre des dispenses : 117 livres ; pour le chapitre des non-résidences : 463 liv. 8 s. 5 d. ; pour le chapitre des ordres : 281 liv. 17 s.

G. 9495. (Registre.) — In-folio, 91 feuillets, papier.

1506-1507. — Registre du secrétariat. — Collation des églises : de Monchy, doyenné d'Eu, à Robert Briffaul, sur la présentation du comte d'Eu ; de Tôtes, doyenné de Bacqueville, à Jean Anglement ; d'Anceaumeville, doyenné de Pavilly, à Henri Le Caron, sur la présentation de l'abbé du monastère de la Sainte-Trinité-du-Mont ; de Notre-Dame, d'Envermeu ; à Richard Le Vavasseur, sur la présentation de l'abbé du Bec-Hellouin ; du Mesnil-Durdent, doyenné de Canville, à Jean Lesaunier ; de Montcauvaire, doyenné de Cailly, à Louis de Valliquerville, sur la présentation de l'abbé de Fécamp ; de Beaurepaire, doyenné de Saint-Romain, à Nicolas Lefèvre, sur la présentation de Louis de Brézé, baron de Maulévrier et du Bec-Crespin ; de Sᵗᵉ-Marie-la-Petite, à Rouen, à Nicolas Fautrel, sur la présentation du chancelier de l'église de Rouen ; de Saint Germain-des-Essourts, doyenné de Ry, à Guillaume Aubry, sur la présentation de l'abbé du Bec-Hellouin ; de Gueures, doyenné de Brachy, à André Perchart, présenté par la prieure du prieuré de Bondeville ; d'Anglesqueville, doyenné de Saint-Romain, à Simon Adam, docteur en théologie, pénitencier d'Évreux ; de Saint-Laurent-en-Caux, doyenné de Saint-Romain, à Nicolas de Saint-Germain, sur la présentation de Michel de Saint-Germain, seigneur temporel dudit lieu ; de Graincourt, doyenné d'Envermeu, à Jean de Richarmes, sur la présentation de Charles de Richarmes, écuyer. — Approbation des confréries érigées dans les églises : de Bacqueville, de Bénouville, de Beaulot, de Varvannes, de Jumièges, du Tronquay, d'Hacqueville (doyenné de Gamaches), du Saussay, de Brachy, d'Élainhus, de Bénarville, de Saint-Aubin-sur-Quillebeuf, de Touffreville-la-Corbeline. — Autorisations de publier les indulgences accordées par les cardinaux à certaines églises. — Total de la recette pour les dispenses : 123 liv. 10 s. ; pour les non-résidences : 397 liv. 18 s. 9 d. ; pour les ordres : 288 liv. 13 s. — Somme totale de la recette : 901 l. 15 s. 9 d.

G. 9496. (Registre) — In-folio, 100 feuillets, papier.

1507-1508. — Registre du secrétariat. — Collation des églises : de Cropus, doyenné de Longueville, à Michel Dulondel, sur la présentation du trésorier et du chapitre de l'église de Blainville ; de Contremoulins, doyenné de Valmont, à Thomas Legoupil, sur la présentation de Jean de La Haille, seigneur de Ganzeville ; du Hanouard, doyenné de Valmont, à Laurent Lenfant, sur la présentation de Joachim Lenfant, seigneur temporel dudit lieu ; de Rocquefort, doyenné de Fauville, à Nicolas Coquet, sur la présentation du prieur de la Madeleine de Rouen ; de Vandrimare, doyenné de Périers, à Pierre Lecomte, du diocèse d'Évreux, sur la présentation de Guillaume de La Roche, écuyer, seigneur temporel dudit lieu ; du S. Sauveur, de Rouen, à Pierre Gouy, sur la présentation du chapitre de l'église cathédrale de cette ville ; de Bellengreville, doyenné d'Envermeu, à Jean de Vaulx, sur la présentation du duc de Longueville ; de Bosc-le-Hard, doyenné de Cailly, à Jean Le Hideux, sur la présentation du prieur de Longueville. — Approbation des confréries érigées dans les églises : d'Yerville, de Fultot, d'Harcourt (doyenné de Beaudemont), de Richemont, de Sauchay, de Grainville-la-Teinturière, de Belmesnil, de La Haye-en-Lyons, de Roumare, d'Auberville-la-Manuel. — Autorisation de publier les indulgences accordées par les cardinaux aux églises : de S. Pierre, d'Aumale ; de S. Denis, de Rouen ; d'Offranville ; de Chèvremont ; de Blancmesnil ; de Sainte-Austreberthe ; d'Éturqueraye ; de Bornambusc ; d'Aulage. — Recette : des dispenses : 106 liv. 15 s. ; des non-résidences : 436 liv. 6 s. 2 d. ; des ordres : 348 liv. 4 s. — Total général de la recette : 966 liv. 9 s. 2 d.

G. 9497. (Registre.) — In-folio, 86 feuillets, papier.

1508-1509. — Registre du secrétariat. — Collation des églises : de Lierville, doyenné de Magny, à Guillaume Maubert, sur la présentation de l'abbé de Saint-Germer ; de Vicquemare, doyenné de Canville, à Antoine de Saint-Ouen, sur la présentation de Jacques de Saint-Ouen, seigneur temporel du lieu ; de Manneville-la-Goupil, doyenné de Saint-Romain, à Pierre Le Marguen, sur la présentation du seigneur de Manneville ; de Bosville, doyenné de Canville, à Jean Destermelay, sur la présentation de Louis de Rouville, seigneur du lieu ; de Canteleu, doyenné de Brachy, à Henri Comtet, sur la présentation du prieur du prieuré de Longueville ; de S. Cande le Jeune, de Rouen, vacante par le décès d'Arnauld Legoupil, à Guillaume Parfondin, sur la présentation de l'évêque de Lisieux ; de Notre-Dame, de Neufchâtel, à Vincent Commère, sur la présentation de l'abbé du monastère de la Sainte-Trinité du mont Sᵗᵉ Catherine près Rouen ; de S. Nicolas, de Rouen, à Richard Le Vavasseur, sur la présentation du chapitre de Rouen ; de Montérollier, doyenné de Cailly, à Pierre Roussel, licencié en droitcanon, sur la présentation de l'abbé de Saint-Wandrille ; de Quillebeuf, doyenné de Pont-Audemer, à Pierre de Hornay, sur la présentation de l'abbé de Jumièges ; d'Émalleville, doyenné de Saint-Romain, à Robert Martel, sur la présentation de Louis Martel, écuyer, seigneur du lieu. — Approbation des confréries érigées dans les églises : de Tancarville, de Beauficel, de Suzay, de Sainte-Marie-des-Champs, de Sainte-Gertrude près de Caudebec, de Bézu, de Clères, de Canville, de Ganzeville, de Rouville, de S. Jacques d'Eu, de Blangy, de Sigy. — Indulgences accordées par les cardinaux, avec permission de les publier, aux églises : du Mesnil-David, de S. Pierre-le-Portier de Rouen, de Gonnetot, d'Oudalle, de Bracquemont, de Sainte-Marie-des-Champs, de Boisguillaume, de Preuseville, de Lignemare, de Rogerville.

G. 9498. (Registre.) — In-folio, 76 feuillets, papier.

1509-1510. — Registre du secrétariat, jusqu'au 3 juin 1510, date de la vacance du siège archiépiscopal par le décès de Georges d'Amboise. — « Confirmatio electionis episcopalis dignitatis ecclesie cathedralis Constantiensis vacantis per decessum quondam bone memorie domini Gauffridi, illius, dum viveret, episcopi et pastoris novissimi, de persona egregii generosique viri domini ac magistri Adriani Gouffier, sancte sedis apostolice prothonotarii, via generalis scrutinii nuper celebrate facta die jovis secundo mensis maii. (1510) ». — Total de la recette pour le chapitre des grâces : 21 liv. 10 s. ; pour le chapitre des dispenses : 71 liv. 10 s. ; pour le chapitre des non-résidences : 340 liv. 14 s. 7 d. ; pour le chapitre des ordres : 547 liv. 8 s.

G. 9499. (Registre.) — In-folio, 57 feuillets, papier.

1511-1512. — Registre du secrétariat, du jour de la prise de possession de l'archevêché de Rouen au nom de Georges II d'Amboise (22 novembre 1511). — Collation des églises : de S. Vigor, de Rouen, à Robert Luillier, du diocèse d'Évreux ; de Croixdalle, doyenné de Longueville, à Jean Duplessis ; de S. Amand de Rouen, à Robert Hesnart, sur la présentation de l'abbesse et des religieuses de Saint-Amand ; de Bracquemont, doyenné d'Envermeu, à Jean Dupuy ; de Ponts, doyenné d'Eu, à Pierre Delacroix, sur la présentation du comte d'Eu ; de Sainte-Marie-des-Champs, doyenné de Fauville, à Jacques de Lomosne, sur la présentation de Jean, roi et seigneur d'Yvetot ; d'Anglesqueville, doyenné de Saint-Romain, à Antoine

Vacherie ; de Saint-Ouen-sous-Brachy, doyenné de Brachy, à Jean Savary ; de Pitres, doyenné de Périers, à Philippe Harpin, sur la présentation de Pierre Delaplace, chanoine, Geoffroy Berger et Richard Josse, vicaires de l'église collégiale Notre-Dame-la-Ronde de Rouen ; de Villainville, doyenné de Saint-Romain, à Jacques Féré, sur la présentation d'Antoine, abbé de Fécamp ; de Guerbaville, doyenné de Pont-Audemer, à Guillaume Dulondel, sur la présentation de Jacques de Moy, à cause de sa seigneurie de la Mailleraye ; — de l'archidiaconé de Rouen, à Thomas « de Fuxo » ; « collatio canonicatus et prebende ecclesie Rothomagensis, quos obtinere solebat dominus ac magister Carolus Robertet, vacantium per ejus adopcionem episcopalis ordinis, facta magistro Ludovico Robertet, absenti, Lugdumensis diocesis. » — Nomination de Raoul Fabre, au doyenné de Neufchâtel ; d'Étienne Lemaistre, au doyenné de Bourgthéroulde ; de Guillaume Mauger, au doyenné de Cailly ; de Michel Allez, au doyenné de Saint-Georges ; de Jean de Quesnay, au doyenné de Chaumont ; de Germain Germain, au doyenné de Magny ; de Jean Le Fèvre, au doyenné de Saint-Romain. — Total des recettes pour le chapitre des grâces : 10 l. 5 s. ; pour le chapitre des dispenses, 100 l. ; pour le chapitre des non-résidences : 328 l. 15 s. ; pour le chapitre des ordres : 450 l. 13 s.

G. 9500. (Registre.) — In-folio, 80 feuillets, papier.

1512-1513. — Registre du secrétariat. — Collation des églises : de Notre-Dame, de Gournay, doyenné de Bray, à François « Authonis », sur la présentation du chapitre de l'église collégiale Saint-Hildevert de Gournay ; de Manteville, doyenné de Valmont, à Roger Le Roy, sur la présentation d'Adrien Le Borgne, écuyer ; de Notre-Dame, de Caudebec, doyenné de Saint-Wandrille, à Robert Magerel, diacre, sur la présentation de l'abbé de Saint-Wandrille ; de Saint-Germain-sous-Torcy (Saint-Germain-d'Étables), doyenné de Longueville, à Jean Lairé, sur la présentation du roi de France, « racione litigii inter nobiles Johannem de Bréaulté et Claudinum Ducroq occasione ipsius ecclesie pendentis indecisi » ; de Graimbouville, doyenné de Saint-Romain, à Louis Duclos, sur la présentation d'Eustache Grente, seigneur du lieu ; de S. Laurent, de Bourgthéroulde, à Robert Rome, sur la présentation de Guillaume Le Roux, écuyer, seigneur du lieu ; d'Auberville-la-Manuel, doyenné de Valmont, à Pierre de La Campagne, sur la présentation de Jean Constant, seigneur du lieu. — Total de la recette pour le chapitre des grâces : 18 liv. 15 s. ; pour le chapitre des dispenses : 116 liv. 10 s. ; pour le chapitre des non-résidences : 422 liv. 10 s. ; pour le chapitre des ordres : 754 liv. 12 s. — Total général de la recette du compte : 1.377 liv. 10 s.

G. 9501. (Registre.) — In-folio, 80 feuillets, papier.

1513-1514. — Registre du secrétariat. — Collation des églises : de S. Denis, d'Écos, du doyenné de Beaudemont, à Jean de Clères, sur la présentation de Georges, baron de Clères ; du Vieux-Rouen, doyenné de Foucarmont, à Mathieu Potin, sur la présentation de l'abbé du monastère de Saint-Fuscien-aux-Bois, au diocèse d'Amiens ; d'Angiens, doyenné de Canville, à Jean Chesneau, sur la présentation du prieur de Longueville ; de Fontaine-sous-Préaux, à Thomas Dupont, sur la présentation du chapitre de l'église collégiale de Blainville ; de Gaillefontaine, doyenné de Neufchâtel, à Thomas Pascal, sur la présentation de l'abbé et des religieux de Saint-Ouen ; d'Argueil, doyenné de Bray, à Richard Blanchard, diacre, sur la présentation de Guillaume de Briqueville, seigneur du lieu ; de Neuville-le-Pollet, doyenné d'Envermeu, à Jean Guerricault, sur la présentation du prieur de Longueville. — Approbation des confréries érigées dans les églises : de Crétot, d'Yainville, de Guilmécourt, de Ganzeville, de Bailly-en-Rivière, de Tourville (doyenné de Canville), d'Imbleville, de Bosc-le-Hard, de S. Sever de Rouen, d'Ouainville, de Bléville. — Recette pour le chapitre des grâces : 18 liv. 15 s. ; pour le chapitre des dispenses : 92 liv. ; pour le chapitre des non-résidences : 448 liv. 8 s. 9 d. ; pour le chapitre des ordres : 634 liv. 1 s. — Somme totale de la recette du compte : 1.235 liv. 5 s. 9 d.

G. 9502. (Registre.) — In-folio, 107 feuillets, papier.

1514-1515. — Registre du secrétariat. — Collation des églises : d'Écalles-sur-Villiers, doyenné de Saint-Georges, à Guillaume Violette, sur la présentation de Nicolas Le Fèvre, seigneur d'Écalles ; de S. Laurent et de Notre-Dame d'Envermeu, la première à Pierre Barate, sur la présentation de l'abbé du Bec-Hellouin, la seconde à Jean de Pimont, sur la présentation du même ; de Saumont-la-Poterie, doyenné de Bray, à Jean Cardon, du diocèse du Mans, sur la présentation de l'abbé de Saint-Ouen, de Rouen ; de Varengeville-sur-Mer, doyenné de Brachy, à Jean de Mortereuil, sur la présentation des religieux du monas-

tère des Sts Pierre et Paul de Conches, au diocèse d'Évreux ; de Bellengreville, doyenné d'Envermeu, à Archimbaud Bourgoise, sur la présentation du Roi « racione gardie liberorum annis minorum defuncti domini comitis Dunensis et de Tancarvilla, dicte ecclesie patroni et presentatoris » ; de Cressy, doyenné de Longueville, à Pierre Nollent, religieux du prieuré de Saint-Lô de Rouen, sur la présentation du prieur. — « Licentia benedicendi fontes in capella Sancti Nicolai de Tractu (Le Trait), que est succursus parrochialis ecclesie de Yainvilla, Rothomagensis diocesis, et certe porcionis terre juxta dictam capellam pro fidelium corporibus inhumendis... » — Nomination de Robert de La Ville, au doyenné de Ry ; de Clément Le Villain, au doyenné d'Envermeu. — Approbation des confréries érigées dans les églises : de Beaunay (doyenné de Bacqueville), de Nointot, de Tilly, de Villiers-les-Aumale (Villiers-sous-Foucarmont), de Carville, de Varengeville-sur-Mer, de Nolléval, d'Étoutteville, de S. Pierre d'Elbeuf, d'Amfreville-la-Mi-Voie. — Total de la recette pour le chapitre des grâces : 26 liv. ; pour le chapitre des dispenses : 109 liv. 10 s. ; pour le chapitre des non-résidences : 441 liv. 11 s. 3 d. ; pour le chapitre des ordres : 583 liv. 13 s. — Somme totale de la recette du compte : 1.215 liv. 13 s. 3 d.

G. 9503. (Registre.) — In-folio, 108 feuillets, papier.

1515-1516. — Registre du secrétariat. — Collation des églises : de Pibeuf, doyenné de Cailly, à Jean Paien, sur la présentation du prieur de Beaulieu ; de Torcy-le-Petit, doyenné de Longueville, à Jean Rivière, sur la présentation de Jean Blosset, seigneur du lieu ; de Radepont, doyenné de Périers, à Jean de Picheron ; de Saint-Nicolas-de-la-Taille, doyenné de Saint-Romain, à Michel Mutel, sur la présentation de Jean de Rieux, comte d'Harcourt ; de Tocqueville, doyenné de Pont-Audemer, à Mathieu Langlois, sur la présentation du chapitre de la chapelle royale de Cléry ; de Saint-Léger-du-Bourg-Denis, doyenné de Périers, à Jean Deschamps, sur la présentation du prieur de Saint-Lô, de Rouen ; du Houlme, doyenné de Pavilly, à Jean Clouet, du diocèse de Bourges, sur la présentation des religieux de Saint-Ouen, de Rouen ; de Hautot-le-Valois, doyenné de Fauville, à Jean Aline, sur la présentation de l'abbé de Saint-Wandrille ; de Fresquiennes, doyenné de Pavilly, à Jacques Austin, sur la présentation de Jean de La Perreuse, seigneur du lieu ; de Rogerville, doyenné de Saint-Romain, à Guillaume Nollent, sur la présentation de Jacques, abbé de Saint-

Wandrille. — Approbation des confréries érigées dans les églises : de La Fontelaye, de Rougemontiers, de Sainte-Austreberthe, de Saint-Martin-en-Campagne, de S. Jacques d'Eu, de Rothois, de Mortemer, de Saint-Germain-sous-Cailly, de Baudribosc, de Notre-Dame d'Eu, d'Escultot, de Saint-Ouen-sous-Bellencombre. — Autorisation de publier les indulgences accordées par les cardinaux aux églises : de Baugy, de Cuverville, de Bouquelon, de Meulers, d'Épretot, d'Épinay, d'Écrainville, de Sahurs, d'Andely, etc.

G. 9504. (Registre.) — In-folio, 110 feuillets, papier, dont 103 écrits.

1516-1517. — Registre du secrétariat. — Collations relatives aux bénéfices suivants : cures : de Maromme, doyenné de Pavilly, à Jacques Bayer, sur la présentation de l'abbé de Fécamp ; d'Épreville-en-Roumois, à Claude Poisson, sur la présentation de François Poisson, seigneur du lieu ; de Sotteville-sur-Mer, doyenné de Canville, à Jean Firmin, sur la présentation du chapitre de l'église collégiale de S. Quentin, de Saint-Quentin ; de Criel, doyenné d'Eu, à Nicolas Pavie, sur la présentation de l'abbé du monastère d'Eu ; de Triquerville, doyenné de Saint-Georges, à Jean Divemesnil ; d'Hugleville-sur-Scie, doyenné de Bacqueville, à maître de Brie, sur la présentation des religieux de Saint-Evroult ; du Bois-Robert, doyenné de Longueville, à Thomas de Bures, sur la présentation de Guillaume de Bures ; de Guerville, doyenné d'Eu, à Nicolas Turpin, sur la présentation de l'abbé du Tréport (*de Ulteriori Portu*) ; de La Crique, doyenné de Longueville, à Roger Cauché, sur la présentation du Roi ; de Sainte-Marguerite-sur-Fauville, doyenné de Fauville, à Jean Grèves, sur la présentation de Pierre Frétel, seigneur du lieu ; — chapelles : de S. André du Câtillon, à Léon Pétron, sur la présentation de Roger Gouel ; de S. Jean en l'église S. Laurent de Rouen, à Nicolas Dufay, sur la présentation de l'abbé de Saint-Wandrille ; de Bonneville, doyenné de Valmont, à Antoine Dupuis, du diocèse de Langres, sur la présentation d'Estouteville. — Approbation des confréries érigées dans les églises : de Noyon-le-Sec (doyenné de Gisors), de Notre-Dame d'Eu, de Berneval-le-Grand, d'Auffay, de Dragueville, de Valliquerville, de Bébec, de Longueil, de Saint-Jean-sur-Cailly, de Saint-Thomas-la-Chaussée, de Panilleuse, de Saint-Jean-du-Cardonnay. — Indulgences accordées aux églises : de Bouelles, de Vatteville. — Total des recettes pour le chapitre des grâces ; 17 liv. 5 s.; pour le chapitre des dispenses : 102 l. 10 s.; pour le chapitre des non-résidences : 387 l. 3 s. 9 d. ; pour le chapitre des ordres : 775 l. 16 s. — Somme totale de la recette du compte : 1.133 l. 12 s. 9 d.

G. 9505. (Registre.) — In-folio, 103 feuillets, papier.

1517-1518. — Registre du secrétariat. — Collation des églises : du Bec-Hellouin, doyenné de Pont-Audemer, à Olivier Labbé, sur la présentation de l'abbé du Bec-Hellouin ; de Graincourt, doyenné d'Envermeu, à Jean Aux-Aneaux, sur la présentation du Roi « racione gardie liberorum defuncti Roberti Eudes » ; du Mesnil-Lieubray, doyenné de Bray, à Nicolas Boulant, sur la présentation du prieur du prieuré de Saint-Laurent-en-Lyons ; de Saint-Maurice-d'Ételan, doyenné de Saint-Georges, à Bonnet Chambonnes, sur la présentation du prieur du prieuré de Sainte-Foy de Longueville ; de Vibeuf, doyenné de Bacqueville, à Mathurin de Guyneuf, sur la présentation de Jean Dococh, chevalier, seigneur de Sotteville, Lambercourt et Vibeuf ; de Bléville, doyenné de Saint-Romain, à Jean Bordel, religieux profès de l'ordre de S. Augustin ; de Fresne-le-Plan, doyenné de Périers, à Guillaume Lormier, sur la présentation de l'abbesse et des religieuses de Saint-Amand de Rouen. — Approbation des confréries érigées dans les églises : de Graville, de Maulévrier, de Hautot-le-Valois, de La Chapelle-Saint-Ouen, de Saumont-la-Poterie, de Cléville, de Sévis, de Tréforest, d'Étennemare, de Saint-Sauveur-la-Campagne, de Touffreville-la-Cable, d'Écrainville, de Hénouville. — Somme totale des recettes pour le chapitre des collations : 55 liv. 17 s. ; pour le chapitre des grâces : 20 l. 15 s. ; pour le chapitre des dispenses : 127 liv ; pour le chapitre des non-résidenses : 372 liv. 10 s. ; pour le chapitre des ordres : 464 liv. 15 s. — Recette générale du compte : 1.040 l. 17 s.

G. 9506. (Registre.) — In-folio, 111 feuillets écrits, papier.

1518-1519. — Registre du secrétariat. — Collation des églises : de Montigny, doyenné de Saint-Georges, à Jean Bosquier, acolyte du diocèse de Rouen, sur la présentation de Guillaume La Vieille, seigneur du lieu ; de Lanquetot, doyenné de Fauville, à Jean Basin, sur la présentation de Guillaume Basin, chevalier, seigneur du lieu ; d'Elbeuf-sur-Andelle, doyenné de Cailly, à Étienne Ventelon, du diocèse de Clermont, sur la présentation de l'abbé de Saint-Victor-en-Caux ; de S. Hilaire, de Rouen, avec son annexe de S. Gilles, vacante par le décès d'Antoine de La Colombière, à Jean de Quiévremont, sur la présentation de Guillaume Gombault, trésorier et chanoine de Rouen; de Bornambusc « de Bournebusc alias des Ours », à Guillaume Dumesnildo, sur la présentation de l'abbé du monastère de l'Isle-Dieu; de Millebosc, doyenné d'Eu, à Étienne Fouquet, sur la présentation de l'abbé du Bec-Hellouin; de Notre-Dame-de Gravenchon, à Robert Fleuret, sur la présentation du Roi; de Bertheauville, doyenné de Valmont, à Pierre de Bonnefoy, sur la présentation de Guillaume de Bonnefoy, chevalier; d'Alvimare, doyenné Fauville, à Bernard Guitard, sur la présentation des religieux du monastère de Saint-Étienne de Caen; de Sainte-Austreberthe, doyenné de Pavilly, à Louis Dorenge, sur la présentation de Jacques de Dreux, chevalier; d'Angiens, doyenné de Canville, à Pierre Parise, du diocèse d'Autun, sur la présentation du prieur du prieuré de Longueville; de Vascœuil, doyenné de Ry, à Guillaume Le Long, sur la présentation du chapitre de l'église collégiale de Notre-Dame d'Écouis; de l'Heure, doyenné de Saint-Romain, à Jean Cranier, du diocèse de Besançon, sur la présentation du prieur du prieuré de Longueville. — Approbation des confréries érigées dans les églises : d'Isneauville; de Notre-Dame, de Gournay; de Frétencourt; de Bracquemont; de Gravenchon; de Malleville; de Lintot; de Virville; d'Allouville; de S. Nicolas, de Rouen; de Bretteville; d'Oissel; de Gruchet; de Montcauvaire; d'Angerville-la-Martel; de Valliquerville. — Total des recettes pour le chapitre des collations : 55 l. 12 s.; pour le chapitre des grâces : 33 liv. 10 s.; pour le chapitre des dispenses : 55 liv. 10 s.; pour le chapitre des non-résidences : 328 liv. 15 s.; pour le chapitre des ordres : 570 liv. 3 s. — Somme totale de la recette du compte : 1,093 liv. 10 s.

G. 9507. (Registre.) -- In-folio, 82 feuillets, papier.

1519-1520. — Registre du secrétariat. — Collation des églises : d'Ymonville, doyenné de Valmont, à Nicolas Malle, sur la présentation des religieux de Saint-Ouen; d'Anxtot, doyenné de Saint-Romain, à Jean Costelar, sur la présentation de l'abbé du monastère de Valmont; du Mesnil-Esnard, doyenné de Périers, sur la présentation du prieur du prieuré de Saint-Lô, de Rouen; de Pôville, doyenné de Pavilly, à Jean Le Tirant, sur la présentation de Roger Gouel, chevallier; d'Hattenville, doyenné de Fauville, à Jean Maynet, du diocèse de Lyon, sur la présentation de l'abbé du monastère de la Sainte-Trinité de Fécamp; de Fontaine-la-Mallet, doyenné de Saint-Romain, à Léon Le Tourneur, sur la présentation du prieur de Graville; de Raffetot, doyenné de Fauville, à Pierre Delaplace, sur la présentation du prieur de Saint-Lô, de Rouen; de Notre-Dame, de Belbeuf, doyenné de Périers, à Guillaume Gaillard; de Soreng, doyenné de Foucarmont, à Jacques Boucher, sur la présentation de l'abbé du monastère de Séry; du Mesnil-Durdent, doyenné de Canville, à Nicolas Laudasse, sur la présentation d'Antoine Prenel, seigneur du lieu; de Vertbosc, doyenné de Saint-Georges, à Pierre de Mellicourt, sur la présentation du prieur de Notre-Dame d'Ouville : de Théroudeville, doyenné de Valmont, à Jean Costelay, du diocèse de Lisieux, sur la présentation de l'abbé du monastère de Valmont; d'Orival, doyenné de Bourgthéroulde, à Étienne Burnel, sur la présentation du Roi « racione gardie liberorum annis minorum defuncti domini Ludovici de Bigars, domini temporalis de Londa »; de Virville, doyenné de Saint-Romain, à Guillaume de Launay, du diocèse de Lisieux, sur la présentation du Roi. — Approbation des statuts des confréries érigées dans les églises : d'Heuqueville; d'Ouainville; de Muchedent; d'Anglesqueville-sur-Saâne; de Gainneville; de Saint-Martin-aux-Arbres; de Saint-Saëns; de Morville: de Saint-Lucien; de Lindebeuf; d'Auzebosc. — Recette du chapitre des collations : 45 liv. 10 s.; du chapitre des grâces : 30 liv. 15 s.; du chapitre des dispenses : 111 liv.; du chapitre des non-résidences : 536 liv. 17 s. 6 d.; du chapitre des ordres : 488 liv. 14 s. — Recette totale du compte : 1.182 liv. 16 s. 6 d.

G. 9508. (Registre.) — In-folio, 99 feuillets, papier.

1520-1521. — Registre du secrétariat. — Collations relatives aux bénéfices suivants : cures : de Saint-Étienne-des-Tonneliers, de Rouen; de Veules, à Guillaume de Boinville, sur la présentation du chapitre de l'église collégiale de Saint-Quentin; du Bosc-Édeline, doyenné de Ry, à Étienne Tiercelin, sur la présentation du Roi; de Ganzeville, doyenné de Valmont, à Michel Petit, sur la présentation de l'abbé du monastère de la Sainte-Trinité de Fécamp; des Trois-Pierres, doyenné de Saint-Romain, à René Lebourg, clerc, étudiant à Paris, sur la présentation de Claude de Rieux, baron d'Ancenis, comte d'Harcourt; de Morville, doyenné de Ry, à Frédéric Cibo, sur la présentation des religieux de Saint-Ouen; de Transières, doyenné de Gisors, à Jean Bourseuille, sur la présentation des mêmes; de Saint-Laurent-en-Caux, doyenné de Brachy, à Richard de Saint-Germain, du diocèse de Bayeux, sur la présentation de Michel de Saint-Germain, écuyer, seigneur du lieu ; de Saint-Laurent, de Rouen, vacante par le décès de Robert de Bapeaume, à Étienne Foucques, sur la présentation de l'abbé de Saint-Wandrille ; d'Orival, doyenné de Bourgthéroulde, à Robert Le Serrurier, sur la présentation du Roi ; — chapelles : de Mauperluis, paroisse de Gerville ; de Saint-Gilles, au Bourg-Dun ; de Saint-Nicolas, à Fréauville ; de Saint-Nicolas et Sainte-Clotilde, à Andely. — Approbation des confréries érigées dans les églises : d'Amécourt ; de Notre-Dame, de Neufchâtel ; de Lamberville ; de Saint-Jean, d'Eu ; de Saint-Jouin ; de Roumare ; de Saint-Arnoult ; de Fontaine-le-Dun ; d'Auzouville-l'Esneval ; de Pavilly ; de Boos. — Recette du chapitre des collations : 37 liv. 17 s. ; du chapitre des grâces : 27 liv. 10 s. ; du chapitre des dispenses : 151 liv. ; du chapitre des non-résidences : 536 liv. 17 s. 6 d.

G. 9509. (Registre.) — In-folio, 120 feuillets écrits, papier.

1521-1522. — Registre du secrétariat. — Collation des églises : de Vénesville, doyenné de Valmont, à Jean Ercambout, sur la présentation de Pierre de Canouville, seigneur de Malleville et de Vénesville ; de Sainte-Opportune, doyenné de Pont-Audemer, à Guillaume de Gonnys, sur la présentation de Louis de Gonnys, seigneur des fief, terre et seigneurie « loci de Mara » ; d'Amfreville-la-Mi-Voie, doyenné de Périers, à Alexandre Dassy, sur la présentation de Jacques Dassy, écuyer, seigneur du lieu ; d'Anquetierville, à Jean Bonvalet ; de Bénouville, doyenné de Bacqueville, à Baptiste Bodin, sur la présentation de l'abbé de Saint-Georges-de-Boscherville ; de Sainte-Marguerite-sur-Duclair, doyenné de Saint-Georges, à Jean Le Large, sur la présentation du Roi ; de Berville-en-Roumois, doyenné de Bourgthéroulde, à Guillaume Le Roux, sur la présentation de Claude Le Roux, écuyer ; de Motteville-l'Esneval, doyenné de Pavilly, à Mathieu Postel, présenté « per administratorem Magdalenes et leprosarie de Paviliaco » ; de Cuverville, doyenné de Saint-Romain, à Richard Le Large, sur la présentation du Roi ; d'Anneville, doyenné de Longueville, à Christophe de Groussy, sur la présentation de Nicolas de Moy, chevalier, seigneur et baron de Moy ; de La Londe, doyenné de Bourgthéroulde, à Pierre Lebrun, du diocèse de Bayeux, sur la présentation du Roi ; d'Ouville-l'Abbaye, doyenné de Canville, à Robert Vatel, religieux de l'abbaye de Notre-Dame-d'Ouville, sur la présentation du prieur ; de Ronchois, doyenné de Neuf-châtel, à Thomas Gascourg ; de Moulineaux, à Jacques Viénot, « curie archiepiscopalis notario », sur la présentation du prieur du prieuré de Sainte-Marie-Madeleine de Rouen ; de Roncherolles-en-Bray, doyenné de Ry, à Guillaume du Criel, « ad presentationem collegii communitatis communie ecclesie Rothomagensis ». — Approbation des confréries érigées dans les églises : du Theil (doyenné de Bourgthéroulde) ; de S. Patrice, de Rouen ; de Martagny (doyenné de Gisors) ; du Mesnil-sous-Lillebonne. — Total de la recette pour le chapitre des collations : 53 liv. 11 s. ; pour le chapitre des grâces : 14 liv. ; pour le chapitre des dispenses : 134 liv. 10 s. ; pour le chapitre des non-résidences : 497 liv. 18 s. 4 d. ; pour le chapitre des ordres : 436 liv. 8 s. — Total général de la recette du compte : 1.134 liv. 7 s. 4 d.

G. 9510. (Registre). — In-folio, 123 feuillets, papier.

1522-1523. — Registre du secrétariat. — Collation des églises : de Gouy, doyenné de Périers, à Nicolas Maillard, docteur en théologie, sur la présentation de l'abbé de Jumièges ; de Crevon, doyenné de Ry, à Jean Mozac, sur la présentation de Gabriel d'Alègre ; de Saumont-la-Poterie, doyenné de Bray, à André Lehideux, sur la présentation des religieux de Saint-Ouen ; de Monville, doyenné de Pavilly, à Henri Le Caron, sur la présentation de l'abbé du monastère de la Sainte-Trinité au Mont-Sainte-Catherine, près Rouen ; d'Omonville, doyenné de Cailly, à Jean Legrand ; d'Auvilliers, doyenné de Foucarmont, à Pierre Borrie, du diocèse de Limoges, sur la présentation du prieur du prieuré de Mortemer ; de Saint-Pierre-des-Jonquières, doyenné d'Envermeu, à Guillaume Floquet ; de Martainville-sur-Ry, à Jean Girard, sur la présentation des religieux de Saint-Ouen ; de Saint-Martin-l'Hortier, doyenné de Neufchâtel, à Jean Denis, par la présentation de Germaine Ruffault, prieure du prieuré de Sainte-Marie-des-Champs ; de Saint-Martin-du-Vivier, à Étienne Le Picard, sur la présentation de Jean de Marbeuf, écuyer. — Approbation des confréries érigées dans les églises : de Lisors ; de Fesques ; de Gomerville ; de Saint-Hellier. — Total de la recette par le chapitre des collations : 57 liv. 2 s. ; pour le chapitre des grâces : 25 liv. 10 s. ; pour le chapitre des dispenses : 121 liv. ; pour le chapitre des non-résidences : 509 liv. 1 s. 3 d. ; pour le chapitre des ordres : 468 liv. 15 s. — Somme totale de la recette du compte : 1.181 liv. 8 s. 3 d.

G. 9511. (Registre.) — In-folio, 151 feuillets écrits, papier.

1523-1524. — Registre du secrétariat. — Collation des églises : de Lindebeuf, doyenné de Bacqueville, à François Massé, sur la présentation de Léonard Martel, écuyer, seigneur temporel de Bacqueville et Lindebeuf ; de Saint-Denis-sur-Scie, même doyenné, à Toussaint Dufresne, sous-diacre, du diocèse de Séez, sur la présentation de l'abbé et des religieux de Saint-Évroult ; de S. Cande-le-Jeune, de Rouen, à Olivier Labbé, chanoine de Lisieux, sur la présentation de l'évêque de Lisieux, Jean Le Veneur, « ad causam sue episcopalis dignitalis » ; de Gamaches, à Jacques Hamelin, sur la présentation du Roi ; de Néville, doyenné de Canville, à Jean Manoury, chanoine de Lisieux, sur la présentation d'Adrien de Bréauté, seigneur du lieu ; de Cany, doyenné de Valmont, à Jean Dujardin, sur la présentation de Robert de Segrétain, écuyer, seigneur de Barville ; de Rétonval, doyenné de Foucarmont, à Jean Maillard, sur la présentation de l'abbé du monastère de Foucarmont ; d'Ourville, doyenné de Valmont, à Jean Fourget, du diocèse de Tulle, sur la présentation de l'abbé du monastère de Fécamp ; de Varvannes, doyenné de Bacqueville, à Jean Douillet ; de Muchegros, doyenné de Gamaches, à Guillaume Langevyn, sur la présentation d'Adrien Tiercelin, chevalier, seigneur de Brosse et de Muchegros ; de Saint-Martin-de-Boscherville, doyenné de Saint-Georges, à Pierre Dugardin, sur la présentation de l'abbé du monastère de Saint-Georges-de-Boscherville ; de Lattainville, doyenné de Chaumont, à Jean Postel, du diocèse d'Amiens, sur la présentation de l'abbesse du monastère de Gomerfontaine. — Approbation des confréries érigées dans les églises : d'Yébleron ; de « Pormor, decanatus de Baudemonte » ; de Beaumont-le-Hareng ; de Gonneville ; de S. Jacques, d'Eu ; de Fontaine près Bolbec ; — « Approbacio certorum articulorum per magistros certorum in statuto desuper confecto designatorum mesteriorum seu operarum artis lannearum in oppido et banleuca de Augo, Rothomagensis diocesis, confectorum et ordinatorum die XVIᵃ septembris. » — Total de la recette du chapitre des collations : 44 liv. 1 s. ; du chapitre des grâces : 16 liv. 10 s. ; du chapitre des dispenses : 134 liv. ; du chapitre des non-résidences : 525 liv. ; du chapitre des ordres : 504 liv. 6 s. — Somme totale de la recette du compte : 1.283 liv. 17 s.

G. 9512. (Registre.) — In-folio, 165 feuillets, papier.

1524-1525. — Registre du secrétariat. — Collation des églises : de Gousseauville, doyenné d'Eu, à Alexandre Cirasse, sur la présentation de l'abbé du monastère du Bec-Hellouin ; du Pont-Saint-Pierre, doyenné de Périers, à Guillaume Dany ; de Lonroy, doyenné d'Eu, à Jean Dumoulin, du diocèse d'Amiens, sur la présentation de noble dame Marie Bournel, veuve de Jean de Soissons, en son vivant chevalier et seigneur du lieu ; de Torcy-le-Grand, doyenné de Longueville, à Louis de Conmargon, sur la présentation de Jean Blosset, chevalier, seigneur du lieu ; de Grand-Camp, doyenné de Fauville, à Jean Noyropel *alias* de Bréauté, sur la présentation du prieur du prieuré de Guérardville ; de Pierrefiques, doyenné de Saint-Romain, à Nicolas Martin, sur la présentation de Robert Le Bailly, écuyer, « tanquam domini temporalis dicti loci de Petrofiqua ad causam juris per defunctum Johannem Le Bailly, suum filium, de dominio dicti loci de Petrofiqua sibi cessi et dimissi » ; d'Écrainville, doyenné de Saint-Romain, à Jean Busquet, sur la présentation de Pierre Busquet, procureur et fermier de Baptiste de Villequier, chevalier, « in suis terra et dominio ejusdem loci de Villequier » ; de Bazinval, doyenné de Foucarmont, à Alexandre Fallole, sur la présentation de l'abbé du monastère de Séry au diocèse d'Amiens ; de Saint-Cyr-en-Arthies, doyenné de Magny, à Jean Fournier, sur la présentation de Claude de Donepont, écuyer, seigneur du lieu ; de Pîtres, doyenné de Périers, à Richard Féré, chanoine de l'église collégiale de Notre-Dame-de-la-Ronde, de Rouen, sur la présentation du doyen et du chapitre de ladite église ; d'Amécourt, doyenné de Gisors, à Michel de Beauvais, du diocèse d'Évreux, sur la présentation de Jean de Beauvais, écuyer, seigneur du lieu ; de Barentin, doyenné de Pavilly, à Julien Dupin, sur la présentation de l'abbé du monastère de Fécamp ; de Bourg-Achard, doyenné de Pont-Audemer, à Jean Harenc, religieux profès du prieuré de Saint-Lô de Bourg-Achard, sur la présentation du prieur dudit prieuré ; de Bruquedalle, doyenné de Ry, à Jean de Boursouille, sur la présentation des religieux de Saint-Ouen. — Autorisation des confréries érigées dans les églises : de Trouville (doyenné de Fauville) ; de Raffetot ; de Criel ; d'Hermeville ; des Trois-Pierres ; de Criquebeuf ; de Tôtes ; de Saint-Gilles-de-La-Neuville ; de Cany. — Total de la recette pour le chapitre des collations :

52 liv. 3 s.; pour le chapitre des grâces : 17 liv.; pour le chapitre des dispenses : 141 liv. 10 s.; pour le chapitre des non-résidences : 553 liv. 2 s. 6 d.; pour le chapitre des ordres : 630 liv. — Somme totale de la recette du compte : 1.403 liv. 15 s. 6 d.

G. 9513. (Registre.) — In-folio, 125 feuillets, papier.

1525-1526. — Registre du secrétariat. — Collation des églises : de Maucomble, doyenné de Neufchâtel, à Guillaume Lemperière, sur la présentation d'Antoine de La Croix, chevalier, seigneur du lieu; d'Auberbosc, doyenné de Fauville, à Olivier Busques, sur la présentation de Baptiste de Villequier, vicomte et baron de La Guerche, seigneur de Villequier; de Quincampoix, doyenné de Cailly, à Pierre Malortie, sur la présentation des religieux de Saint-Ouen de Rouen; de Saussay, doyenné de Pavilly, à Charles Dupuy, « avocato in curia archiepiscopali Rothomagensi »; d'Anglesqueville-sur-Saâne, doyenné de Bacqueville, à Geoffroy Le Jeune, du diocèse de Châlons, sur la présentation de l'abbé du monastère de la Sainte-Trinité, au mont Sainte-Catherine, près Rouen; de Pont-Authou, doyenné de Pont-Audemer, à Jacques Pillon, du diocèse de Lisieux, sur la présentation de l'abbé du Bec-Hellouin; de Saint-Victor-l'Abbaye, doyenné de Cailly, à Vincent de Recusson, sur la présentation de l'abbé du monastère de Saint-Victor-en-Caux; de Saint-Hellier, doyenné de Longueville, à François de Chambon, du diocèse de Clermont, sur la présentation du même; des Ventes-d'Éawy, doyenné d'Envermeu, à Richard Dufay, chanoine et official de Rouen, sur la présentation du chapitre de l'église Cathédrale; de Gonfreville-Caillot, doyenné de Valmont, à François Audrouyn, du diocèse de Tours, sur la présentation du Roi; de Saint-André-sur-Cailly, doyenné de Cailly, à Georges Fléchet, sur la présentation de Charles de Boissay, baron de Mainières et de Cailly. — Approbation des confréries érigées dans les églises : de Lillebonne; de Cuilleville; d'Auberville (doyenné de Fauville); d'Anglesqueville; de Bosville; de S. Sever, près Rouen; de Fontaine-le-Dun; de S. Remy, de Dieppe; de Sierville; de Dénestanville; de Valleville (doyenné de Pont-Audemer). — Nominations de doyens : Guillaume Regnault, à Périers; Richard Abraham, à Foucarmont; Jean Bélier, à Gisors. — Total de la recette du chapitre des collations : 39 liv. 4 s. 6 d.; du chapitre des grâces : 25 liv. 15 s.; du chapitre des dispenses : 111 liv. 10 s.; du chapitre des non-résidences : 558 liv.

2 s. 6 d.; du chapitre des ordres : 343 liv. 16 s. — Somme totale de la recette du compte : 1.078 liv. 1 s.

G. 9514. (Registre.) In-folio, 90 feuillets écrits, papier.

1526-1527. — Registre du secrétariat. — Collation des églises : de Graville, doyenné de Saint-Romain, à Louis de La Fontaine; de Muchegros, doyenné de Gamaches, à Ancelin de Machy, sur la présentation d'Adrien Tiercelin, chevalier, seigneur du lieu; d'Aubermesnil, doyenné de Longueville, à Robert Grégoire, sur la présentation du prieur du monastère de Cormeilles, au diocèse de Lisieux; de Rosny, doyenné de Gisors, à Guillaume Dupuis; de Saint-Aubin-le-Cauf, doyenné de Longueville, à Jean Hommel; d'Ancreteville, doyenné de Fauville, à Jean Regnost, du diocèse de Langres, sur la présentation du prieur de Longueville; de Fleury-la-Forêt, doyenné de Gisors, à Jean Lefèvre, sur la présentation du prieur de Saint-Laurent-en-Lyons; de S. Ildevert, de Gournay, à Jean Petit, sur la présentation du chapitre de l'église collégiale de Saint-Ildevert dudit Gournay; de S. Michel, de Saint-Wandrille, à Jean de Clinchamp, sur la présentation de l'abbé de Saint-Wandrille; de Ricarville, doyenné de Fauville, à Païen Desquétot, chanoine de Rouen, sur la présentation du Roi, « racione gardie liberorum annis minorum defuncti Johannis Desquetot, dum vivebat militis, domini temporalis dicti loci de Ricarvilla »; de Beauficel, doyenné de Gisors, à Denis de La Houssaye; d'Étennemare, doyenné de Saint-Romain, à Jean Guilbert, sur la présentation du prieur du prieuré de Sainte-Honorine de Graville; d'Auzouville, doyenné de Fauville, à Jean de Léchange, du diocèse de Coutances, sur la présentation de Marie de Mauny, dame du lieu; d'Ourville, doyenné de Valmont, à Guillaume de Rochefort *alias* Dally, sur la présentation de l'abbé de Fécamp; de Saint-Martin-de-Boscherville, doyenné de Saint-Georges, à Jean Dujardin, sur la présentation de l'abbé de Saint-Georges; de Sept-Meules, doyenné d'Eu, à Jean Legendre, du diocèse de Paris, sur la présentation de l'abbé du monastère de Saint-Michel du Tréport; de Martainville-sur-Ry, à Guillaume Deshommets, sur la présentation de l'abbé du monastère de Saint-Ouen, de Rouen; de Lucy, doyenné de Neufchâtel, à Jacques Duchemin, chanoine d'Amiens, sur la présentation de l'abbé du Bec-Hellouin. — Nominations de doyens : Richard Abraham, à Foucarmont; Jean Le Prévôt, à Périers; Philippe Honfroy *alias* Lemercier, à Envermeu. —

Approbation des confréries érigées dans les églises :
de Saint-Denis-le-Ferment; de Barneville; de Touf-
feville (doyenné d'Eu); du Bois-Hullin; d'Épreville; de
Buchy; de S. Remi, de Dieppe; de la Trinité-du-Mont;
de Triquerville; de Canville; de Villequier; d'Ingouville. — Total de la recette pour le chapitre des collations : 35 liv. 11 s.; pour le chapitre des grâces :
16 liv. 10 s.; pour le chapitre des dispenses : 97 liv.
10 s.; pour le chapitre des non-résidences : 561 liv.
11 s. 3 d.; pour le chapitre des ordres :; pour le chapitre des approbations : 236 liv. 2 s. 6 d. (les sommes
ne sont indiquées qu'à partir du 27 février 1527).
Manque le chapitre des ordres.

G. 9515. (Registre.) — In-folio, 96 feuillets écrits, papier.

1527-1528. — Registre du secrétariat. — Collation des églises : de Saint-Aubin-Jouxte-Boulleng,
doyenné de Périers, à Jacques Postel, chanoine
d'Évreux; de Longueville, à Antoine Beauvillain, du
diocèse de Nevers, sur la présentation du prieur du
lieu; de Cressenville, doyenné de Gamaches, à Adrien
Lesueur, du diocèse de Chartres, sur la présentation de
l'abbé et des religieux du monastère de Saint-Évroult;
de S. Pierre-du-Châtel, de Rouen, à Simon Duval; de
Gisors, à Gilles Beaudouin, sur la présentation de
l'abbé de l'abbaye de Marmoutiers; de Triel,
doyenné de Meulan, à François Baudry, du diocèse de
Paris, sur la présentation de l'abbé de Fécamp; de
Quevillon, doyenné de Saint-Georges, à Jean Dunof,
sur la présentation de l'abbé de Saint-Georges-de-
Boscherville; de Saint-Denis d'Aclon, doyenné de
Brachy, à Jean de Hauron, du diocèse de Tours, sur
la présentation du Roi. — Approbation des confréries
érigées dans les églises : de Saint-Ouen-Prend-en-Bourse;
de Graville; d'Héberville; de Gomerville; des Loges;
de Valmont; de Beaufresne; d'Alliquerville; d'Auppegard; de Sauchay-le-Haut; de Gueutteville; de Houp-
peville. — Commission à Louis Bourgeois pour visiter
les paroisses de l'archidiaconé d'Eu. — Total de la
recette : chapitre des collations : 46 liv. 1 s. 6 d.; chapitre des grâces : 7 liv. 15 s.; chapitres des dispenses :
119 liv.; chapitre des non-résidences : 564 liv. 13 s.
9 d.; chapitre « approbacionum cappellanorum » :
464 liv. 17 s. 6 d.; chapitre des ordres : 660 l. 1 s. —
Somme totale de la recette du compte : 1.862 liv.
8 s. 9 d.

G. 9516. (Registre.) — In-folio, 100 feuillets écrits, papier.

1528 1529. — Registre du secrétariat. — Collation des églises : de Saint-André-sur-Cailly, doyenné
de Cailly, à Jacques Lermite, sur la présentation de
Charles de Boissay, baron de Boissay et de Mainières
et seigneur de Cailly; de Monjavoult, doyenné de
Chaumont, à Pierre Cometerel, du diocèse de Senlis,
sur la présentation du prieur commendataire du prieuré
de Saint-Pierre de Chaumont; de Tocqueville, doyenné
de Pont-Audemer, à Pierre Imbaud, sur la présentation
du doyen et du chapitre de l'église collégiale de Notre-
Dame de Cléry; de Fesques, doyenné de Foucarmont, à
Jean de Dampierre, sur la présentation de l'abbé de
l'abbaye de Foucarmont; de Sassetot-le-Mal-Gardé,
doyenné de Brachy, à Sébastien Pillefer, sur la présentation de Robert Reboursel, chanoine de Rouen; d'Angerville-la-Martel, doyenné de Valmont, à Laurent
Lenfant, sur la présentation de Jean Le Roux, chevalier,
seigneur du lieu, du droit de Marguerite Paynel, sa
femme; du Bosc-Geoffroy, doyenné de Foucarmont, à
Richard Abraham, sur la présentation de l'abbé du
monastère d'Eu; de Penly, doyenné d'Eu, à Raoul
Doulcet, du diocèse de Laon, sur la présentation de
l'abbé du monastère de Saint-Michel du Tréport; de
Tourville, doyenné de Longueville, à Jean Souris, sur
la présentation de l'abbé du monastère de Saint-Georges
de Boscherville; de Grainville « Lalouel », doyenné de
Valmont, à Claude Lenfant, sous-diacre, sur la présentation d'Étienne Pyel, écuyer, seigneur du lieu. —
Approbation des confréries instituées dans les églises :
de Gisors; de Lestanville; de Lyons-la-Forest; d'Ouainville; de Neuville-le-Polet. — Nominations de doyens :
Jean Bullelot, à Valmont; Thibaud Pennier, au
doyenné de Bray; Simon Boulernye, au doyenné de
Bray. — « Commissio scolarum grammatice parrochie
Beate Marie de Alacrimonte, vacantium per obitum
defuncti magistri Petri Pouyer, concessa magistro
Guillemo Davignon, presbitero, in artibus magistro, die
XXVIᵃ junii. » — Total de la recette du chapitre des
collations : 29 liv. 3 s.; du chapitre des grâces :
21 liv. 12 s. 6 d.; du chapitre des dispenses : 126 liv.
10 s.; du chapitre des non-résidences : 559 liv. 1 s.
3 d.; du chapitre des approbations de chapelains :
442 liv. 15 s.; du chapitre des ordres : 562 liv. —
Somme totale de la recette du compte : 1.741 liv.
1 s. 9 d.

G. 9517. (Registre.) — In-folio, 100 feuillets écrits, papier.

1529-1530. — Registre du secrétariat. — Collation des églises : de Monville, doyenné de Pavilly, à Guillaume Le Sénéchal, sur la présentation de l'abbé commendataire du monastère de la Sainte-Trinité au mont Sainte-Catherine près Rouen ; d'Anxtot, doyenné de Saint-Romain, à Jean Dauge, présenté par l'abbé du monastère de Saint-Georges-de-Boscherville ; de Boscherville, doyenné de Bourgthéroulde, à Hector Cavelier, présenté par le chapitre de l'église Cathédrale de Rouen, « ad nominacionem venerabilis viri magistri Guidonis Becdelièvre, dicte ecclesie Rothomagensis canonici ebdomadarii » ; de Gonneville, diocèse de Lisieux, vacante « per inhabilitatem seu incapacitatem Ponthi de Brie, ipsius ecclesie detentoris seu usurpatoris », à Antoine Le Veneur, du diocèse d'Angers, « auctoritate metropolitana et superiori » ; de Cany, doyenné de Valmont, à Jean Le Segrétain, sur la présentation de Robert Le Segrétain, seigneur de Cany et Barville ; du Pont-Saint-Pierre, doyenné de Gamaches, à Guillaume de La Grange, sur la présentation de l'abbé du Bec-Hellouin ; de Corville, doyenné de Canville, à Pierre Alexandre, sur la présentation de l'abbé du monastère de Valmont ; d'Anglesqueville, doyenné de Saint-Romain, à Vincent de Recusson, « pleno jure » ; de S. Denis de Rouen, à Louis Le Mercier, licencié en droit et maître ès arts, sur la présentation de Guillaume Challenge, chantre et chanoine de l'église de Rouen ; de Bolbec, doyenné de Fauville, à Pierre Martel, sur la présentation de l'abbé commendataire du monastère de de Notre-Dame de Bernay ; d'Aulage, doyenné de Neufchâtel, à Jean Fouasse, sur la présentation de François de Chevenelles, chevalier, seigneur de Grosmesnil, Bonelles et Aulage. — Approbation des confréries érigées dans les églises : de Saint-Michel (doyenné de Saint-Romain); de Greuville ; de Bertheauville ; de Saint-Ouen-sur-Brachy ; de Criquetot (doyenné de Valmont); de Saint-Paul près Rouen ; de Saint-Martin-sous-Bellencombre; de Bacqueville ; de Cuverville ; d'Étables ; de Bléville; de Guilmécourt ; de Gerponville. — Nominations de doyens : Pierre Bonami, à Envermeu ; Nicolas Maynier, à Cailly ; Guillaume Baudry ; à Pavilly ; — « Collatio sedum et coffrorum atque officii alterius custodum registrorum suspensorum et excommunicatorum curie archiepiscopalis Rothamagensis... facta domino Johanni Le Prestre..., die XXIIII^a januarii » — Collation du doyenné et de la cure de Notre-Dame de la Ronde, de Rouen, à Julien Heutru, du diocèse d'Avranches, sur la présentation du Roi. — Licence d'établir un cimetière au village de Noyers, annexe de Guillefontaine, 4 mars. — Collation de l'office de notaire apostolique à l'officialité à Étienne Dacier. — Recette : du chapitre des collations : 43 liv. 13 s. ; du chapitre des grâces : 14 liv. 10 s. ; du chapitre des dispenses : 113 liv. ; du chapitre des non-résidences : 608 liv. 2 s. 6 d. ; du chapitre des approbations : 449 liv. 17 s. 6 d. ; du chapitre des ordres : 712 liv. 9 s. — Somme totale de la recette du compte : 1.941 liv. 12 s.

G. 9518. (Registre.) — In-folio, 104 feuillets, papier.

1530-1531. — Registre du secrétariat. — Collation des églises : de S. Étienne, d'Elbeuf, doyenné de Bourgthéroulde, à Noël Mettret, du diocèse d'Évreux, sur la présentation de l'abbé du monastère de Saint-Taurin d'Évreux ; de Duclair, doyenné de Saint-Georges, à Pierre de Gonnys le Jeune, sur la présentation de l'abbé de Jumièges ; de Chef-de-Caux (*de Capite Caleti*) ou Sainte-Adresse, doyenné de Saint-Romain, à Guillaume Audray ; de Serville, doyenné de Valmont, à Philippe Sandret ; de Saint-Pierre-de-Varengeville, doyenné de Saint-Georges, à Étienne Burnel, sur la présentation du prieur de Sainte-Marie-Madeleine de Rouen ; de Criquetot-sur-Longueville, doyenné de Bacqueville, à Guy de Becdelièvre, sur la présentation d'Adrien de Noyon, écuyer, seigneur du lieu ; de Sotteville-sous-le-Val, doyenné de Périers, à Alexandre Lefrançois, sur la présentation de Guillaume Gombault, trésorier et chanoine de l'église de Rouen ; des Autels, doyenné de Longueville, à Guillaume Lucas, sur la présentation de Louis duc de Longueville ; de Martainville, doyenné de Ry, à Jean Lebouc, du diocèse de Paris, sur la présentation de l'abbé et des religieux de Saint Ouen de Rouen ; de Grand-Couronne, doyenné de la Chrétienté, à Richard Dufay, « pleno jure ». — Approbation des confréries érigées dans les églises : de Biville; de Torcy-le-Grand ; de Ry ; de Neufmarché ; de Fontaine-la-Mallet ; de Graimbouville; de Lindebeuf ; de Saint-Paër (doyenné de Gisors). — Nominations de doyens : Antoine de Bramelot, à Canville; Raoul Jue, à Pavilly ; Jean Dunof, à Pavilly. — « Commissio officii auditoris et examinatoris testium in curia archiepiscopali Rothomagensi... concessa magistro Philippo Duval. » — Recette : du chapitre des collations : 33 liv. 18 s. ; du chapitre des grâces : 21 liv. 15 s. ; du chapitre des dispenses : 91 liv. ; du chapitre des non-résidences : 626 liv. 5 s. ; du chapitre des approbations : 450 liv. ; du chapitre des ordres : 961 liv.

4 s. — Somme totale de la recette du compte :
2.184 liv. 2 s.

G. 9519. (Registre.) — In-folio, 119 feuillets écrits, papier.

1531-1532. — Registre du secrétariat. — Collation des églises : de la Heuze, doyenné de Longueville,
à Jean Duval, sur la présentation de Louis Duquesnoy,
écuyer, seigneur, du lieu ; d'Étoutteville, doyenné de
Cailly, à Richard Le Pelletier, sur la présentation de
Jacques Le Pelletier, écuyer, seigneur de Martainville-
sur-Ry et d'Étoutteville ; du Héron, doyenné de Ry, à
Guillaume Raimboult, sur la présentation de l'abbé du
monastère de Saint-Évroult ; de Raimbertot, doyenné
de Saint-Romain, à Regnault de Mainnemare ; de
Déville, doyenné de la Chrétienté, à Robert Moyret,
« pleno jure » ; de Nesle-Normandeuse, doyenné de
Foucarmont, à Raoul de Morvillers ; de Pierrecourt,
doyenné de Foucarmont, à Nicolas Duprey, sur la présentation de Nicolas de Dreux, seigneur et baron d'Esneval ; du Pont-Saint-Pierre, doyenné de Gamaches, à
Louis Quénault ; de Clères, doyenné de Pavilly, à Jacques Postel, chanoine d'Évreux, sur la présentation de
Georges de Clères, baron du lieu ; de Boissay-le-Châ-
tel, doyenné de Bourgthéroulde, à Baptiste Pain, sur la
présentation de Claude de Lorraine, duc de Guise,
comte d'Aumale et baron d'Elbeuf ; de Roncherolles-en-
Bray, doyenné de Ry, à Jean Garin le jeune ; du
Manoir-sur-Seine, doyenné de Périers, à René Chêne,
du diocèse d'Angers, sur la présentation de l'abbé de
Saint-Ouen, de Rouen. — Approbation des confréries
érigées dans les églises : de Sainte-Foy ; de Mésan-
gueville ; d'Auffay ; de Manneville ; de Bourneville ; de
Grémonville ; d'Anglesqueville-sur-Saâne. — Recette :
du chapitre des collations : 33 liv. 8 s. ; du chapitre
des grâces : 18 liv. ; du chapitre des dispenses : 88 liv. ;
du chapitre des non-résidences : 642 liv. 16 s. 3 d. ; du
chapitre des approbations : 455 liv. 6 s. ; du chapitre
des ordres : 982 liv. 4 s. — Total général de la recette
du compte : 2.219 l. 13 s. 3 d.

G. 9520. (Registre.) — In-folio, 108 feuillets, papier.

1532-1533. — Registre du secrétariat. — Collation des églises : de Puchay, doyenné de Gisors, à Guillaume de Vieuxpont, du diocèse de Séez, sur la présentation de l'abbesse de Saint-Amand de Rouen ; d'Ellecourt, doyenné de Foucarmont, à Étienne Belot, sur la
présentation de l'abbé du monastère d'Aumale ; de
Saint-Lucien, doyenné de Ry, à Joachim Timbrune,

sur la présentation de l'abbé de Bellosanne ; de Saint-
Nicolas-de-la-Haye, doyenné de Fauville, à Guillaume
Lavieille, religieux à l'abbaye de Saint-Wandrille, sur
la présentation de Guillaume Auber, écuyer, seigneur
du lieu ; de Saint-Denis-d'Aclon, doyenné de Brachy,
à François Ramiet, du diocèse de Langres, sur la présentation de Louis duc de Longueville ; d'Héberville,
doyenné de Canville, à Nicolas de Foville, sur la présentation du prieur du prieuré de Longueville ; d'Orival,
doyenné de Bourgthéroulde, à Thomas Maubuisson,
sur la présentation de Louis de Bigars, écuyer, seigneur du lieu. — Approbation des confréries instituées
dans les églises de Préaux ; de Blangy ; des Ventes-
d'Éavy ; de Thiédeville ; de Touffreville (doyenné d'Eu) ;
de la Chapelle-sur-Dun ; de Bellencombre ; de Saint-
Aubin-sur-Arques ; de Catenay. — Recette : du chapitre des collations : 39 liv. 13 s. ; du chapitre des
grâces : 11 liv. 15 s. ; du chapitre des dispenses : 69
liv. 10 s. ; du chapitre des non-résidences : 657 liv. 10 s.
du chapitre des approbations : 461 liv. ; du chapitre
des ordres : 441 liv. 13 s. — Total général de la recette
du compte : 1.681 liv. 1 s.

G. 9521. (Registre.) — In-folio, 112 feuillets écrits, papier.

1533-1534. — Registre du secrétariat. — Collation des églises : de Dancourt, doyenné de Foucarmont,
à Guillaume Leblanc, sur la présentation de Mᵉ Dufay,
official de l'église de Rouen ; des Trois-Pierres, doyenné
de Saint-Romain, à Jean de Montbourcher, du diocèse
de Rennes, sur la présentation du Roi ; de Pommeréval,
doyenné de Neufchâtel, à Mathieu Lombart, sur la présentation de Jean de Quénouville, prêtre, seigneur du
lieu ; de S. Vivien, de Rouen, à Étienne Bellot, sur la
présentation de l'abbé et des religieux de Saint-Ouen ;
de Sainte-Croix-sur-Buchy, doyenné de Ry, à Jacques
Durieu, sur la présentation de Nicolas de Moy, chevalier, baron de Moy et seigneur du lieu ; de Santeuil,
doyenné de Meulan, à Richard Dufay, diacre ; de Fréville, doyenné de Saint-Georges, à frère Blondel, religieux au prieuré du Mont-aux-Malades, sur la présentation du prieur ; de Notre-Dame, d'Eu, à Jean
Tison, religieux au monastère d'Eu, sur la présentation
de l'abbé ; du Boscnormand, doyenné de Bourgthéroulde ; de Notre-Dame-de-Varengeville, doyenné de
Saint-Georges, à Thomas Le Prieur, sur la présentation de Georges de Clères, baron de Clères, de Beauvoir, de la Croix-Saint-Leufroy et de Beaumetz. —
Approbation des confréries érigées dans les églises : de
Gireville ; de Jumièges ; de Froulleville ; de Théroulde-

ville ; du Bourg-Dun ; d'Auffay ; d'Envronville. — Recette : du chapitre des collations : 38 liv. 8 s.; du chapitre des grâces : 17 liv. 5 s.; du chapitre des dispenses : 84 liv.; du chapitre des non-résidences : 650 liv., 6 s. 3 d.; du chapitre des approbations : 450 liv., 2 s. 6 d. ; du chapitre des ordres : 684 liv. 7 s. — Somme totale de la recette du compte : 1.916 liv. 8 s. 9 d.

G. 9522. (Registre.) — In-folio, 99 feuillets, papier.

1534-1535. — Registre du secrétariat.— Collation des églises : de Saint-Jean d'Appelot, doyenné de Saint-Romain, à Pierre Louvet, religieux profès à l'abbaye de Saint-Georges-de-Boscherville, sur la présentation de l'abbé ; d'Ectot-les-Baons, doyenné de Canville, à Jacques Debourg, du diocèse de Grenoble, sur la présentation de l'abbé de Saint-Wandrille ; de Maulévrier, doyenné de Saint-Georges, à Jean Lures, du diocèse de Chartres, sur la présentation du Roi « racione gardie nobilis filiarum annis minorum defuncti domini Ludovici de Brezé, magni senescali Normannie et dicti loci de Malloleporario comitis » ; d'Équiqueville, doyenné d'Envermeu, à Claude Grossel, du diocèse de Nevers, sur la présentation du prieur de Longueville; de Montmain, doyenné de Périers, à Guillaume Cécille, religieux du prieuré de Baulieu, sur la présentation du prieur; de Grespeville, doyenné de Bacqueville, à Étienne Guimont, licencié en droit, sur la présentation de Louis duc de Longueville ; de Brachy, à Germain Lamy, bachelier en théologie, religieux du tiers-ordre de Saint-François, sur la présentation de Charles Martel, écuyer, seigneur de Bacqueville et de Brachy ; de Saint-Laurent-en-Caux, doyenné de Brachy, à Gabriel de Saint-Germain, du diocèse de Bayeux, sur la présentation de Michel de Saint-Germain, écuyer, seigneur du lieu ; de Saint-Jacques, de Dieppe, à Geoffroy de Manneville, sur la présentation de l'abbé du monastère de la Sainte-Trinité du mont Sainte-Catherine, près Rouen. — Approbation des confréries érigées dans les églises : de Beuzeville-la-Giffard (doyenné de Cailly) ; de Saint-Denis-de-Héricourt; de Noyon-le-Sec; de Gueures; de Renfeugère; de Fourmetot; de Longueuil ; de Gourel ; de Glicourt ; de Criquetot-sur-Ouville (doyenné de Canville); de Heudicourt; de Saint-Étienne, d'Elbeuf; d'Étran; d'Hugleville (doyenné de Bacqueville). — Recette : du chapitre des collations : 37 liv. 18 s.; du chapitre des grâces : 24 liv. 10 s.; du chapitre des dispenses : 75 liv; du chapitre des non-résidences : 665 liv. 18 s. 9 d.; du chapitre des appro-

bations : 450 liv. 17 s. 7 d. Manque le chapitre des ordres.

G. 9523. (Registre.) — In-folio, 112 feuillets écrits, papier.

1535-1536. — Registre du secrétariat.— Collation des églises : de Saint-Vincent, d'Aubermare, doyenné de Saint-Romain, à Jean Le Roy, sur la présentation de l'abbé du monastère de Notre-Dame-du-Vœu ou du Valasse; de Touffreville-la-Cable, doyenné de Saint-Georges, à Nicolas Thorel, sur la présentation de Guillaume Cavelier, écuyer ; d'Aubermesnil, doyenné de Foucarmont, à Jacques Hébert, sur la présentation de l'abbé du monastère de Notre-Dame d'Eu; d'Ourville, doyenné de Valmont, à Guérin de Montservier, du diocèse de Saint-Flour, sur la présentation de l'abbé du monastère de Fécamp; de Villerets, doyenné de Gamaches, à Jean Cavelier, présenté par Balthazard Destin, écuyer, seigneur du lieu ; de Franquevillette, doyenné de Périers, à Robert Martin, sur la présentation de la prieure du couvent des Annonciades de Rouen ; de Quillebeuf, doyenné de Pont-Audemer, à Nicolas Guillard, du diocèse d'Évreux, sur la présentation de l'abbé de Jumièges; de Rouxmesnil, doyenné de Valmont, à Antoine Cavillon, sur la présentation de François, duc d'Estouteville et comte de Saint-Paul ; de Martigny, doyenné de Longueville, à Armand de Castignolles, du diocèse de Turin, « ad presentationem reverendissimi domini Francisci Guillerni de Claromonte, sancte romane ecclesie cardinalis ac monasterii sancti Wandrigesili, ordinis sancti Benedicti, pensionarii, habentis inter cetera ex reservacione apostolica facultatem providendi et disponendi ad terciam partem beneficiorum abbati dicti monasterii Sancti Wandrigesili spectancium, racione dicte reservacionis » ; de Veauville-Lesquelles, doyenné de Canville, à Thomas Bucquet, sur la présentation de François, seigneur de Rouville, Grainville-la-Teinturière, Bosville et Veauville-Lesquelles. — Approbation des confréries érigées dans les églises : de S. Jacques, de Dieppe; de Mainneville; de Saint-Denis-d'Aclon; de S. Jacques, du Tréport; de Bourdainville. — Recette : du chapitre des collations : 28 liv. 3 s.; du chapitre des grâces : 15 liv. 10 s.; du chapitre des dispenses : 97 liv.; du chapitre des non-résidences : 662 liv. 3 s. 9 d.; du chapitre des approbations : 452 liv. 12 s. 6 d.; du chapitre des ordres : 643 liv. 15 s. — Total général de la recette du compte : 1.899 liv. 4 s. 3 d.

G. 9524. (Registre.) — In-folio, 100 feuillets écrits, papier.

1536-1537. — Registre du secrétariat. — Collation des églises : du Mesnil-Mauger, doyenné de Neufchâtel, à Armand de Castignolles, du diocèse de Turin, sur la résignation de Pierre de Campignolles ; de Molaincourt, doyenné de Baudemont, à Jean Aucher, du diocèse de Chartres, sur la présentation de Barthélemy de Lisle, écuyer, seigneur de Berthenouville et de Nainville ; de Sommesnil, doyenné de Canville, à Jean Bertrand, sur la présentation de François duc d'Estouteville et comte de Saint-Paul ; de Forges-en-Bray (Forges-les-Eaux), doyenné de Neufchâtel, à Jean Quillet ; de Saint-Valery, doyenné d'Envermeu, à Denis Boucher, sur la présentation de l'abbé de Fécamp ; d'Auteverne, doyenné de Baudemont, à Jacques Fillastre, sur la présentation de l'abbé du monastère de la Sainte-Trinité au mont Sainte-Catherine, près Rouen ; de Muchedent, doyenné de Longueville, à Jean Bouglier, à la collation de l'archevêque de Rouen ; de Maromme, doyenné de Pavilly, à Jean Leserrurier, sur la présentation de l'abbé de Fécamp ; de Saint-Léger-du-Bourg-Denis, doyenné de Périers, à François Lecomte dit Cossé, sur la présentation du prieur du prieuré de Saint-Lô, de Rouen ; de Saint-Mards, doyenné de Bacqueville, à Marin Labbé ; de Folleny, doyenné d'Eu, à Antoine Bigot, du diocèse de Chartres, sur la présentation du Roi, « racione gardie domini Francisci de Clèves, comitis dicti loci de Augo, annis minoris ». — Collation de l'hôpital de Bailly-en-Rivière, doyenné d'Envermeu, à Blaise Rousselin, du diocèse de Laon, sur la présentation de Jean de Savary, seigneur du lieu. — Approbation des confréries érigées dans les églises : de Saint-Martin-de-Boscherville ; d'Anquetierville ; de Sainte-Marie-de-Varengeville ; d'Yerville. — Recette : du chapitre des collations : 27 liv. 8 s. ; du chapitre des grâces : 25 liv. 5 s. ; du chapitre des dispenses : 94 liv. ; du chapitre des non-résidences : 646 liv. 11 s. 3 d. ; du chapitre des approbations : 438 liv. 12 s. 6 d. Manque le chapitre des ordres.

G. 9525. (Registre.) — In-folio, 116 feuillets écrits, papier.

1537-1538. — Registre du secrétariat. — Collation des églises : de Molaincourt, doyenné de Baudemont, à Pierre Champain, du diocèse de Chartres, sur la présentation de Barthélemy de Lisle, écuyer, seigneur de Nainville ; du Bosc-Guérard, doyenné de Bourgthéroulde, à Me Desresques, chanoine de Rouen, présenté par Louis de Bellemare, écuyer, seigneur du lieu ; d'Étretat, doyenné de Valmont, à Simon Le Vesier « presentato per religiosum virum dominum Carolum de Rouveray, aliàs de Sainct-Symon, reverendissimi in Christo patris et domini domini Johannis de Lotharingia, sancte romane ecclesie cardinalis abbatisque commendatorii monasterii sanctissime Trinitatis Fiscanensis, ordinis Sancti Benedicti, in et pro hujusmodi Fiscanensi monasterio vicarium in spiritualibus et temporalibus generalem » ; d'Étalondes, doyenné d'Eu, à Thomas Gougeard, sur la présentation de l'abbé du monastère de Notre-Dame d'Eu ; de Luneray, doyenné de Brachy, à Arthur Brunet, sur la présentation de Claude d'Annebault, chevalier, maréchal de France, seigneur d'Annebault, de Saint-Pierre-en-Caux et de Luneray ; de Conteville, doyenné de Neufchâtel, à Guillaume Bardou, sur la présentation de l'abbé du Bec-Hellouin ; de Pourville, doyenné de Brachy, à Guillaume Leprince, sur la présentation de dame Jacqueline d'Estouteville, baronne de Moyon, de Briquebec et de Gacé ; d'Angoville, doyenné de Bourgthéroulde, à Claude Chapuis, sous-diacre, chantre et chanoine de l'église de Rouen, sur la présentation du Roi, à raison de la garde des enfants mineurs du seigneur d'Harcourt. — Approbation des confréries érigées dans les églises : de Maintru ; de Bures ; d'Épreville ; d'Ingoville ; d'Hugleville ; de Crasville-la-Roquefort ; de Longpaon ; de Mélamare ; de Notre-Dame-de-Gravenchon ; de Bocasse (doyenné de Pavilly) ; de Matonville ; d'Omonville. — Recette : du chapitre des collations : 36 liv. 13 s. ; du chapitre des grâces : 10 liv. 15 s. ; du chapitre des dispenses : 86 liv. ; du chapitre des non-résidences : 703 liv. 2 s. 6 d. ; du chapitre des approbations : 457 liv. 12 s. 6 d. ; du chapitre des ordres : 573 liv. 17 s. — Total de la recette du compte : 1.868 liv.

G. 9526. (Registre.) — In-folio, 121 feuillets écrits, papier.

1538-1539. — Registre du secrétariat. — Collation de bénéfices : église de Gueures, doyenné de Brachy, à Guillaume Maubuisson, sur la présentation de la prieure et des religieuses de Bondeville ; hôpital de Grainville-la-Teinturière, doyenné de Canville, à Michel Eude, sur la présentation de François de Rouville, seigneur du lieu ; canonicat de Charlesmesnil, sur la présentation de Nicolas de Moy, chevalier, baron de Moy, châtelain héréditaire des châtellenies de Beauvoir, Bellencombre et Charlesmesnil ; église de Gonnetot, doyenné de Brachy, vacante par la résignation de Jean

Postel le jeune, à Jean Postel l'aîné ; église d'Alliquer-ville, doyenné de Fauville, à Guillaume Prévost, du diocèse du Mans, sur la présentation de l'abbé de Saint-Georges-de-Boscherville ; église du Val-de-la-Haye, doyenné de Saint-Georges, à Nicolas Brisemiche, religieux profès de l'ordre de Saint-Jean-de-Jérusalem, « ad presentacionem magni prioris prioratus Francie ejusdem ordinis sancti Johannis Jherosolimitani » ; église d'Écalles-sous-Villiers, doyenné de Saint-Georges, à Robert Godin, du diocèse de Lisieux, sur la présentation de François de Rouville. — Approbation des confréries érigées dans les églises : de S. Patrice, de Rouen ; de Pavilly ; de S. Vincent, de Rouen ; de Belmesnil ; de l'hôtel-dieu de Neufchâtel ; d'Émanville ; d'Appeville ; de Muids ; de S. Ouen, de Rouen. — Recette : du chapitre des collations : 33 liv.; du chapitre des grâces : 19 liv. 5 s.; du chapitre des dispenses : 82 liv.; du chapitre des non-résidences : 713 liv. 8 s. 9 d.; du chapitre des approbations : 459 liv. 12 s. 6 d.; du chapitre des ordres : 526 liv. 8 s. — Somme totale de la recette du compte : 1.833 liv. 14 s. 3 d.

G. 9527. (Registre.) — In-folio, 122 feuillets, papier.

1539-1540. — Registre du secrétariat. — Collations de bénéfices : église de Vénestanville, doyenné de Brachy, à Laurent Becquet, religieux au prieuré de Sainte-Marie-Madeleine, de Rouen, sur la présentation du prieur ; chapelle des docteurs en l'église cathédrale de Coutances, à Jean Basire, du diocèse de Coutances ; église de Doudeauville, doyenné de Gisors, à Thomas Le Tellier, du diocèse de Lisieux, « ad presentationem abbatisse et conventus monasterii de Fontibus Guerardi » ; église de Quincampoix, doyenné de Cailly, à Guillaume Deshommetz, sur la présentation de l'abbé de S. Ouen, de Rouen ; chapelle de S. Jacques, au château de Néville, doyenné de Canville, à François Lecomte, sur la présentation d'Adrien de Bréauté, seigneur et châtelain de Néville ; église de Dancourt, doyenné de Foucarmont, à Guillaume Forestier, sur la présentation de l'abbé de Saint-Victor-en-Caux ; église de Saint-Pierre-de-Varengeville, doyenné de Saint-Georges, à Michel Louis, sur la présentation du prieur du prieuré de Sainte-Marie-Madeleine, de Rouen ; église de Moulineaux, doyenné de la Chrétienté, à Balthazard Jourdain, sur la présentation du même ; église de Longueville, à Jean Le Mercher, sur la présentation du prieur dudit lieu. — Approbation des confréries érigées dans les églises : de Bautot ; d'Offranville ; d'Andely ; d'Aulnay ; du Thil ; de Brétot ; de Bailly-en-Rivière. — Re-

cette : du chapitre des collations : 25 liv. 13 s.; du chapitre des grâces : 7 liv. 5 s.; du chapitre des dispenses : 74 liv.; du chapitre des non-résidences : 724 liv. 13 s. 9 d.; du chapitre des approbations : 468 liv. 2 s. 6 d.; du chapitre des ordres : 487 liv. 7 s. — Somme totale de la recette du compte : 1.776 liv. 15 s. 3 d. — Sur le plat intérieur de la couverture se trouve cette note : « En l'an de ce présent compte, Monseigneur le Révérendissime Georges d'Amboise, nepveu et successeur arcevesque de Rouen de feu Monseigneur le légat d'Amboise, a fait faire, bastir et dorer le théatre et l'ymage de Saint George de dessus le cœur de l'église de Rouen et la grande lucarne sur laquelle est assise la Pucelle, et tout ledit cœur couvrir de plomb. »

G. 9528. (Registre.) — In-folio, 122 feuillets, papier.

1540-1541. — Registre du secrétariat. — Collations de bénéfices : église de Touffreville, doyenné d'Eu, à Étienne Choppy, sur la présentation du roi de France, « racione gardie nobilis domini Francisci de Cleves, comitis de Augo, annis minoris » ; église de Sainte-Foy, doyenné de Longueville, à Pierre Le Tourneur, du diocèse de Soissons, sur la présentation du prieur du prieuré de Sainte-Foy de Longueville ; église de Compigny, doyenné d'Aumale, à Vincent Buffet, du diocèse d'Autun, sur la présentation de Claude de Lorraine, duc de Guise, pair de France et comte d'Aumale; église de Quevillon, doyenné de Saint-Georges, à Robert de Voupeville, du diocèse de Paris, sur la présentation de l'abbé du monastère de Saint-Georges de Boscherville ; église d'Étran, doyenné d'Envermeu, à Jean Maréchal, du diocèse de Lyon, sur la présentation du Roi ; église de Saint-Ouen-le-Mauger, doyenné de Brachy, à Guillaume Bardou, du diocèse de Paris, sur la présentation de l'abbesse de Saint-Amand ; chapelle de S. Victor en l'église de S. Cande-le-Jeune, de Rouen, à Robert Sédille ; chapelle de la Vierge en l'église de S. Laurent, de Rouen, à Romain Ramboult ; église de Saint-André-hors-la-Porte, à Rouen, à Noël Moucquet, chanoine de Beauvais, sur la présentation de l'abbé de Jumièges ; église de Saint-Gilles-de-la-Neuville, doyenné de Saint-Romain, à Mathurin Sédille, chanoine de Rouen, sur la présentation de l'abbé de Valmont. — Recette : du chapitre des collations : 23 liv. 3 s.; du chapitre des grâces : 5 liv. 10 s.; du chapitre des dispenses : 69 liv. 10 s.; du chapitre des non-résidences : 716 liv. 11 s. 3 d.; du chapitre des approbations : 472 liv. 17 s. 6 d.; du chapitre des ordres :

5

643 liv. 19 s. — Somme totale de la recette du compte :
1.928 liv. 10. 9 d.

G. 9529. (Registre.) — In-folio, 101 feuillets, papier.

1541-1542. — Registre du secrétariat. — Collations de bénéfices : église d'Écalles-Alix, doyenné de Fauville, à René Cador, du diocèse d'Angers, sur la présentation de dame Ysabelle Chenu, « dominam et reginam de Yvetot ac uxorem et procuratricem generosi viri domini Martini Du Bellay, militis, domini de La Herbauldière »; église de Martigny, doyenné de Longueville, à Archambaud Bourgeois, sur la présentation de l'abbé de Saint-Wandrille ; chapelle du collège du Saint-Esprit, à Rouen, « ad collacionen, provisionem et omnimodam dispositionem reverendissimi domini archiepiscopi Rothomagensis », à Sébastien Josse; église de S. Laurent, de Rouen, à Étienne Feu; église de Saint-Martin-aux-Buneaux, doyenné de Valmont, à Claude de Civille, sur la présentation d'Alphonse de Civille, écuyer, seigneur du lieu ; doyenné de l'église collégiale d'Yvetot, à Jean Poing, du diocèse d'Auxerre, sur la présentation de Martin Du Bellay, chevalier, seigneur d'Yvetot; église de Villiers-Écalles, doyenné de Saint-Georges, à Louis Huillart, religieux profès au monastère de Mortemer, sur la présentation de François de Rouville, écuyer, seigneur d'Écalles ; église de S. Martin-sur-Renelle, de Rouen, à Jean Ramboult, chanoine de Rouen, sur la présentation du chapitre de Rouen, « decanali dignitate vaccante ». — Approbation des confréries érigées dans les églises : de Petitville; de Saint-Pierre-le-Viger; de Saint-Sylvain; de Neuville-le-Pollet ; de Bréauté ; de Contremoulins. — Recette : du chapitre des collations : 30 liv. 10 s.; du chapitre des grâces : 5 liv. 5 s.; du chapitre des dispenses : 101 liv.; du chapitre des non-résidences : 706 liv. 5 s.; du chapitre des approbations : 451 liv. 10 s.; du chapitre des ordres : 513 liv. 5. s. — Somme totale de la recette du compte : 1.807 liv. 15 s.

G. 9530. (Registre.) — In-folio, 104 feuillets, papier.

1542-1543. — Registre du secrétariat. — 31 mars 1543 : Guillaume Le Rat, docteur en théologie, chanoine de Rouen et pénitencier, vicaire général *in spiritualibus et temporalibus*, ayant pouvoir de déléguer vicaires en son vicariat, délègue Jean de Castignolles pour tout le temps de son absence, à l'occasion de la tenue des Calendes. — Collations relatives : à l'hôpital de Saint-Jean *de Belloquercu* à Normanville ; à celui de

Saint-Julien *intra oppidum de Caletibecco*; aux cures de Saint-Ouen-d'Alge (*de Algia*), de Saint-Martin de Drosay, de Notre-Dame d'Ellecourt (*de Ellecuria*), de Saint-Laurent d'Ocquemesnil, de Saint-Hilaire près Rouen « cum sua annexa de Sancto Egidio de Repainvilla »; à la chapelle de Notre-Dame du Tilleul, à Bacqueville. — Recette : du chapitre des collations : 22 liv. 12 s.; du chapitre des grâces : 5 liv. 5 s.; du chapitre des dispenses : 110 liv. 10 s.; du chapitre des non-résidences : 709 liv. 7 s. 6 d.; du chapitre des approbations : 458 liv. 2 s. 6 d.; du chapitre des ordres : 510 liv. 19 s. — Somme totale de la recette du compte : 1.816 liv. 16 s.

G. 9531. (Registre.) — In-folio, 101 feuillets écrits, papier.

1543-1544. — Registre du secrétariat. — Nouvelle délégation de pouvoirs faite pour le même motif par Guillaume Le Rat, vicaire général, à Jean de Castignolles, qualifié de chancelier et d'official de Rouen. 25 janvier 1544. — Collations relatives aux bénéfices suivants : Notre-Dame, d'Alvimare ; la Trinité, d'Admesnil (*de Addemesnillo*) ; Notre-Dame et Saint-Denis, de Blangy; Saint-Pierre, de Bois-Guilbert ; Saint-Pierre, de Bertrimont ; Notre-Dame, de Beaucamp ; Saint-Thomas, de Beaurepaire (*de Bellorepertu*) ; Saint-Laurent, de Colmare (*de Collemara*) ; Saint-Martin, de Contremoulins (*de Comitis Molendinis*) ; Sainte-Geneviève, de Chef-de-l'Eau (*de Capite Aque*); Saint-Hilaire, de Corville, au doyenné de Canville ; Saint-Martin, de Fontaines-sous-Préaux ; Saint-Christophe, de la Heuze ; Notre-Dame, de Lucy ; Saint-Ouen, de Montigny; Saint-Martin, de Pierreval; Saint-Denis, de Penly ; Saint-Germain des-Essours ; léproserie de S. Nicolas de Saint-Paul près Duclair ; chapelles de Notre-Dame des Grèves *aliàs* du Pollet, de Saint-Jacques près l'église de Blainville, de Saint-Léonard, à Bacqueville.

G. 9532. (Registre.) — In-folio, 100 feuillets écrits, papier.

1544-1545. — Registre du secrétariat. — Collations relatives aux bénéfices suivants : Saint-Denis, de Penly ; Notre-Dame, de Vinemerville ; Saint-Pierre, de Salmonville-la-Sauvage ; Saint-Christophe, de la Heuse ; Saint-Sauveur-en-Campagne ; Sainte-Geneviève, de Chef-de-l'Eau ; léproserie de Guilmécourt; Saint-Pierre, du Grand-Quevilly ; Saint-Martin, d'Oissel ; Saint-Denis, de Torcy-le-Petit ; Saint-Pierre, de Grainville-sur-Ry ; Notre-Dame, de Varengeville ; Saint-Sauveur, de Tocqueville ; Saint-Martin, du Coudray ; la Neuville Champ-d'Oisel ; léproserie de Saint-Jacques, à Grainville-la-Teinturière ; hôpital d'Ancourt ; Saint-Ouen, de Nolléval ; Angerville-la-Martel ; chapelle de Sainte-Véronique à Ermenouville ; Étaimpuis (*de Extincto puteo*) ; Sainte-Croix, de la Pommeraye ; Torcy-le-Grand ; Varengeville-sur-Mer ; Saint-Martin, de Tourville ; Bray ; canonicat de l'église collégiale d'Yvetot ; chapelle de Saint-Jacques, près l'église de Blainville ; chapelle de Saint-Jean-Baptiste, en l'église de Saint-Maclou de Rouen ; canonicats de Charlesmesnil, de Rouen ; Sainte-Colombe ; Raffetot ; Saint-Gilles-de-la-Neuville ; chapelle de Sainte-Marguerite, en l'église de Longpaon ; Saint-Léonard ; Saint-Martin-de-Boscherville ; Isneauville ; Saint-Martin-du-Vivier ; Chaussy ; Saint-Martin, de Blosseville ; la Trinité, de Roncherolles-le-Vivier ; chapelle de Saint-Adrien, à Limésy ; chapelles de Pierreville et de Saint-Léonard, à Bacqueville ; Gueures ; Saint-Martin-en-Campagne ; Ellecourt ; doyenné de Notre-Dame-de-la-Ronde, à Rouen ; collège de Darnétal ; Notre-Dame, de Roumare ; Saint-Pancrace, d'Équiqueville ; chapelle de Saint-Jacques-de-l'Étang, à Rançon.

G. 9533 (Registre.) — In-folio, 99 feuillets, papier.

1545-1546. — Registre du secrétariat. — Collation des églises : de Bourgueil, doyenné de Longueville, à Étienne Folliot, sur la présentation de Pierre Duval, écuyer, seigneur du lieu ; de Saint-Patrice, de Rouen, à Robert Moynet, licencié en droit, sur la présentation de Jean de Castignolles, chancelier et chanoine de Rouen ; de Vibeuf, doyenné de Bacqueville, à Antoine de Doucqueurre, du diocèse d'Amiens, sur la présentation de Philippe de Doucqueurre, écuyer, seigneur du lieu ; de Goupillières, doyenné de Pavilly, à Pierre Le Boullenger ; d'Auppegard, à Claude de Louvain, sur la présentation du prieur de Sainte-Foy, de Longueville ; de Gonzeville, doyenné de Valmont, à Antoine Coquier, du diocèse de Grenoble, sur la présentation de l'abbé de la Trinité, de Fécamp ; de Martigny, doyenné de Longueville, à Robert Durvye, chanoine de Rouen, sur la présentation de l'abbé de Saint-Wandrille ; de la Cerlangue, doyenné de Saint-Romain, à François de Beauquaire, du diocèse de Bourges, « per illustrem principem dominum Claudium de Lorrayne, ducem de Guyse, parem Francie et comitem de Albamalla, administracionem corporis et bonorum illustris etiam principis domini Franscisci d'Orléans, ducis de Longuavilla, comitis Dunensis et de Tancarvilla, annis minoris, a christianissimo principe domino Franscico

Francorum rege habentem, presentato » ; de Saint-Denis, de Rouen, à Pierre Gruille, sur la présentation de Claude Chapuis, chantre et chanoine de l'église cathédrale ; d'Autigny, doyenné de Brachy, à Gratien Cauquerey, religieux du prieuré d'Ouville, sur la présentation du prieur ; de Saint-Martin-de-Boscherville, doyenné de Saint-Georges, à Robert de Pouppeville, du diocèse de Paris, sur la présentation de l'abbé du monastère de Saint-Georges-de-Boscherville ; de Senneville, doyenné de Valmont, à André Bigot ; de Flamets, doyenné de Neufchâtel, à François Vallet, sur la présentation de l'abbé du monastère d'Auchy ; de Bellencombre, doyenné de Longueville, à François Josseline, du diocèse d'Évreux, sur la présentation de l'abbé du monastère de Saint-Victor-en-Caux. — Approbation des confréries érigées dans les églises : de Fresles ; de Bléville ; de S. Jean, d'Eu ; de Saint-Antoine-la-Forêt ; de Saint-Martin-le-Gaillard ; d'Harcanville ; de Longueil ; de Magny ; de Fours ; de Pibeuf ; d'Osmoy, de Sorquainville.

G. 9534. (Registre.) — In-folio, 97 feuillets, papier.

1546-1547. — Registre du secrétariat. — Collation des églises : de Moussy-le-Bergerot, doyenné de Magny, à Denis Amy, du diocèse du Mans, sur la présentation de l'abbé de Saint-Martin de Pontoise ; de S. Jacques, du Mont-aux-Malades près Rouen, à Robert Vignelin, religieux profès du prieuré de S. Thomas-le-Martyr de Mont-aux-Malades, sur la présentation du prieur ; de Boisguillaume, doyenné de la Chrétienté, à Christophe de Brynes, du diocèse de Tours, sur la présentation d'Antoine de La Barre, archevêque de Tours ; de la Cerlangue, doyenné de Saint-Romain, à Robert Benoist, docteur ès lois, sur la présentation du duc de Longueville ; de Gonfreville-l'Orcher, même doyenné, à Guillaume Yver, du diocèse d'Évreux, sur la présentation de Jean Do, chevalier, seigneur de Maillebois et d'Orcher ; de Berneval, même doyenné, à Jean Boril, sur la présentation de l'abbé de Saint-Georges-de-Boscherville ; de Requiécourt, doyenné de Baudemont, à Thomas Grippoye, sur la présentation de l'abbé de Sainte-Catherine près Rouen ; de Bellengreville, doyenné d'Envermeu, à Guillaume Le Conte, sur la présentation de Jean Do, chevalier ; de Maulévrier, doyenné de Saint-Georges, du diocèse de Chartres, « presentato per generosam dominam dominam Dianam de Poitiers, dominam d'Arcis, relictam defuncti generosi viri domini Ludovici de Breszé, dum vivebat militis ordinis, comitis comitatus dicti loci de Mallole-

porario, baronis de Mauvy et de Beccocrispini » ;
de Gonnetot, doyenné de Brachy, à Vulfran Samyn,
du diocèse d'Amiens ; d'Elbeuf-sur-Andelle, doyenné
de Ry, à Antoine d'Alègre, protonotaire-apostolique,
sur la présentation de Gilbert baron d'Alègre et de
Saint-André. — Approbation des confréries érigées
dans les églises : d'Angiens ; de Saint-Saëns ; de
Quevillon ; d'Étalondes ; de Neuville-sur-Dieppe ; de
Bully ; de Londinières.

G. 9535. (Registre.) — In-folio, 122 feuillets, papier.

1547-1548. — Registre du secrétariat. — Collation des églises : d'Étoutteville, doyenné de Cailly, à
Jacques Petremol, sur la présentation du Roi, « ratione
gardie nobilis liberorum annis minorum defuncti Jacobi
Le Pelletier, dum vivebat domini temporalis dicti loci
de Estouttevilla » ; de Vénestanville, doyenné de Brachy, à Boniface Goel, sur la présentation du prieur de
la Madeleine de Rouen ; de Vattetot-sur-Mer, doyenné
de Valmont, à Denis Arnoult, sur la présentation du
prieur de la Madeleine de Rouen ; de Saint-Aubin-la-
Rivière, doyenné de Périers, à Pierre Dumesnil, chanoine de Rouen, sur la présentation du chantre de
l'église cathédrale ; de Montigny, doyenné de Saint-
Georges, à Thomas Auber, sur la présentation de Nicolas Le Vieille, écuyer, seigneur de Boscherville et de
Montigny ; de Notre-Dame, de Neufchâtel, à Mathurin
Lorin, du diocèse de Tours, sur la présentation de
l'abbé de Sainte-Catherine près Rouen ; de Biville-la-
Rivière, doyenné de Brachy, à François Le Prévost,
sur la présentation de Jacques Le Prévost, écuyer, seigneur temporel du lieu ; de S. Pierre, d'Eu, à Pierre
Landry, sur la présentation de l'abbé de l'abbaye de
Notre-Dame d'Eu. — Approbation des confréries éri-
gées dans les églises : de Sainneville ; de Forêt ; de
Doudeauville ; de Néville ; de Manéhouville.

G. 9536. (Registre.) — In-folio, 87 feuillets, papier.

1548-1549. — Registre du secrétariat. — Collation des églises : de Pont-Authou, doyenné de Pont-
Audemer, à Guillaume Hauvey, sur la présentation du
cardinal François de Tournon ; de Biville-sur-Mer,
doyenné d'Eu, à Honoré de Montpèle, sur la présentation de l'abbé de Notre-Dame d'Eu ; de Manéglise,
doyenné de Saint-Romain, à Guillaume de Beaunay,
religieux profès au monastère de Fécamp, sur la présentation du prieur de Longueville ; de Duclair, doyenné

de Saint-Georges, à François Nouel, sur la présentation
de l'abbé de Jumièges ; de la Rue-Saint-Pierre, doyenné
de Cailly, à Pierre Ménard, du diocèse de Bayeux, sur
la présentation de Diane de Poitiers, duchesse de Va-
lentinois et de Die, comtesse de Maulévrier et dame de
Cailly ; de Bosc-Robert, doyenné de Longueville, à
Guillaume Le Comte, sur la présentation de Constantin
de Birette, seigneur du lieu ; de Montcauvaire, doyenné
de Cailly, à Nicolas Billard, sur la présentation de
l'abbé de Fécamp ; de Sigy, doyenné de Ry, à Jessé
Thorel, religieux profès à l'abbaye de Saint-Ouen, sur
la présentation de l'abbé de Saint-Ouen ; de Crétot,
doyenné de Valmont, à Pierre de Grillon, religieux
profès au monastère de Notre-Dame « de Grescano »,
au diocèse de Lisieux, sur la présentation d'Étienne
de Gonnys, seigneur du lieu ; de Sainte-Croix-sur-
Buchy, doyenné de Ry, à Jean de Larbre, professeur
de théologie et chanoine de l'église cathédrale de Laon,
sur la présentation d'Antoine de Moy, baron de Moy,
châtelain des chatellenies de Bellencombre, Beauvoir
et Charlesmesnil, seigneur de Sainte-Croix ; de Fontaine-sous-Préaux, doyenné de la Chrétienté, à Nicolas
Beauchesne *aliàs* Beauquesne, trésorier de l'église
collégiale de S. Michel de Blainville, sur la présentation du chapitre de cette église ; de Hodeng, doyenné
de Bray, à Richard Blanchard, du diocèse de Coutances, sur la présentation de François de Briqueville,
seigneur et châtelain d'Auzebosc, Argueil et Hodeng.
— Approbation des confréries érigées dans les églises :
de S. Éloi, de Rouen ; de Pissy ; d'Offranville ; d'Ouville ; de la Roquette (doyenné de Gamaches) ; de Tour-
ville-sur-Arques.

G. 9537. (Registre.) — In-folio, 93 feuillets écrits, papier.

1549-1550. — Registre du secrétariat. — Collation des églises : de Salmonville-la-Rivière, doyenné
de Ry, à Robert de Gruchet, sur la présentation de la
prieure du prieuré de Saint-Paul, près Rouen ; de
Dénestanville, doyenné de Bacqueville, à Jean de La
Brosse, du diocèse de Bourges, sur la présentation de
François d'Orléans, duc de Longueville, comte de Dun,
de Neufchâtel et de Tancarville ; de Noyon-le-Sec,
doyenné de Gisors, à Guillaume Le Prévost, du diocèse
de Lisieux, sur la présentation de l'abbé de Saint-
Évroult ; de Sainte-Marguerite-sur-Duclair, doyenné de
Saint-Georges, à Jean Viger, sur la présentation du
Roi, « pleno jure, ratione sui domanii » ; de Pressigny-
l'Orgueilleux, doyenné de Baudemont, à Louis Goudin ;
du Houlme, doyenné de Pavilly, à Marc Gosselin, sur

la présentation de l'abbé de Saint-Ouen ; de Notre-Dame d'Eu, à Léonard Maquefer, sur la présentation de l'abbé de Notre-Dame ; de Gommécourt, doyenné de Magny, à Philippe de Raynel, du diocèse de Beauvais, sur la présentation des frères Louis et Jacques dits de Silly, seigneurs de La Roche-Guyon ; d'Étretat, doyenné de Valmont, à Thomas Billard, du diocèse de Séez, sur la présentation de l'abbé de Fécamp ; de Greuville, doyenné de Brachy, à Nicolas Gotren. — Recette : du chapitre des collations : 6 liv. 1 s.; du chapitre des dispenses : 11 liv.; du chapitre des non-résidences : 642 liv. 10 s.; du chapitre des approbations : 416 liv. 7 s. 6 d.; du chapitre des ordres : 282 liv. 15 s. — Total général de la recette du compte : 1.358 liv. 13 s. 6 d.

G. 9538. (Registre.) — In-folio, 98 feuillets, papier.

1550-1551. — Registre du secrétariat. — Collation des églises : de Gueutteville, doyenné de Pavilly, à André Fléchery, du diocèse de Grenoble, sur la présentation de l'abbé de Saint-Wandrille; de Martigny, doyenné de Longueville, à Guillaume Trébillon, sur la présentation du même ; de Toussaint, doyenné de Valmont, à Michel Hacquet, religieux de l'abbaye de Fécamp, sur la présentation de l'abbé du monastère ; du Mesnil-Durdent, doyenné de Canville, à Nicolas Bouillon, sur la présentation de Louis de Pevrel dit de Montérolier, seigneur du lieu ; de Sainte-Opportune, doyenné de Pont-Audemer, à Philippe Le Tellier, sur la présentation d'Étienne de Gonnys, baron de Crétot ; de Saint-Pierre-de-Franqueville, doyenné de Périers, à Guillaume de Mainemare, sur la présentation de Thomas Cossart, seigneur des fief, terre et seigneurie de Franqueville ; d'Anglesqueville-sur-Saâne, doyenné de Bacqueville, à René Duverger, du diocèse de Tours, sur la présentation de l'abbé de Sainte-Catherine ; de la Lande-Ençon, doyenné de Chaumont, à Philippe Legris ; de Martigny, doyenné de Gisors, à Guillaume Ozenne, sur la présentation de Louis de Bigars, écuyer, seigneur de La Londe; de Bois-Guilbert, doyenné de Ry, à Louis Pinchon, sur la présentation du chevalier Chauvyn, seigneur du lieu. — Approbation des confréries érigées dans les églises : de Jumièges ; de Rambertot ; de Bézu-le-Long ; de Bourg-Achard ; du Mesnil-sous-Varclive ; de Bertreville ; d'Orival-sous-Bellencombre (doyenné de Longueville). — Recette : du chapitre des collations : 16 liv. 19 s.; du chapitre des grâces : 55 liv.; du chapitre des dispenses : 10 liv. 10 s.; du chapitre des non-résidences : 732 liv.

10 s.; du chapitre des approbations : 455 liv. 5 s.; du chapitre des ordres : 214 liv. — Somme totale de la recette du compte : 1.431 liv. 19 s.

G. 9539. (Registre.) — In-folio, 128 feuillets, papier.

1551-1552. — Registre du secrétariat. — Collation des églises : de Saint-Georges-de-Gravençon, doyenné de Saint-Georges, à Robert Mansoys, sur la présentation du Roi; de Guerbaville, doyenné de Pont-Audemer, à Robert de Bosguyon, du diocèse de Chartres, sur la présentation de Charles de Moy, chevalier, seigneur de la Meilleraye ; de Brémontier et Merval, sa succursale, doyenné de Bray, à Laurent Lemoine ; de Doudeville, doyenné de Canville, à Antoine Pourchet ; de Bosc-Bérenger, doyenné de Cailly, à Thomas Duquesnay, chanoine de Rouen ; de Fontaine-la-Mallet, doyenné de Saint-Romain, à Guillaume Descures ; de Villiers [-sous-Foucarmont], doyenné d'Aumale, à Me Guerrel ; de Petiville, doyenné de Saint-Georges, à Richard Dufay, chanoine de Rouen ; de Saint-Éloi, de Rouen, à Jean Le Delye, maître ès-arts, licencié en droit ; de Criquetot, doyenné de Valmont, à Nicolas Le Clerc ; de Saint-Saëns, doyenné de Longueville, à Jean Duchier, du diocèse de Clermont ; d'Auzouville-l'Esneval, doyenné de Pavilly, à Guillaume Delamare ; etc. — Approbation de confréries. — Recette : du chapitre des collations : 8 liv. 3 s.; du chapitre des grâces : 14 liv. 1 s ; du chapitre des dispenses : 10 liv.; du chapitre des non-résidences : 755 liv. 18 s. 9 d.; du chapitre des approbations : 467 liv. 5 s.; du chapitre des ordres : 467 liv. 2 s. — Somme totale de la recette du compte : 1.722 liv. 9 s. 9 d.

G. 9540. (Registre.) — In-folio, 133 feuillets, papier.

1552-1553. — Registre du secrétariat. — Collation des églises : de Douvrend, doyenné d'Envermeu, à Nicolas Le Pelletier, du diocèse d'Évreux ; d'Hugleville, doyenné de Pavilly, à Philbert de Chazeron, du diocèse de Clermont ; de Dancourt, doyenné de Foucarmont, à Pierre Goie, du diocèse de Sens ; de Manéglise, doyenné de Saint-Romain, à Joachim Loutrel ; de S. Martin-sur-Renelle, de Rouen, à Philippe Dumoustier, chanoine de Rouen ; de Solleville-sous-le-Val, doyenné de Périers, à Guillaume Gombault ; de la Haye-Saint-Michel, doyenné de Pont-Audemer, à Jean Bignes ; de Déville-les-Rouen, à Guillaume Dyel ; de Saint-Valery, doyenné d'Aumale, à François Roussel, du diocèse de Beauvais ; de Martainville-sur-Ry, doyenné de Ry, à Louis de La Combe, du diocèse de Limoges ; de Graimbouville, doyenné de Saint-Romain, à Guillaume Dufour, avocat en l'officialité de Rouen ; des Cent-Acres, doyenné de Longueville, à Jean Bore, du diocèse de Paris ; de Saint-Martin-aux-Buneaux, doyenné de Valmont, à Guillaume Damesne ; de Gaillefontaine, doyenné de Neufchâtel, à Martin Vatel ; de Franquevillette, doyenné de Périers, à Richard Marc ; de Ricarville, doyenné d'Envermeu, à Nicolas Testart ; de Pressigny-l'Orgueilleux, doyenné de Baudemont, à Guillaume Lefèvre, sous-diacre ; de Contremoulins, doyenné de Valmont, à Thomas Chirot ; du Manoir, doyenné de Périers, à Nicolas. Larcher, du diocèse de Bayeux. — Recette : du chapitre des collations : 12 liv. 5 s.; du chapitre des grâces : 1 liv.; du chapitre des dispenses : 11 liv.; du chapitre des non-résidences : 705 liv.; du chapitre des approbations : 440 liv. 5 s.; du chapitre des ordres : 303 liv. 2 s. — Somme totale de la recette du compte : 1.472 liv. 12 s.

G. 9541. (Registre.) — In-folio, 139 feuillets, papi r.

1553-1554. — Registre du secrétariat. — Collation des églises : de la Lande-Ençon, doyenné de Chaumont, à Louis Humel, du diocèse de Térouanne ; de Jumièges, doyenné de Saint-Georges, à Jean Dupuis ; d'Yvetot, doyenné de Fauville, à Claude Chapuis, chantre et chanoine de l'église cathédrale de Rouen ; de Crosville, doyenné de Bacqueville, à Nicolas Larcher, du diocèse de Bayeux ; de Touffreville-la-Câble, doyenné de Saint-Georges, à Pierre Soyer ; de Flamanville, doyenné de Canville, à Pierre Bournoisin, du diocèse de Chartres ; d'Anglesqueville-la-Bras-Long, doyenné de Canville, à Étienne de Bernay ; de Fontaine-sous-Préaux, doyenné de la Chrétienté, à Antoine Regnard, chantre et chanoine de l'église collégiale de S. Michel, de Blainville ; d'Argueil, doyenné de Bray, à Thomas Chrétien, du diocèse de Lisieux ; de Louvicamp, doyenné de Neufchâtel, à Mᵉ Gueriel ; de Hodeng, doyenné de Bray, à Guillaume Fallu, du diocèse de Bayeux ; de Saint-Ouen-sur-Bellencombre, doyenné de Longueville, à Pierre Bouillon ; de Turretot, doyenné de Saint-Romain, à Pierre Hune ; de Glos, doyenné de Pont-Audemer, à Pierre Perdryel.— Recette : du chapitre des collations : 4 liv. 19 s.; du chapitre des insinuations et des quêtes (n'est pas indiquée); des dispenses : 693 liv. 15 s.; du chapitre des approbations : 453 liv. 17 s. 6 d.; du chapitre des ordres : 359 liv. 12 s. — Somme totale de la recette du compte : 1.519 liv. 13 s. 6 d.

G. 9542. (Registre.) — In-folio, 125 feuillets, papier.

1554-1555. — Registre du secrétariat. — Collation des églises : de Capval, doyenné d'Envermeu, à Robert Le Sourdoys ; de Louvetot, doyenné de Saint-Georges, à Mathieu Bailly, du diocèse de Clermont; du Petit-Quevilly, doyenné de la Chrétienté, à Jean Le Maître ; de Veauville-les-Baons, doyenné de Fauville, à Simon Allain ; de Saint-Pierre-de-Varengeville, doyenné de Saint-Georges, à Christophe Beaudouin, notaire en l'officialité de Rouen ; de Froberville, doyenné de Valmont, à Guillaume Frontin, « chanoine régulier du prieuré de Saint-Lô de Rouen » ; de Monville, doyenné de Pavilly, à Jean Le Maître ; de Buchy, doyenné de Ry, à Pierre Legrand ; de Saint-Aubin-des-Cercueils, doyenné de Saint-Romain ; de Saint-Valery, doyenné d'Envermeu, à Jean Guanguaison, du diocèse de Chartres ; de Villequier, doyenné de Saint-Georges, à Jacques de « Sainctonen » ; de Baons-le-Comte, doyenné de Fauville, à Jean de Beauregard, du diocèse de Bourges ; des Ventes-d'Éavy, doyenné d'Envermeu, à Pierre Le Comte ; de Neufmarché, doyenné de Gisors, à Gaspard d'Aiguevive ; de Berneval, doyenné d'Envermeu, à Robert Vigor, du diocèse de Coutances. — Somme totale de la recette du compte : 1.619 liv. 19 s. 6 d.

G. 9543. (Registre.) — In-folio, 120 feuillets, papier.

1555-1556. — Registre du secrétariat. — Collation des églises : de Monville, doyenné de Pavilly, à Gaspard Burgalley ; de Melleville, doyenné d'Eu, à Michel Gordon, du diocèse de Besançon; d'Ourville, doyenné de Valmont, à Claude Guérin : de S. Patrice, de Rouen, à Guillaume Hilaire ; de Villiers-[sous-Foucarmont], doyenné de Foucarmont, à Margarin Le Féron ; de Maucomble, doyenné de Neufchâtel, à Christophe de Pardieu ; de Bracquemont, doyenné d'Envermeu, à Louis Lucas, diacre ; de Parfondeval, même doyenné, à Noël de Biville ; de S. Jacques de Neufchâtel, à Mathieu de Caen ; de Saint-Ouen-sur-Brachy, doyenné de Brachy, à Charles de Lassoy, religieux profès au monastère de l'Isle-Dieu ; de Houquetot, doyenné de Saint-Romain, à Christophe de Nocy ; de Bellengreville, doyenné d'Envermeu, à Jacques de Bocquemare ; de Crasville-la-Roquefort, doyenné de Brachy, à Guillaume Le Forestier ; de Maucomble, doyenné de Neufchâtel, à Nicolas Duperron ; de Saint-Pierre-le-Viger, doyenné de Brachy, à Jacques Perdryel, du diocèse de Paris ; de la Cerlangue, doyenné de Saint-Romain, à Noël Regnard, du diocèse de Tours ; du Teillement, doyenné de Bourgthéroulde, à Jean Chobillon, du diocèse de Tulle ; de Routot, doyenné de Saint-Romain, à Nicolas Dupont ; de Clères, doyenné de Pavilly, à Gilbert de Limoges ; de Graville, à Nicolas Faubuisson ; du Mesnil-Raoul, doyenné de Périers, à Mathurin Canivet, du diocèse de Bayeux ; d'Assigny, doyenné d'Envermeu, à Nicolas Duvivier ; de Hardouville, doyenné de Pavilly, à Jacques Desmarquetz ; de Touffreville, doyenné de Gisors, à Adam Deschamps. — Recette : du chapitre des collations : 4 liv. 2 s., du chapitre des grâces : 2 liv. 15 s.; du chapitre des dispenses ; etc.

G. 9544. (Registre.) — In-folio, 106 feuillets, papier.

1556-1557. — Registre du secrétariat. — Collation des églises : de Cropus, doyenné de Longueville, à Antoine Regnard, chanoine de l'église collégiale de S. Michel de Blainville ; de Sully, doyenné de Neufchâtel, à Christophe de Pardieu; de Fleury-sur-Andelle, doyenné de Périers, à Michel Séjourné ; de Hautot-Saint Sulpice, doyenné de Fauville, à Robert Bucquet, chanoine de Rouen ; de Gueures, doyenné de Brachy, à Pierre Boissière ; de Beuzevillette, doyenné de Fauville, à Jean de Montholoys, du diocèse de Bourges ; de Morville, doyenné de Ry, à Jean Le Maire, du diocèse d'Évreux ; du Breuil, doyenné de Magny, à Guillaume Le Chanoine, du diocèse d'Évreux ; de Notre-Dame-de-Bliquetuit, doyenné de Pont-Audemer, à Adrien Dupuis ; de Villequier, doyenné de Saint-Georges, à Joachim de Malortye, religieux profès au monastère de Corneville-sur-Rille ; de Bennetot, doyenné de Fauville, à Jean de Longchamp ; d'Anquetierville, même doyenné, à Charles Duval ; de Claville-Motteville, doyenné de Cailly, à Nicolas Dupuis ; de Sommery, doyenné de Neufchâtel, à Charles de Callonne, du diocèse de Beauvais ; de Bourgthéroulde, à Guillaume Le Métayer ; du Chef-de-l'Eau, doyenné de Ry, à Roger de Saint-Denis, du diocèse de Lisieux ; d'Herbouville, doyenné de Brachy, à Jean Desprez ; de Saint-Léger, doyenné de Foucarmont, à Louis Budel ; de Saint-Pierre-de-Varengeville, doyenné de Saint-Georges, à Jean Le Forestier.

G. 9545. (Registre.) — In-folio, 126 feuillets, papier.

1557-1558. — Registre du secrétariat. — Collation des églises : du Thil, doyenné de Brachy, à Enguerrand de Blainville ; de Cleuville, doyenné de

Fauville, à Bertrand Dubreuil, du diocèse de Bordeaux ; de Motteville, doyenné de Pavilly, à Denis de Brèvedent, diacre, chanoine de la cathédrale de Rouen ; de Saint-Léger, doyenné de Foucarmont, à Jean Hiesse ; de Barentin, doyenné de Pavilly, à Jean Le Boursier ; de Villequier, doyenné de Saint-Georges, à François Dubouchet, du diocèse de Séez ; de Liancourt, doyenné de Chaumont, à Guillaume Lefèvre ; de Mirville, doyenné de Fauville, à Jean Legoupil ; de la Londe, doyenné de Gamaches, à Guillaume Aubin, demeurant à Étrépagny ; de Sainte-Croix-sur-Buchy, doyenné de Ry, à Nicolas Chomart, bachelier en décrets, du diocèse de Paris ; de Saint-Pierre-de-Franqueville, doyenné de Périers, à Guillaume Cossart ; de Neuville-le-Pollet, doyenné d'Envermeu, à Pierre Roussel, du diocèse d'Évreux ; de Croixmare, doyenné de Saint-Georges, à Louis de Venoye, du diocèse de Chartres ; de Brametot, doyenné de Brachy, à Jean Scot ; de S. Pierre, d'Elbeuf, doyenné de Bourgthéroulde, à Guy Jumel, du diocèse d'Évreux ; de Torcy-le-Petit, doyenné de Longueville, à Jean Durand, du diocèse de Paris ; de Vassonville, doyenné de Bacqueville, à Guillaume Bénard ; de Sainte-Austreberthe, doyenné de Pavilly, à Louis de Saint-François, du diocèse du Mans ; de Longuerue, doyenné de Ry, à Pierre Terrier ; de Croixdalle, doyenné de Longueville, à Jacques Foynart dit de Castignolles. — Recette : du chapitre des collations : 4 liv. 6 s.; du chapitre des dispenses : 4 liv. 10 s.; du chapitre des non-résidences : 614 liv. 7 s. 6 d.; du chapitre des approbations : 382 liv. 2 s. 6 d.; du chapitre des ordres : 428 liv. 10 s. — Somme totale de la recette du compte : 1.433 liv. 16 s.

G. 9546. (Registre.) — In-folio, 107 feuillets, papier.

1558-1559. — Registre du secrétariat. — Collation des églises : de Thibermesnil, doyenné de Bacqueville, à Mathieu Bignon ; de Louvicamp, doyenné de Neufchâtel, à Guillaume Cane ; de Louvetot, doyenné de Cailly, à Denis Guérard, notaire juré en l'officialité de Rouen ; de Roquefort, doyenné de Fauville, à Jacques Dubosc, religieux à l'abbaye de Saint-Ouen ; de Raimbertot, doyenné de Saint-Romain, à Jean Deschamps, chanoine de Rouen ; de Bretteville, doyenné de Valmont, à Jean Chartier, du diocèse de Poitiers ; du Vieux-Rue, doyenné de Ry, à Thomas Varnier ; d'Yébleron, doyenné de Fauville, à François Sourdon ; de Fontaine-la-Mallet, doyenné de Saint-Romain, à Jean Aufroy ; de Nolléval, doyenné de Bray, à Éloi Anseau, du diocèse d'Amiens ; de Corneville, doyenné de Pont-Audemer, à Nicolas Desmarets, religieux profés au monastère de Corneville-sur-Rille ; de Graimbouville, doyenné de Saint-Romain, à Richard Dabare, chanoine de Rouen ; de Manéhouville, doyenné de Bacqueville, à Pierre Austin ; de Berneval, doyenné d'Envermeu, à Jean Caron ; de Saint-Ouen-le-Mauger, doyenné de Brachy, à Mathieu de Béthencourt ; de Fultot, doyenné de Canville, à Pierre Michault ; de Cany, doyenné de Valmont, à Richard Haudret, diacre. — Recette : du chapitre des collations : 4 liv. 19 s. ; du chapitre des dispenses : 2 liv. 10 s. ; du chapitre des non-résidences : 501 liv. 7 s. 9 d. ; du chapitre des approbations : 326 liv. 5 s. 10 d. ; du chapitre des ordres : 389 liv. 16 s. — Somme totale de la recette du compte : 1.224 liv. 18 s. 7 d.

G. 9547. (Registre.) — In-folio, 95 feuillets, papier.

1559-1560. — Registre du secrétariat. — Collation des églises : de Saint-Léger, doyenné de Foucarmont, à Nicolas Moreaulx ; d'Étaimpuis, doyenné de Cailly, à Guillaume Bussenestre ; d'Écouis, doyenné de Gamaches, à Noël de Biville ; de Noinlot, doyenné de Fauville, à Maurice Delamare ; de Graincourt, doyenné d'Envermeu, à Jean Langlois ; de Fresnay, doyenné de Cailly, à Firmin Ducroq, du diocèse d'Amiens ; de Royville, doyenné de Brachy, à Christophe de Pardieu ; de Saint-Maurice-d'Ételan, doyenné de Saint-Georges, à Jean de La Montagne ; de Flamanville, doyenné de Canville, à Jean Bretheuille ; de Roncherolles-en-Bray, doyenné de Ry, à Alexandre Mauchrétien ; d'Anglesqueville-la-Bras-Long, doyenné de Canville, à Louis Derefuge, du diocèse de Paris ; de Saint-Aubin-sur-Mer, même doyenné, à Guillaume Gombault, chanoine et trésorier de l'église de Rouen ; d'Émalleville, doyenné de Saint-Romain, à Raoul Ronesse ; de Muchegros, doyenné de Gamaches, à Renaud Levacher ; de Boscherville, doyenné de Bourgthéroulde, à Jean Perres.

G. 9548. (Registre.) — In-folio, 66 feuillets, papier.

1560-1561. — Registre de secrétariat. — Collation des églises : de Genesville, doyenné de Magny, à Michel Langlois, du diocèse de Chartres ; des Ventes-d'Éavy, doyenné d'Envermeu, à Richard Dufay, chanoine de Rouen ; du Fossé, doyenné de Bray, à Alexandre de Courcy, chanoine de Rouen ; de Gonneville, doyenné de Saint-Romain, à Richard Dubosc, chanoine et chantre de l'église de Rouen ; de Compainville, doyenné de Neufchâtel, à Michel Delaunay, du diocèse de Lisieux ; de Saint-Mards, doyenné de Bac-

queville, à Pierre Legay, du diocèse de Paris ; du Bourg-de-Saâne, doyenné de Brachy, à Guillaume Lendormy ; de Roquefort, doyenné de Fauville, à Jacques Lecoq ; d'Ouville-la-Rivière, doyenné de Brachy, à Guillaume Lemoine ; de Fultot, doyenné de Canville, à Pierre Deschamps ; de Turretot, doyenné de Saint-Romain, à Jacques Huney ; de Celloville, doyenné de Périers, à Anselme Guilbert.

G. 9549. (Registre.) — In-folio, 39 feuillets, papier.

1561-1562. — Registre du secrétariat. — Collation des églises : de Bellengreville, doyenné d'Envermeu, à Nicolas Hurel ; de Preuseville, doyenné de Valmont, à Christophe Fillet ; de Lamberville, doyenné de Bacqueville, à Claude Bernardet, du diocèse de Châlon ; de Morgny-la-Forêt, doyenné de Gisors, à Charles Gouel ; de Freulleville, doyenné d'Envermeu, à Charles de Champagne ; d'Anceaumeville, doyenné de Pavilly, à Jacques Duret, du diocèse de Chartres ; de Lintot, doyenné de Fauville, à Pierre Duchesne, du diocèse de Paris ; de Saint-Pierre-le-Viger, doyenné de Brachy, à Louis Grippière ; de Torcy-le-Grand, doyenné de Longueville, à Claude Carpentier ; de Frichemesnil, doyenné de Cailly, à Rouland Declerc ; de Grugny, doyenné de Pavilly, à Jacques Carrière ; de Saint-Crespin, doyenné de Bacqueville, à Jean Vendanger.

G. 9550. (Registre.) — In-folio, 44 feuillets, papier.

1562-1563. — Registre du secrétariat. — Collation des églises : de Canteleu *alias* de Croisset, doyenné de la Chrétienté, à Pierre Baligan ; de Gonfreville-l'Orcher, doyenné de Saint-Romain, à Robert Chrétien, du diocèse de Séez ; de Sausseuzemare, doyenné de Neufchâtel, à Laurent Renaud ; de Calleville, doyenné de Bacqueville, à Étienne Marest ; de Routot, doyenné de Pont-Audemer, à Adrien Ballut, chanoine de Rouen ; de Baigneville, doyenné de Valmont, à Guillaume Garin ; de Meulers, doyenné d'Envermeu, à Nicolas Planchon ; de Saint-Étienne-le-Vieux, doyenné de Pavilly, à Jean Regnard ; de Vénestanville, doyenné de Brachy, à Denis Arnoult ; de Beuzeville-la-Grenier, doyenné de Fauville, à Jean Genevois ; d'Épreville, doyenné de Valmont, à René de Venoys ; de Saint-Laurent-en-Caux, doyenné de Brachy, à Gratien Faulcon ; d'Intraville, doyenné d'Envermeu, à Guillaume Restout.

G. 9551. (Registre.) — In-folio, 54 feuillets, papier.

1563-1564. — Registre du secrétariat. — Collation des églises : de Chef-de-Caux, doyenné de Saint-Romain, à Guillaume Le Metter ; de Chef-de-l'Eau, doyenné de Ry, à Guillaume Quinibel ; de Bramelot, doyenné de Brachy, à Alain Genson, du diocèse d'Avranches ; d'Anglesqueville-la-Bras-Long, doyenné de Canville, à Nicolas Thiondet ; d'Yquebeuf, doyenné de Cailly, à Nicolas Quesnel ; de Bourdainville, doyenné de Pavilly, à Raoul Barbey ; de Monville, doyenné de Pavilly, à Émile Manvenet, du diocèse de Châlons ; d'Ymauville, doyenné de Valmont, à Robert Le Rebours ; de Cliponville, doyenné de Fauville, à Bertrand Pelyon, du diocèse d'Angers.

G. 9552. (Registre). — In-folio, 54 feuillets, papier.

1564-1565. — Registre du secrétariat. — Collation des églises : de La Folletière, doyenné de Saint-Georges, à Marin Hellot, du diocèse de Bayeux ; de Vimont, doyenné de Ry, à Jean Biset dit Le Vasseur ; de Flavacourt, doyenné de Chaumont, à Robert Le Cauchois, du diocèse d'Évreux ; d'Avesnes, doyenné d'Eu, à Claude Alix ; de Preuseville, doyenné de Foucarmont, à Jacques Daussy ; d'Anxtot, doyenné de Saint-Romain, à Antoine Lemaire ; de Parfondeval, doyenné d'Envermeu, à Edmond Louvel ; de Vergetot, doyenné de Saint-Romain, à Jean Bénard ; de Beauficel, doyenné de Gisors, à Georges Louis ; de Reilly, doyenné de Chaumont, à Louis Faguet.

G. 9553. (Registre.) — In-folio, 52 feuillets, papier.

1565-1566. — Registre du secrétariat. — Collation des églises : de Houquetot, doyenné de Saint-Romain, à Richard Daubermare ; de Hodenger, doyenné de Bray, à Guillaume Lermitte, du diocèse d'Évreux ; de Fontaine-la-Mallet, doyenné de Saint-Romain, à Richard Videcoq ; de Blosseville, doyenné de Périers, à Antoine Grège ; de Baudribosc, doyenné de Bacqueville, à Martin Le Nouvel ; d'Elbeuf-sur-Andelle, doyenné de Ry, à Joachim Péregrin ; d'Alisay, doyenné de Périers, à Robert Morisse ; d'Allouville, doyenné de Fauville, à Étienne Tassin, du diocèse de Troyes ; de Cléon, doyenné de Périers, à Adrien Postel ; de Hardouville, doyenné de Pavilly, à Robert Dumoustiers. — A la fin du registre, transcription des lettres de

nomination, en qualité de vicaire général, de Christophe Eude, datées de Paris le 21 juillet 1566.

G. 9554. (Registre.) — In-folio, 60 feuillets, papier.

1566-1567. — Registre du secrétariat. — Collation des églises : de Sauchay-le-Haut, doyenné d'Envermeu, à André Quesnel ; du Héron, doyenné de Ry, à Guillaume Jandin ; de Grand-Couronne, doyenné de la Chrétienté, à Jean de La Ville ; d'Argueil, doyenné de Bray, à Michel Bonfils ; de Canteleu, doyenné de la Chrétienté, à Pierre Clupeluit ; de Norville, doyenné de Saint-Georges, à Guillaume Lesec, du diocèse d'Évreux ; de Ricarville, doyenné d'Envermeu, à Guillaume Maillard, du diocèse de Beauvais ; d'Auzebosc, doyenné de Fauville, à Georges Coste ; de Quevillon, doyenné de Saint-Georges, à Adrien Aubry ; de Lestanville, doyenné de Bacqueville, à Georges Blandin ; de Beaumetz, doyenné de Longueville, à Richard Doury.

G. 9555 (Registre.) — In-folio, 44 feuillets, papier.

1567-1568. — Registre du secrétariat. — Collation des églises : de Fultot, doyenné de Canville, à Pierre Michaud ; de Saint-Clair-sur-les-Monts, doyenné de Fauville, à Étienne de La Forge ; de Saint-Aubin-la-Campagne, doyenné de Périers, à Jean Bouquetot ; d'Épreville, doyenné de Pont-Audemer, à Jean Delaplace, religieux à l'abbaye de Saint-Ouen ; de Vénestanville, doyenné de Brachy, à Pierre Langlois ; d'Orival, doyenné de Bourgthéroulde, à Jean Marquet ; d'Yerville, doyenné de Pavilly, à Guillaume Bunel ; de Moulineaux, doyenné de la Chrétienté, à Vincent Lesauvage ; de Sainte-Marie-la-Petite, de Rouen, à Me Évrard ; de la Vaupalière, doyenné de Saint-Georges, à Jacques Bailleul.

G. 9556. (Registre.) — In-folio, 57 feuillets, papier.

1568-1569. — Registre du secrétariat. — Collation des églises : de Penly, doyenné d'Eu, à Antoine Mutel ; de Saint-Jacques, de Neufchâtel, à Michel Cheminel ; de Vassonville, doyenné de Bacqueville, à Jean Deparde ; de Romilly, doyenné de Périers, à Antoine Auger, religieux à l'abbaye de Saint-Georges-de-Boscherville ; de Sainneville, doyenné de Gamaches, à Jean Bellet ; de la Chaussée, doyenné de Longueville, à Laurent Leclerc ; de Biville-la-Rivière, doyenné de Brachy, à Nicolas Lecoultre ; de Sailly, doyenné de Magny, à Pierre Coquerel, du diocèse d'Évreux ; de la Cerlangue, doyenné de Saint-Romain, à Jean Lefrançois ; de Saint-Laurent, d'Envermeu, à Pierre Bigault ; de Touffreville-la-Corbeline, doyenné de Saint-Georges, à Antoine Ruffin.

G. 9557. (Registre.) — In-folio, 59 feuillets, papier.

1569-1570. — Registre du secrétariat. — Collation des églises : d'Hermanville, doyenné de Brachy, à Nicolas de Quiévremont ; d'Angerville-la-Martel, doyenné de Valmont, à Richard Langlois ; du Bois-d'Enne-bourg, doyenné de Périers, à Jean Guéroult ; d'Yvetot, doyenné de Fauville, à Jacques Tourmente, chanoine de Rouen ; d'Orival, doyenné de Longueville, à Pierre Locqueton, du diocèse de Beauvais ; de Néville, doyen-né de Canville, à Pierre Delahaye ; d'Yville-sur-Seine, doyenné de Bourgthéroulde, à Jean Hébert ; de Long-roy, doyenné d'Eu, à Nicolas Berger ; de Maulévrier, doyenné de Saint-Georges, à Pierre Tassel, du diocèse d'Évreux ; de Sauchay-le-Bas, doyenné d'Envermeu, à François Berbran ; de Vascœuil, doyenné de Ry, à Toussaint Boivin ; de Lintot, doyenné de Fauville, à Guillaume Péricart, chanoine de Rouen ; de Saint-Vin-cent, doyenné de Neufchâtel, à Jacques Duret, du dio-cèse de Chartres ; de Doudeville, doyenné de Canville, à Pierre Psalmon, du diocèse de Tours ; de Belmesnil, doyenné de Bacqueville, à Jean Mignot ; de Saint-Arnould, doyenné de Saint-Georges, à Jean Delaval, du diocèse d'Évreux.

G. 9558. (Registre.) — In-folio, 69 feuillets, papier.

1570-1571. — Registre du secrétariat. — Colla-tion de églises : de Gouville, doyenné de Cailly, à Robert Morisse ; d'Iclon, doyenné de Canville, à Jean Roussignol ; de Millebosc, doyenné d'Eu, à Jean Derne, du diocèse de Soissons ; de Tancarville, doyenné de Saint-Romain, à Raoul Parcecœur ; de Vergetot, même doyenné, à Thomas Desmarets ; de Saint-Aubin-la-Campagne, doyenné de Périers, à Georges Louis ; de Bosc-Geffroy, doyenné de Foucarmont, à Antoine Mau-comble ; d'Houllebec, doyenné de Bourgthéroulde, à Nicolas Thierry ; du Vieux-Rouen, doyenné de Foucar-mont, à Jean Prévost ; d'Alvimare, doyenné de Fauville, à Nicolas Lebel, du diocèse d'Évreux ; du Fossé, doyenné de Neufchâtel, à Richard Dufay, chanoine de Rouen ; de Freneuse, doyenné de Périers, à Jacques Laisné, du diocèse d'Évreux ; de Saint-Aubin-la-Rivière, même doyenné, à Denis Amyot, du diocèse d'Évreux ; de Bénouville, doyenné de Valmont, à Jean Esbram.

G. 9559. (Registre.) — In-folio, 58 feuillets, papier.

1571-1572. — Registre du secrétariat. — Colla-tion des églises : de Saint-Aubin-la-Campagne, doyenné de Périers, à Georges Louis ; de Froberville, doyenné de Valmont, à Claude Duval ; de Saint-Denis-le-Fer-ment, doyenné de Gisors, à Nicolas Bertin ; de Clipon-ville, doyenné de Fauville, à Mathieu Dupray ; de Crosville, doyenné de Valmont, à Pierre Néel ; d'Houp-peville, doyenné de Pavilly, à Pierre Delamare, reli-gieux profès à l'abbaye de Saint-Ouen ; d'Orival, doyen-né de Bourgthéroulde, à Pierre Bigault ; de Prétot, doyen-né de Canville, à Nicolas Langlois, religieux au prieuré d'Ouville ; de Saint-Eustache-la-Forêt, doyenné de Saint-Romain, à Guillaume Rigould ; de Grainville-sur-Fleury, doyenné de Gamaches, à Luce Marye ; de Bierville, doyenné de Ry, à Michelin Asselin, du dio-cèse de Lisieux ; de Bolleville, doyenné de Fauville, à Michel Hacquet, religieux à l'abbaye de Fécamp ; de Bézu-le-Long, doyenné de Gisors, à Robert Foucquet, du diocèse d'Évreux.

G. 9560. (Registre.) — In-folio, 64 feuillets, papier.

1572-1573. — Registre du secrétariat. — Colla-tion des églises : de Saint-Just, doyenné de Brachy, à Martin Paon ; de Cuverville, doyenné de Saint-Romain, à Philippe Delacolte du diocèse de Coutances ; d'Infre-ville, doyenné de Bourgthéroulde, à Guillaume Burgal-lay ; de Gaillardbois, doyenné de Gisors, à Nicolas Legrand ; de Criel, doyenné d'Eu, à Léonard Muquefer, religieux à l'abbaye d'Eu ; de Brionne, doyenné de Bourgthéroulde, à Jehan Duhamel ; des Autels, doyenné de Ry, à Jean Parmentier ; de Saint-Ouen-aux-Champs, doyenné de Pont-Audemer, à Jean Thibonnel ; de Saint-Éloi, de Rouen, à Denis Delafontaine, maître ès-arts, chanoine de Rouen ; de Rosay, doyenné de Gisors, à Jean Bénard, chanoine de Rouen. (Registre en très mauvais état.)

G. 9561. (Registre.) — In-folio, 68 feuillets, papier.

1573-1574. — Registre du secrétariat. — Colla-tion des églises : de Saint-Jean, de Rouen, à Romain Duval, religieux au prieuré de Saint-Lô ; de Beaure-paire, doyenné de Saint-Romain, à Mathieu Lallemant, du diocèse de Châlons ; du Houlme, doyenné de Pa-villy, à Nicolas Morel, chapelain « seu parvus canoni-cus » de l'église de Rouen, du diocèse d'Évreux ; du Becde-Mortagne, doyenné de Valmont ; de Saint-Ouen-du-Breuil, doyenné de Pavilly, à Laurent de Gouberville ; du Val-du-Roy, doyenné d'Eu, à Jean Bourgeois ; de Saint-Martin-de-Bellencombre, doyenné de Longueville, à François Regnault ; de Saint-Éloi, de Rouen, à Nicolas Dubosc ; de Saint-Germain, doyenné de Longueville, à Antoine Cuvier ; d'Igoville, doyenné de Périers, à Robert Fourmentin ; d'Orgeville, doyenné de Gamaches, à Robert Lecoq ; de Tocqueville, doyenné de Pont-Audemer, à Jean Duhamel ; de Beaussault, doyenné de Neufchâtel, à Michel de Lannoy, du diocèse de Lisieux ; de Saint-Jacques, de Neufchâtel, à Raoul Cossard, maître ès-arts ; de Bondeville, doyenné de Bacqueville, à Guillaume Tuzèle.

G. 9562. (Registre.) — In-folio, 75 feuillets, papier.

1574-1575. — Registre du secrétariat. — Collation des églises : de Houdetot, doyenné de Canville, à Thomas Le Picard ; de Saint-Pierre-l'Honoré, de Rouen, à Louis Millon, du diocèse d'Évreux ; de Bellengreville, doyenné d'Envermeu, à Jean Fortin ; d'Angoville, doyenné de Bourgthéroulde, à Christophe Burgalle ; de Pissy, doyenné de Pavilly, à Toussaint Godin ; de Bénesville, doyenné de Canville, à Christophe Eude ; d'Eclot-l'Auber, doyenné de Pavilly, à Jean Duchier ; de Saint-Aubin-de-Crétot, doyenné de Fauville, à Gautier Bense ; de Royville, doyenné de Brachy, à Jean Gendet, du diocèse d'Amiens ; de Fontaine-Chatel, doyenné de Ry, à Adam Lelarge ; de la Chapelle-Bénouville, doyenné de Bacqueville, à Jean Duhamel, du diocèse de Séez ; des Sept-Meules, doyenné d'Eu, à Nicolas Robillard ; de Vardes, doyenné de Bray, à Pierre Lefebvre ; d'Anceaumeville, doyenné de Pavilly, à Jean Beaunier, du diocèse de Tours ; de Sahurs, doyenné de Saint-Georges, à Pierre de Rommenelles, du diocèse de Sens ; de Saint-Paër, doyenné de Gisors, à Étienne Delarue ; d'Auffay, doyenné de Longueville, à Guillaume Bourdon, du diocèse de Séez.

G. 9563. (Registre.) — In-folio, 73 feuillets, papier.

1575-1576. — Registre du secrétariat. — Collation des églises : de la Pierre, doyenné de Foucarmont, à André Godard ; de Belleville, doyenné de Bacqueville, à Abraham Le Clerc ; de Criquetot, doyenné de Canville, à Jean Fourneaux ; de Baudemont, doyenné dudit, à Pierre Cauchard ; d'Annouville, doyenné de Valmont, à Pierre Legal ; du Coudray, doyenné de Gisors, à Guillaume Lair ; de Darsigny, doyenné d'Envermeu, à

Jean Crespin ; de Montebourg, doyenné de Bacqueville, à Jean Dujardin ; du Mont-aux-Malades, doyenné de la Chrétienté, à Isaac Vassal ; de Saint-Laurent, de Rouen, à Nicolas Clérel ; de Saint-Ouen-au-Bosc, doyenné de Valmont, à Pierre Restel ; de Veules, doyenné de Canville, à Jacques Cappel, du diocèse d'Amiens.

G. 9564. (Registre.) — In-folio, 82 feuillets, papier.

1576-1577. — Registre du secrétariat. — Collation des églises : de Tocqueville, doyenné de Valmont, à Jacques Lefebvre, religieux à l'abbaye de Fécamp ; d'Amécourt, doyenné de Gisors, à Claude Serouvier (?) ; de Nointot, doyenné de Fauville, à Pierre Poullain, religieux au prieuré du Mont-aux-Malades ; de Bellosane, doyenné de Bray, à Jean Vyon, religieux à l'abbaye de Bellosane ; de Saint-Herbland, de Rouen, à Guillaume Saillard ; de Saint-Laurent-en-Caux, doyenné de Saint-Romain, à Léon « Mellibus » ; de Maucomble, doyenné de Neufchâtel, à Nicolas Lemaistre ; d'Écouis, doyenné de Gamaches, à Simon Delamare ; d'Auzebosc, doyenné de Fauville, à Jean Delaulne, du diocèse de Bayeux ; de Saint-Saëns, doyenné de Longueville, à Jean Duchier, du diocèse de Clermont ; de Saint-Arnould, doyenné de Ry, à Guillaume Rouillon ; de Saint-Denis-le-Thiboult, même doyenné, à Gouvel ; de Canteleu, doyenné de la Chrétienté, à André Lecoq.

G. 9565. (Registre.) — In-folio, 239 feuillets, papier.

1581-1584. — Registre du secrétariat portant pour titre : *Registrum collationum, mandatorum, confratriarum, subhastationum et aliarum litterarum in capitulo gratiarum designatarum, incipiens in festum Sancti Michaelis in Montegargano 1581*. — Encore des chapitres particuliers et des chiffres pour les non-résidences, les approbations de chapelains, les ordinations. — Cahiers enlevés au milieu du registre. — En marge des actes, le nom du vicaire général qui les a signés. — Vicaires généraux : l'évêque de Ross, Bigues, Marian de Martimboz, Charles de La Roque, conseiller au Parlement, trésorier et chanoine de Rouen.

G. 9566. (Registre.) — In-folio, 366 feuillets, papier.

1584-1587. — Registre du secrétariat sans titre, formé de plusieurs cahiers reliés en un volume.

G. 9567. (Registre.) — In-folio, 267 feuillets, papier.

1588-1589. — Registre du secrétariat. — Vicaires généraux : l'évêque de Ross, Bigues, Michel de Mouchy, archidiacre d'Eu, conseiller au parlement de Normandie, Michel de Bouju, conseiller au même Parlement et official.

G. 9568. (Registre.) — In-folio, 374 feuillets, papier.

1590-1594. — Registre du secrétariat. — *Collaciones; A quocumque; Mandata ad informandum de titulo; Approbationes tituli* (actes reproduits en abrégé). — Vicaires généraux pendant la vacance du siège : Charles de La Roque, conseiller au parlement de Normandie; abbé de La Noé, chanoine de Rouen; Guillaume Péricard, conseiller au parlement de Normandie, abbé de Saint-Taurin, chanoine de Rouen; Adrien Ballue, docteur « in utroque jure », chanoine de Rouen; Jean Vymont et Claude Séquart, chanoines de la même église.

G. 9569. (Registre.) — In-folio, 120 feuillets, papier.

1595-1596. — Registre du secrétariat intitulé : *Registrum secretarie archiepiscopatus Rothomagensis inceptum sub reverendissimo et illustrissimo principe ac domino Carolo de Borbonio, miseratione divina archiepiscopo Rothomagensi, Normannie primate, die sabbati XXIIII*a *decembris... 1594, die qua prefatus archiepiscopus in possessionem predicti archiepiscopatus inductus est.* — *Collaciones; Mandata ad informandum de titulis; non residencie; A quocumque; Approbationes titulorum.* — « A quocumque ma. Petri Dambray, subdiaconi, ad diaconatum et presbyteratum ad titulum. XII. solidorum die XXV*a *februarii per dominum de Balsac.* » — Vicaires généraux : de La Roque, Péricard, Sanson, Séquart, François Guernier, official; Marin Le Pigny, conseiller, aumônier du Roi, chanoine de Rouen; Charles de Balsac, aumônier du Roi, abbé de Boscherville, grand archidiacre.

G. 9570. (Registre.) — In-folio, 138 feuillets, papier.

1597-1599. — Registre du secrétariat. — Vicaires généraux : Péricard, François Guernier, Le Pigny, de La Roque, Jean Dadié, docteur en théologie, pénitencier et chanoine de Rouen. — Au fol. 24 r° : « Sequuntur expeditiones archiepiscopatus Rothomagensis, sede vacante, factæ sub venerabili et discreto viro magistro Johanni de Haulteryne, presbytero, ecclesiæ cathedralis Bajocensis subdecano et canonico, necnon rectore ecclesiæ parrochialis de Innocentibus, Rothomagensis diocesis, pro absentia domini Tillart, secretarii predicti archiepiscopatus, qui discessit ab hac urbe, die secunda aprilis, hora quinta serotina, anno predicto (1597), et se contulit apud illustrissimum et reverendissimum dominum dominum Carolum Borbonium, Rothomagensis archiepiscopum, nunc in inclito Gailloni palatio commorantem. Facit Deus ut ad nos bonis auspiciis quam citissime revertatur. »

G. 9571. (Registre.) — In-folio, 140 feuillets, papier.

1600-1604. — *Registrum secretariæ archiepiscopatus Rothomagensis, auctoritate et jussu reverendi in Christo patris et illustrissimi principis ac domini domini Caroli a Borbonio... inceptum in principio anni Domini 1600.* — Registre incomplet; le chapitre des ordinations enlevé. — Vicaires généraux : de La Roque, Guernier, Le Pigny. — Collations relatives : aux cures de Saint-Martin de Fry (1600), de Grainville-l'Alouel (1600), de Gonfreville-la-Caillot (1601), de Baons-le-Comte (vacante par la résignation de Martin Lamy, conférée à Guillaume Picard. 3 octobre 1604); aux chapelles de Saint-Thibaud au manoir seigneurial du Mesnil-Durécu (1600), du collège des Bons-Enfants (vacante par la résignation de Nicolas Faine, conférée à Adrien Behourt, clerc de Rouen, 1600).

G. 9572. (Registre.) — In-folio, 102 feuillets, papier.

1605-1607. — *Registrum secretariæ archiepiscopatus Rothomagensis, confectum sub reverendissimo et illustrissimo domino domino Francisco, miseratione divina et sanctæ sedis apostolicæ gratia episcopo Scbinensis, sacro-sanctæ romanæ ecclesiæ cardinalis, de Joyeuse nuncupato, Rothomagensis archiepiscopo, Normaniæ primate, incipiens die XIIII*a *martii anno Domini 1605, die in quâ adeptus est possessionem dicti archiepiscopatus per resignationem illustrissimi principis et reverendissimi etiam in Christo patris et domini domini Caroli a Borbonio.* — Provisions, actes rapportés en entier : Nomination de François Péricard, évêque d'Avranches, comme vicaire général *in spiritualibus et temporalibus* de l'archevêque le cardinal de Joyeuse par décret daté de Rome, 27 décembre 1604; commission renouvelée par autre décret daté de Saint-Cloud, 18 septembre 1605; nomination comme vicaire général d'André Guyon, docteur en théologie, prieur commendataire du prieuré de Saint-Sauveur, ordre de S. Benoît, au diocèse de Rouen. 26 novembre 1605. — Mention : de Guillaume Péricard, conseiller du Roi au parlement de Normandie, grand doyen de la cathédrale de Rouen, abbé de Saint-Taurin, comme vicaire général *in spiritualibus et temporalibus*. 3 juin 1606; de Guernier, official, et Sanson, promoteur. — Provision relative à l'église d'Argueil (*de Orguenil*). 1605. — « Die sabbati penultima aprilis, dominus illustrissimus adiit civitatem Rothomagensem circa horam sextam pomeridianam, anno predicto 1606. » — « Die veneris secundo junii 1606, Dominus Guyon, vacarius generalis, profectus est. » — « Die dominica sexta augusti, dominus Guyon, vicarius generalis, rediit. » 1606. — *Capitulum ordinum.*

G. 9573. (Registre.) In-folio, 115 feuillets écrits, papier.

1608-1610. — Registre du secrétariat. — Vicaires généraux : Guyon, Péricard. — Provisions relatives à l'église du Saint-Ouen d'Alye. 1609; à la vicairie perpétuelle de Saint-Léonard *du Beyle*, au doyenné d'Eu.— *Capitulum ordinum.*

G. 9574. (Registre.) — In-folio, 131 feuillets, papier.

1611-1614. — *Registrum secretariæ archiepiscopatus Rothomagensis, collationes seu institutiones beneficiorum ecclesiasticorum predicti archiepiscopatus complectens,... incipiens die sabbati, festo Circumcisionis dominicæ, primo mensis januarii, anno 1611.* — Vicaire général : Guyon, lequel se substitue, pour gérer le diocèse en son absence, pendant son voyage en Bretagne, Nicolas Cavelier, docteur en droit canon, curé de Saint-Vincent, de Rouen (30 juillet 1611); Paul Dorcemayne, maître ès-arts, curé de Saint-Patrice (30 septembre 1611). Retour de Guyon, 12 octobre 1611. — *Capitulum mandatorum, approbationum titulorum et litterarum dimissoriarum.*

G. 9575. (Registre.) — In-folio, 132 feuillets, papier.

1615-1618. — *Regestum sive registrum secretariæ archiepiscopatus Rothomagensis.* — Vicaires généraux : Charles de La Roque; Alphonse de Bretteville, pro-docteur en l'un et l'autre droit, chancelier de l'église de Rouen, official; Anne Dubuisson, conseiller du Roi au parlement de Normandie, chanoine de Rouen; Jacques Desmay, docteur en théologie, doyen

d'Écouis; Guillaume Ellies, religieux de l'ordre de Saint-Benoît, docteur en théologie; Jean de Quatresous, docteur en théologie, doyen de la collégiale de Gournay. — « Le dimanche dixième jour de janvyer 1616, monseigneur reverendissime François de Harlay, par la permission divine archevesque de Rouen, primat de Normandye, a faict son entrée solennelle en la ville de Rouen, et le lendemain lundi unzième desdits mois et an a faict son entrée en son église. » — 25 février 1616. Départ de l'archevêque pour Paris. — 8 mars suivant. Son retour à Rouen. — Approbations de titres confondues avec les collations. — Fondation par Charles Martel, chevalier, seigneur et patron de Montpinçon et du Hanouard, et par Françoise Isnel, patronne de Biville, son épouse, en l'église de Saint-Martin-de-Biville, au doyenné de Valmont, de deux chapelles, l'une en l'honneur de Dieu et de la glorieuse Vierge Marie, l'autre en l'honneur des bienheureux confesseurs S. Gilles et S. Martin », la nomination et présentation auxdites chapelles devant toujours appartenir auxdits fondateurs ou à leurs héritiers, et la collation à l'archevêque. 1617.

G. 9576. (Registre.) — In-folio, 45 feuillets, papier.

1620. — Registre du secrétariat. — Vicaires généraux : G. Ellies, Anne Dubuisson. — Collation des églises : d'Heugleville, doyenné de Bacqueville, à Jacques Charles, du diocèse de Tours; de Saint-Aubin-la-Rivière, doyenné de Périers, à Laurent Voisin; de Martainville-sur-Ry, doyenné de Ry, à Sulpice Hazard; de Néaufle, doyenné ds Gisors, à François Vigneron; de Crevon, doyenné de Ry, à Guillaume Leclerc; d'Auberville-la-Manuel, doyenné de Valmont, à Guillaume Ducoudray; d'Épineville, doyenné de Canville, à Pierre Dupuis. — Mentions d'approbations de titres parmi les actes de collation.

G. 9577. (Registre.) — In-folio, 42 feuillets, papier.

1621. — Registre du secrétariat. — Vicaires généraux : G. Ellyes, Anne Dubuisson. — Collations relatives aux églises de Saint-Martin-au-Bosc, doyenné de Gisors; de Pierreval, doyenné de Cailly; de Saint-Aignan, près Rouen; de Saint-Laurent-de-Brédevent, doyenné de Saint-Romain; du Saint-Sauveur, de Rouen; de Grainville-l'Allouette, doyenné de Valmont; de Villiers-sous-Écalles, doyenné de Saint-Georges; de Saint-Ouen-du-Breuil, doyenné de Pavilly; de Saint-Martin-sous-Bellencombre, doyenné de Longueville; du Boscrenoult, doyenné de Bourgthéroulde; de Mauny, même doyenné ; de Vaudrimare, doyenné de Périers ; de de Tilly, doyenné de Baudemont; etc. — Mentions d'approbations de titres parmi les actes de collation. — Au registre est jointe une table, sur trois feuillets séparés, des bénéfices dont il est fait mention, et dressée au xviiie siècle.

G. 9578. (Registre.) — In-folio, 64 feuillets, papier.

1622-1623. — Registre du secrétariat. — Vicaires généraux : G. Ellyes, abbé de Notre-Dame de Valmont ; Anne Dubuisson. — Collations relatives aux églises de Notre-Dame, de Neufchâtel ; de Routes, doyenné de Canville ; d'Équiqueville, doyenné d'Envermeu ; d'Hodeng, doyenné de Foucarmont ; du Mesnil-Esnard, doyenné de Périers ; de Maulévrier, doyenné de Saint-Georges ; de Vatteville, doyenné de Gamaches ; de Saint-André, de Rouen ; du Trait, doyenné de Saint-Georges ; de Saint-Jacques, d'Eu ; d'Infreville, doyenné de Bourgthéroulde ; d'Épreville, doyenné de Valmont ; d'Épineville, doyenné de Canville ; de Guillemerville, doyenné de Foucarmont ; de Saint-Michel, du Tréport ; de Saint-Hellier, doyenné de Longueville ; de Gainneville, doyenné de Saint-Romain ; de Saint-Laurent, de Rouen. — Une table, comme au registre précédent.

G. 9579. (Registre.) — In-folio, 77 feuillets, papier.

1624-1625. — Registre du secrétariat. — Vicaires généraux : G. Ellyes, Dubuisson, Desmay, Quatresols. Collations relatives aux églises : des Ventes-d'Éavy ; de Vénesville, doyenné de Valmont; de Fry, doyenné de Bray ; de Bazomesnil, doyenné de Longueville ; de Flamets, doyenné de Neufchâtel ; de Saint-Patrice, de Rouen ; d'Équinbosc, doyenné de Fauville ; de Saint-Lucien, doyenné de Ry ; de Mantheville, doyenné de Valmont ; de Villers, doyenné de Gamaches ; d'Admesnil, doyenné de Canville ; de Criquebeuf, doyenné de Valmont; de Sainte-Foy, doyenné de Longueville; d'Anquetierville, doyenné de Fauville ; de Bornambusc, doyenné de Saint-Romain ; de Sainte-Geneviève, doyenné de Baudemont ; de Compainville, doyenné de Neufchâtel ; d'Aubourville, doyenné de Bourgthéroulde; d'Étainhus, doyenné de Saint-Romain ; de Varneville, doyenné de Pavilly ; de Fultot, doyenné de Canville ; de Norville, doyenné de Saint-Georges ; de Muids, doyenné de Gamaches ; de Gonfreville, doyenné de Valmont ; de Mesmoulins, doyenné de Bacqueville ; de Mélamare,

doyenné de Saint-Romain. — Une table est jointe au registre.

G. 9580. (Registre.) — In-folio, 79 feuillets, papier.

1626-1627. — Registre du secrétariat. — Mêmes vicaires généraux. — Collation des églises : de Vattetot, doyenné de Fauville ; de Montmain, doyenné de Périers ; de la Fontelaye, doyenné de Bacqueville ; d'Auberbosc, doyenné de Fauville ; du Mesnil-Durdent, doyenné de Canville ; du Muids, doyenné de Gamaches ; d'Angerville-la-Martel, doyenné de Valmont ; d'Ormesnil, doyenné de Neufchâtel ; du Chef-de-l'Eau *aliàs* de Sainte-Adresse, doyenné de Saint-Romain ; de Mélamare, même doyenné ; de Saint-Gilles-de-la-Neuville, même doyenné ; d'Amfreville-la-Mi-Voie, doyenné de Périers ; du Vertbosc, doyenné de Saint-Georges ; d'Héberville, doyenné de Canville ; de Flamanville, même doyenné ; de Beaucamp-le-Vieil, doyenné d'Aumale ; de Mirville, doyenné de Fauville ; de Fontaine-sur-le-Vivier (Fontaine-sous-Préaux), doyenné de la Chrétienté ; de Malleville, doyenné de Valmont ; de Saint-Léger, doyenné de Foucarmont ; de Saint-Saire, doyenné de Neufchâtel; de Bliquetuit, doyenné de Pont-Audemer ; du Tronquay, doyenné de Gisors ; de Saint-Aignan-sur-Ry, doyenné de Ry.

G. 9581. (Registre.) — In-folio, 78 feuillets, papier.

1628-1630. — Registre du secrétariat. — Vicaires généraux : Anne Dubuisson ; Pierre Acarie, licencié en droit canon, conseiller et aumônier de la Reine, official. — Mention : de Jacques Ellyes, religieux du prieuré de Bourg-Achard, curé de Honguemare ; de noble homme Pierre Hallier, docteur en Sorbonne, chanoine et pénitencier de Rouen. — 7 juin 1630, arrivée de l'archevêque à Rouen. — Permission accordée à Raoul Lefèvre, sur la présentation de Nicolas de Frantereau, baron de Mesnières, d'habiter *Eremum vulgo dictum de Restonval*. — Mentions d'approbation de titres parmi les actes de collation.

G. 9582. (Registre.) — In-folio, 99 feuillets, papier.

1631-1633. — Registre du secrétariat. — Vicaires généraux : Nicolas Cavelier, docteur en droit canon, archidiacre et chanoine de Rouen ; Acarie, official ; de La Faye ; Auber ; Henri Boivin, évêque de Tarse, coadjuteur de l'évêque d'Avranches. — Louis de Bretel, évêque élu d'Aix, abbé commendataire de

Saint-Victor-en-Caux, conseiller du Roi au Parlement, doyen et chanoine de Rouen, consacré en la cathédrale de Rouen par l'archevêque. 11 janvier 1632. — Commissions de doyens ruraux. — « Collatio Eremi vulgo nuncupatæ de Bosmichel, infra metas parrochiæ de Hugleville, decanatus de Basquevilla. » 1632. — « Licentia incolendi eremum Sancti Francisci... juxta oppidum de Caudebec ». Janvier 1633. — « Licentia transferendi capellaniam quandam des Catillons de parrochia de Barentin in parrochiam de Villaribus, in gratiam domini de Fouilleuse, domini de Flavencuria. » 1633. — Corps de Nicolas Le Roux apporté d'Avignon en l'église de Bourgthéroulde. 10 février 1633. — Attestations pour des pèlerins se rendant à Saint-Jacques en Galicie. Ces actes sont admirablement tenus. On y reconnaît la main du savant chanoine Jean Le Prévost, secrétaire de l'archevêché, éditeur du traité de Jean d'Avranches *De officiis divinis.* — Avec les actes de collations sont confondues les approbations de titres, les approbations de confréries. — A la fin, en cinq chapitres distincts : Mandata ad informandum de titulis ; Approbationes titulorum ; Litteræ dimissoriales ; Approbationes vicariorum ; Miscellanea. — Table jointe au volume.

G. 9583. (Registre.) — In-folio, 52 feuillets, papier.

1634-1635. — Registre du secrétariat. — Division en treize chapitres : 1° *Ordinationes.* Le 2 juillet 1634, est ordonné diacre, en la chapelle de l'archevêché, François Métel de Boisrobert, du diocèse de Bayeux, chanoine de Rouen, prieur de La Ferté-sur-Aube, au diocèse de Langres ; — 2° *Dispensationes super matrimonio* ; — 3° *Dispensationes apostolicæ* ; — 4° *Approbationes confraternitatum* ; — 5° *Mandata* ; — 6° *Approbationes titulorum ;* — 7° *Litteræ dimissoriales ;* — 8° *Licentiæ quædam seu approbationes ;* — 9° *Licentiæ celebrandi missam* ; — 10° *Approbationes vicariorum ;* — 11° *Absolutiones ;* — 12° *Dispensationes a residentia ;* — 13° *Attestationes.* — Donation par Georges Duhamel, écuyer, sieur de Hateréaumont, en faveur de la chapelle de Saint-Georges audit manoir. — Création d'un office de sous-doyen. — « L'ordre que Nous, archevêque de Rouen, primat de Normandie, entendons estre tenu tant pour nostre conseil que pour la distribution des employs de nos vicaires généraux, fait ce 9° d'aoust 1634 à Gaillon et envoyé à nostre secrétaire de l'archevêché pour estre leu et enregistré au prochain conseil et observé inviolablement, et nostre promoteur général chargé d'y tenir la main. » — Vicaires généraux : Acarie ; Cavelier ; de La Faye ; l'évêque de Tarse, coadjuteur d'Avranches.

G. 9584. (Registre.) — In-folio, 209 feuillets, papier.

1635-1636. — Registre du secrétariat. — Vicaires généraux : Pierre Acarie ; de La Faye ; Caradas ; Cavelier. — Catalogue des tonsurés par Philippe de de Cospéan, évêque de Lisieux, à Saint-Vivien de Rouen, le 16 décembre 1636 : 224 noms, dont 26 du diocèse de Lisieux ; *ad minores*, 63 dont 17 du diocèse de Lisieux ; sous-diacres, 54 dont 4 du diocèse de Lisieux. — On présente confusément dans ce registre les *dimissoria*, les *mandata* et les *presentationes.* — Les actes sont écrits de la main de Morange, secrétaire et notaire apostolique, et signés par les vicaires généraux. Table jointe au registre.

G. 9585. (Registre.) — In-folio, 92 feuillets, papier.

1637-1638. — Registre du secrétariat. — Présentations ; provisions (*in extenso*) ; mentions de *mandata ad informandum* et de *dimissoriæ.* — Vicaires généraux : Acarie ; de La Faye ; Le Maire ; Claude d'Ailly, bachelier en droit canon, archidiacre d'Eu. — Quelques actes signés par l'archevêque et par les vicaires généraux.

G. 9586. (Registre.) — In-folio, 60 feuillets écrits, papier.

1638 (1er mars-31 décembre). — Registre du secrétariat, rédigé par Morange. — Présentations ; provisions. Actes signés.

G. 9587. (Registre.) — In-folio, 131 feuillets, papier.

1639-1640. — Registre du secrétariat, rédigé par Morange. — Il n'y a plus que des provisions. Actes signés. — Table jointe au registre.

G. 9588. (Registre.) — In-folio, 145 feuillets, papier.

1640-1643. — Registre du secrétariat. — Même remarque qu'à l'article précédent. — Vicaires généraux : Le Maire, Gaulde. — Provicaire général : Toussaint Thibaud.

G. 9589. (Registre.) — In-folio, 141 feuillets, papier.

1643-1646. — *Registrum collationum beneficiorum ecclesiasticorum incipiens a die XXVa mensis augusti anni Domini 1643*, rédigé par Morange. —

Même remarque que ci-dessus. — Vicaires généraux :
Gaulde, Lemaistre, Nicolas Paris. — Thibaud, provicaire général.

G. 9590. (Registre.) — In-folio, 141 feuillets, papier.

1646-1648. — *Registrum collationum beneficiorum.* — Même remarque que ci-dessus. — Vicaires
généraux : Gaulde ; Nicolas Paris ; Lemaistre ; Louis
de Roncherolles, doyen de la collégiale d'Écouis ;
Adrien Le Vaillant, docteur en théologie ; Pierre
Duperroy, curé de Saint-Étienne-des-Tonneliers ; Pierre
Camus, évêque de Belley ; Toussaint Thibaud, provicaire.

G. 9591. (Registre.) — In-folio, 139 feuillets, papier.

1649-1651. — *Registrum collationum beneficiorum ecclesiasticorum incipiens ab initio anni 1649 usque
ad diem decimam februarii 1651*, rédigé par Morange.
— Même remarque que ci-dessus. — Vicaires généraux : Gaulde ; Paris ; Duperroy ; Henri Le Bum, docteur en décrets, chanoine de Rouen.

G. 9592. (Registre.) — In-folio, 167 feuillets, papier.

1651-1653. — *Registrum collationum beneficiorum ecclesiasticorum incipiens a die XIIIª februarii 1651
usque ad ultimam julii 1653*, rédigé par Morange. —
Même remarque. — Vicaires généraux : les mêmes
que ci-dessus et Robert Le Cornier de Sainte-Hélène,
docteur en théologie. — Esprit, secrétaire de l'archevêque.

G. 9593. (Registre.) — In-folio, 121 feuillets, papier.

1653-1654. — *Registrum collationum beneficiorum ecclesiasticorum incipiens a die octava augusti 1653
usque ad diem ultimam novembris 1654*, rédigé par
Morange. — Même remarque et mêmes vicaires généraux que ci-dessus.

G. 9594. (Registre.) In-folio, 185 feuillets, papier.

1654-1657. — *Registrum collationum beneficiorum ecclesiasticorum incipiens a die ultima novembris
1654 usque ad diem XIIª novembris 1657*, rédigé par
Morange. — Même remarque. — Vicaires généraux :
Gaulde ; Le Cornier ; Charles Mallet, docteur de Sorbonne, chanoine de Rouen.

G. 9595. (Registre.) — In-folio, 135 feuillets, papier.

1657-1660. — *Registrum collationum beneficiorum
ecclesiasticorum incipiens a die XVIª novembris anni
1657 usque ad diem VIIIªm maii 1660*. — Même remarque et mêmes vicaires généraux que ci-dessus.

G. 9596. (Registre.) — In-folio, 113 feuillets, papier.

1657 (26 mars)-**1660** (8 mai). — Registre des
collations, etc., d'une autre écriture que le précédent ;
un acte par page ; tous les actes signés par l'archevêque et par Lenoir, son secrétaire. — Acte par lequel
François de Harlay, archevêque de Rouen, nomme
Mᵉ Gabriel de Queylus, prêtre du diocèse de Rodez,
abbé de Loc-Dieu, docteur en théologie, vicaire général
et official en la Nouvelle France. — Acte par lequel le
même prélat donne pouvoir de prêcher en la Nouvelle
France, à Gabriel de Tubières, du diocèse de Rodez
(le même que Queylus), à Gabriel Souart, du diocèse de
Paris, bachelier en droit canon, et à Dominique Galli-
nier, du diocèse de Mirepoix. Paris, 22 avril 1657. —
Acte de confirmation des articles pour l'établissement
de la maison des pauvres de Gisors. Château de Trie,
24 mai 1657. — Articles pour la Charité des filles de
Longueville, formée à la suite des prédications des
prêtres de l'Oratoire de Jésus et avec le consentement
de la duchesse de Longueville. Paris, 2 juin 1657. —
Établissement d'un monastère de religieux de Saint-
Benoît, à Yvetot. Paris, 9 juin 1657. — Établissement
d'un monastère de religieux de l'ordre de Saint-Domi-
nique et de Sainte Catherine de Sienne à Rouen. Paris,
11 septembre 1657. — Commission à Jean, évêque
d'Auloue et suffragant de Clermont, pour faire les
fonctions pontificales « per episcopalis coadjussionis
curam ». Gaillon, 28 octobre 1657. — Acte pour terminer les différends entre l'abbé de Queylus et le vénérable supérieur des Jésuites de la maison de Québec,
« tous les deux nos grands vicaires dans la partie de
notre diocèse appelée la Nouvelle France ». Paris,
30 mars 1658. — Acte pour la célébration de la fête
S. Gautier, à Pontoise. 4 avril 1658. — Établissement
pour une communauté de filles converties à Dieppe.
25 avril 1658. — Fondation de chapelle au château de
Fleury-la-Forêt. 22 mai 1658. — Règlement de la
communauté ecclésiastique de Notre-Dame du Havre.
17 mai 1660.

G. 9597. (Registre.) — In-folio, 174 feuillets, papier.

1660-1662. — *Registrum provisionum seu collationum beneficiorum ecclesiasticorum diocesis Rothomagensis incipiens a die Xª mensis 1660...*, rédigé par
Morange, Bizet, et un autre secrétaire aussi du nom de
Morange. — Pièces signées par l'archevêque ou par

les vicaires généraux Gaulde, Le Cornier, Mallet, Charles Du Four, docteur en décrets, abbé de Notre-Dame d'Aulnay et trésorier du chapitre de Rouen.

G. 9598. (Registre.) — In-folio, 142 feuillets, papier.

1662-1663. — *Registrum collationum beneficiorum ecclesiasticorum diocesis et provincie Rothomagensis, incipiens a die XVIII^a julii 1662...*, rédigé par Morange, Bizet et un autre Morange. — Actes signés par les vicaires généraux Gaulde, Mallet, Du Four.

G. 9599. (Registre.) — In-folio. 128 feuillets, papier.

1660-1663. — Registre du secrétariat. — Actes signés par l'archevêque en dehors de Rouen. — Permission aux prêtres du séminaire archiépiscopal de célébrer la fête du très Sacré-Cœur de la Mère de Dieu et d'en dire l'office à la messe. Près Paris, 6 mai 1660. — Permission de célébrer la messe en la chapelle de la seigneurie de Cantiers. 17 juin 1660. — Permission aux Mathurins de fonder un hospice à Rouen. 3 février 1661 (A cette date, l'archevêque présidait à Paris l'assemblée du Clergé). — Permission aux sœurs de Saint-François et de Sainte-Élisabeth de Louviers d'établir un monastère à Rouen. Gaillon, 21 septembre 1661.

G. 9600. (Registre.) — In-folio, 195 feuillets, papier.

1663-1666. — *Registrum collationum seu provisionum beneficiorum ecclesiasticorum archiepiscopatus Rothomagensis, incipiens ab anno 1663, die vero XXI^a mensis novembris.* — Rédigé par Morange et Bizet. — Actes signés par les vicaires généraux Gaulde, Mallet et Du Four.

G. 9601. (Registre.) — In-folio, 174 feuillets, papier.

1666-1668. — *Registrum collationum seu provisionum beneficiorum ecclesiasticorum archiepiscopatus Rothomagensis, incipiens ab anno 1666, die vero ultima mensis februarii.* — Rédigé par Morange. — Actes signés par les mêmes vicaires généraux et par l'archevêque.

G. 9602. (Registre.) — In-folio, 249 feuillets, papier.

1667-1671. — Registre de provisions et autres actes, comme dimissoires, dispenses, signés par l'archevêque en dehors de Rouen. — Approbation d'une confrérie du Rosaire à Quitry. 24 juillet 1667. — Règlement pour les fonctions curiales en la chapelle du Mesnil-aux-Moines. Dieppe, 15 novembre 1667. — Règlement pour les chanoines et le curé de Gournay. Gaillon, 29 juin 1668.

G. 9603. (Registre.) — In-folio, 204 feuillets, papier.

1668-1672. — *Registrum collationum seu provisionum beneficiorum ecclesiasticorum archiepiscopatus Rothomagensis.* — Rédigé par Morange. — Actes signés par l'archevêque ou par les vicaires généraux Gaulde, Mallet et Du Four.

G. 9604. (Registre.) — In-folio, 101 feuillets, papier.

1676 [1]. — Registre d'expéditions du secrétariat rédigé par Grébauval. — Provisions, exeats, dispenses de bans, *mandata ad informandum, licentiæ deserviendi*, etc., signés par les vicaires généraux Alexandre Sallet, Mallet, de Fieux, Mascranny. — Remontrances des curés de Rouen à l'archevêque au sujet du doyenné de la Chrétienté, pour que cette place soit occupée par un des curés de la ville.

G. 9605. (Registre.) — In-folio, 196 feuillets, papier.

1676-1678. — Registre d'expéditions du secrétariat, rédigé par Grébauval. — Même nature d'actes signés par les mêmes vicaires généraux.

G. 9606. (Registre.) — In-folio, 151 feuillets, papier.

1678-1679. — Registre du secrétariat, rédigé par Grébauval. — Actes signés par les vicaires généraux Mallet, de Fieux, Mascranny, Sallet. — A la fin du volume se trouve un index des bénéfices dont il est question.

G. 9607. (Registre.) — In-folio, 154 feuillets, papier.

1679-1680. — *Registrum secretariatus archiepiscopatus Rothomagensis*, rédigé par Grébauval. — Actes signés par les mêmes vicaires généraux.

G. 9608. (Registre.) — In-folio, 150 feuillets, papier.

1680-1681. — *Registrum secretariatus archiepiscopatus Rothomagensis incipiens die prima mensis junii 1680*, rédigé par Grébauval. — Actes signés par les mêmes vicaires généraux et par Mgr. Colbert, coadjuteur. — A la fin du registre, index des paroisses dont il est question.

1. De 1672 à 1676, il y eut 5 registres de provisions de bénéfices ou d'expéditions, lesquels furent analysés, il y a de très nombreuses années déjà, par M. de Beaurepaire (n°s 169 à 173 de son inventaire manuscrit), mais qui n'ont pas été retrouvés lors du transfert des registres de l'archevêché aux archives départementales.

G. 9609. (Registre.) — In-folio, 109 feuillets, papier.

1675-1681. — Registre des provisions et autres actes signés par Mgr François Rouxel de Médavy, à Paris, à Grancey, à Gaillon. — Ordonnance pour l'heure des messes de la ville d'Eu, 23 janvier 1677. — Collations, dimissoires, dispenses de bans. — Ce registre est de la main de M. Lecanu, secrétaire de Mgr. de Médavy. — Sur le plat de la couverture, en écriture du temps : *Registre de campagne*.

G. 9610. (Registre.) — In-folio, 197 feuillets, papier.

1681-1682. — *Registrum secretariatus archiepiscopatus Rothomagensis incipiens die XXVII^a mensis martii 1681*, rédigé par Grébauval. — Actes signés par les vicaires généraux de Fieux, Mascranny.

G. 9611. (Registre.) — In-folio, 206 feuillets, papier.

1682-1684. — *Registrum secretariatus archiepiscopatus Rothomagensis incipiens die prima junii 1682*, rédigé par Grébauval. — Actes signés par les mêmes vicaires généraux, et par Mgr. de Médavy et Mgr. Colbert, son coadjuteur. — Index à la fin du chapitre.

G. 9612. (Registre.) — In-folio, 150 feuillets, papier.

1684-1685. — *Registrum secretariatus archiepiscopatus Rothomagensis incipiens die decima quinta maii 1684*, rédigé par Grébauval. — Actes signés par les mêmes vicaires généraux. — Index à la fin du registre.

G. 9613. (Registre.) — In-folio, 152 feuillets, papier.

1685-1686. — *Registrum secretariatus archiepiscopatus Rothomagensis incipiens die prima mensis augusti anno 1685*, rédigé par Grébauval. — Actes signés par les mêmes. — Index à la fin du registre.

G. 9614. (Registre.) — In-folio, 202 feuillets, papier.

1686-1688. — *Registrum secretariatus archiepiscopatus Rothomagensis incipiens die duodecima mensis augusti 1686*, rédigé par Grébauval. — Actes signés par les vicaires généraux de Fieux, Mascranny, Rouxel de Médavy, docteur de Sorbonne, grand doyen du chapitre de Rouen. — Index à la fin du registre.

G. 9615. (Registre.) — In-folio, 204 feuillets, papier.

1688-1690. — *Registrum secretariatus archiepiscopatus Rothomagensis incipiens die tertia junii 1688 usque ad diem vigesimam septimam martii 1690*, rédigé par Grébauval. — Actes signés par les mêmes. — Entérinements d'absolutions ; — réunion de la chapelle du Bosmelet ; — érection en bénéfice de la chapelle de Groffy ; — érection du Scapulaire à Orgeville. — Index à la fin du registre.

G. 9616. (Registre.) — In-folio, 130 feuillets, papier.

1690-1692. — *Registrum archiepiscopatus Rothomagensis incipiens die vicesima nona martii 1690*, rédigé par Grébauval et de La Rue, secrétaires. — Provisions, dispenses de bans, mandements pour informer, entérinements d'absolutions, etc., signés par les vicaires généraux de Fieux, Mascranny, Pierre Clément, docteur en théologie de la faculté de Paris, curé de Saint-Maclou de Rouen, prieur de Saint-Pierre de Pontoise. — Érection de la chapelle du Bois-Héroult à Écaquelon. — Index à la fin du registre.

G. 9617. (Registre.) — In-folio, 307 feuillets, papier.

1692-1694. — *Registrum secretariatus archiepiscopatus Rothomagensis, sub pontificatu illustrissimi ac reverendissimi in Christo patris domini domini Jacobi Nicolai archiepiscopi Rothomagensis, Normaniæ primatis, a die prima februarii 1692 ad octavam februarii 1694*, rédigé par les secrétaires de La Rue et Déquinnemare. — Actes signés par les vicaires généraux Mascranny, Clément, Pierre Longuet, docteur en théologie, chanoine de Rouen. — Permission de démolir l'église de Blancmesnil, 8 février 1694. — Index à la fin du registre.

G. 9618. (Cahier.) — In-folio, 38 feuillets, papier.

1693-1694. — *Registrum secretariatus reverendissimi domini domini archiepiscopi Rothomagensis*, contenant tous actes signés par l'archevêque, relatifs aux prieurés de Saint-Victor de Nevers, de Saint-Pierre « de Montigny le Chastel » ; à la chapelle « vulgò de Montaumer » à Saint-Gervais de Paris ; à l'archidiaconé du Vexin normand ; à la chapelle de Saint-Blaise à Saint-Gervais de Paris ; à celle de Sainte-Marguerite, à Saint-Jean-en-Grève de Paris ; au prieuré de Pavilly ; etc.

G. 9619. (Cahier.) — In-folio, 25 feuillets, papier.

1694. — *Registrum secretariatus illustrissimi et reverendissimi domini archiepiscopi Rothomagensis*, contenant tous actes signés par l'archevêque.

G. 9620. (Registre.) — In-folio, 309 feuillets, papier.

1694-1695. — *Registrum secretariatus archiepiscopatus Rothomagensis sub pontificatu illustrissimi ac reverendissimi in Christo domini domini Jacobi Nicolai, archiepiscopi Rothomagensis, Normaniæ primatis, a die octava februarii 1694 ad vicesimam septembris 1695*. — Actes signés par l'archevêque et les vicaires généraux. — Un index à la fin du registre.

G. 9621. (Registre.) — In-folio, 378 feuillets, papier.

1695-1698 — *Registrum secretariatus archiepiscopatus Rothomagensis sub pontificatu illustrissimi ac reverendissimi domini domini Jacobi Nicolai Colbert, archiepiscopi Rothomagensis, Normaniæ primatis, incipiente (sic) die vigesima prima mensis septembris anno Domini 1695*. — Actes signés par les vicaires généraux Clément, Longuet, de Séraucourt, et souvent par l'archevêque. — Fondation d'écoles à Ernemont par M. Barthélemy de Saint-Ouen d'Ernemont de La Heuse.

G. 9622. (Registre.) — In-folio, 49 feuillets, papier.

1695-1698. — *Registrum secretariatus illustrissimi et reverendissimi domini mei J [acobi], archiepiscopi Rothomagensis, Normanniæ primatis*. — Lettres dimissoires, dispenses, etc. Tous les actes sont revêtus de la signature de l'archevêque.

G. 9623. (Registre.) — In-folio, 212 feuillets, papier.

1698-1700. — *Registrum secretariatus archiepiscopatus Rothomagensis sub pontificatu illustrissimi ac reverendissimi domini domini Jacobi Nicolai Colbert, archiepiscopi Rothomagensis, Normaniæ primatis, incipiens die octava julii, anno Domini 1698*, rédigé par Grébauval, secrétaire. — Actes signés par les vicaires généraux Longuet, de Séraucourt ; un certain nombre le sont de l'archevêque. — Index à la fin du registre.

G. 9624. (Registre.) — In-folio, 51 feuillets, papier.

1698-1701. — *Registrum secretariatus illustrissimi et reverendissimi domini domini archiepiscopi Rothomagensis*. — Lettres dimissoires ; dispenses ; etc. — Tous les actes sont revêtus de la signature de l'archevêque.

G. 9625. (Registre.) — In-folio, 146 feuillets, papier.

1701-1702. — *Registrum secretariatus archiepiscopatus Rothomagensis incipiens anno primo sæculi decimi octavi a nativitate Domini 1701, pontificatus illustrissimi ac reverendissimi in Christo patris et domini domini Jacobi Nicolai archiepiscopi Rothomagensis, Normaniæ primatis, anno decimo*, rédigé par Grébauval, secrétaire. — Actes signés de l'archevêque, de Longuet, Clément, de Séraucourt. — En tête, sur le premier feuillet, formule du serment usité dans l'archevêché de Rouen pour la collation des bénéfices ecclésiastiques à charge d'âmes. — Index à la fin du registre.

G. 9626. (Registre.) — In-folio, 201 feuillets, papier.

1702-1703. — *Registrum secretariatus archiepiscopatus Rothomagensis incipiens anno secundo sæculi decimi octavi a nativitate Domini 1702, die vero mensis februarii vigesima quinta, pontificatus illustrissimi ac reverendissimi... anno duodecimo*, rédigé par Grébauval, secrétaire. — Actes signés par l'archevêque et les vicaires généraux de Séraucourt, Longuet, de Monchy. — Index à la fin du registre.

G. 9627. (Registre.) — In-folio, 182 feuillets, papier.

1703-1705. — *Registrum secretariatus archiepiscopatus Rothomagensis incipiens anno tertio sæculi decimi octavi a nativitate Domini 1703, die vero mensis julii secunda, pontificatus illustrissimi ac reverendissimi in Christo patris domini Jacobi Nicolai archiepiscopi Rothomagensis, Normanniæ primatis, anno decimo tertio*, rédigé par J. Homo, secrétaire. — Provisions de cures, chapelles, bénéfices ; dispenses de bans pour mariages ; etc. — Jean-Armand de La Vove de Tourouvre se démet du canonicat de Saint-Éloi. 21 septembre 1703. — Nominations : de Bernard Couet, licencié en l'un et l'autre droit, en qualité de vicaire

général. 22 septembre; — du même en qualité d'official.
4 novembre; — de Jean-Armand de Tourouvre, docteur de la faculté de Paris, grand archidiacre de l'église de Rouen, en qualité de vicaire général. 27 décembre. — Provisions : du prieuré de Sainte-Honorine de Graville. 3 janvier 1704; — du prieuré de Saint-Hilaire. 29 mai. — Actes signés des vicaires généraux de Monchy, de Séricourt, Couel, de Tourouvre; quelques-uns le sont de l'archevêque.

G. 9628. (Registre.) — In-folio, 187 feuillets, papier.

1705-1709. — Registre du secrétariat de l'archevêché, rédigé par Homo et Lucas, secrétaires. — Actes signés par l'archevêque Jacques-Nicolas Colbert et par les vicaires généraux de Séricourt, B. Couel, Armand de Tourouvre. — Provisions : du prieuré de Graville. 15 avril 1705; — du prieuré de Sainte-Marguerite de Pubel. 10 juillet; — du prieuré de Saint-Pierre d'Eurville. 20 mai 1706. — Nominations : de Jacques Athanase de Goury, docteur en théologie de la faculté de Paris, en qualité d'archidiacre du Vexin normand. 29 décembre; — de Louis-Gabriel Guéret, docteur en théologie, curé de la paroisse Saint-Laurent de Rouen, en qualité de vicaire général. 28 avril 1707. — Prise de possession de l'archevêché par Claude d'Aubigné. 10 juillet 1708.

G. 9629. (Registre.) — In-folio, 26 feuillets, papier.

1707-1708. — Registre du secrétariat de l'archevêché par les vicaires généraux du chapitre de Rouen : Gilles Dufour, conseiller du Parlement, grand doyen; Pierre-Louis de Guyeurs Du Châtel, grand-chantre; Claude de Champagne de Séricourt, Jean-Armand de Tourouvre, Pierre de La Hogue et Louis de Nozeau.

G. 9630. (Registre.) — In-folio, 105 feuillets, papier.

1708-1711. — Registrum actorum pontificatus illustrissimi et reverendissimi in Christo patris domini domini Claudii Mauri d'Aubigné, archiepiscopi Rothomagensis, Normaniæ primatis, paris Franciæ, antea episcopi comitis Noviomensis, a die octava mensis julii anni 1708. — Mandement pour la prise de Tortose. 1er août 1708. — Mandement portant condamnation des Institutions théologiques du P. Juenin, imprimées à Paris en 1701. 22 mars 1708. — Nominations d'officiers à l'officialité et à la juridiction supérieure des hauts-

jours : Durand, Pierre Haveron, Jacques Noël, conseillers en ladite juridiction; Louis Perchel, avocat général. — Actes signés par l'archevêque, par Lucas et Allais.

G. 9631. (Registre.) — In-folio, 193 feuillets, papier.

1708-1714. — Registrum nonnullorum actorum pontificalium, sous le pontificat de Mgr. d'Aubigné, rédigé par Thierry, secrétaire. — Nominations, comme vicaires généraux, de l'abbé Claude Champagne de Séricourt, licencié en l'un et l'autre droit, chanoine et trésorier de Rouen. 25 avril 1710 (déjà official par nomination du 25 avril 1708); — de Claude Bonnedame, docteur en théologie, chanoine et trésorier de Noyon. 9 mai 1708; — d'Armand-Gaston Jublet d'Heudecour. 12 juin 1708; — de Louis Rouault de Gamaches. 7 avril 1712; — comme promoteur, d'Antoine Du Bos de Montbrison. 9 novembre 1712. — On marque quand l'archevêque s'absente de Rouen. — Actes signés par lui.

G. 9632. (Registre.) — In-folio. 133 feuillets, papier.

1714-1719. — Registre faisant suite au précédent, rédigé par Thierry. — Mandement au sujet de la constitution Unigenitus et des appels qui ont été interjetés. — Nomination comme vicaire général (3 janvier 1715) de Pierre Desmarets (en même temps official), lequel délègue pour le remplacer, pendant son absence seulement, Pierre Bridelle, docteur en théologie (5 janvier 1716). — Actes signés par l'archevêque. — Table à la fin du registre.

G. 9633. (Registre.) — In-folio, 189 feuillets, papier.

1709-1712. — Registrum secretariatus archiepiscopatus Rothomagensis, rédigé par Allais. — Actes signés par l'archevêque, par L'Ami, Langlois, Lefebvre, Leclerc, J. Gaquerel, Corbin, Rouelle, J. Larcher, Lambert, Le Prévost, Le Roux, etc.

G. 9634. (Registre.) — In-folio, 97 feuillets, papier.

1712-1715. — Registrum secretariatus archiepiscopatus Rothomagensis incipiens a prima die mensis januarii anni Domini 1712, rédigé par Allais, secrétaire. — Mandement touchant l'habit ecclésiastique, la fréquentation des cabarets et les prêtres étrangers. — Commission à Pierre Frechon, prêtre de Dieppe, pour l'instruction des garçons nouvellement convertis. 2 janvier 1712. — La plus grande partie des actes sont simplement analysés. Ceux qui sont rapportés en entier sont signés par l'archevêque.

G. 9635. (Registre.) — In-folio, 121 feuillets, papier.

1712-1715. — Registre du secrétariat, rédigé par Allais, secrétaire. — Actes signés par L'Ami, Le Roux, Corbin, Grébauval, Bonnedame, vicaire général, etc.; quelques-uns le sont par l'archevêque.

G. 9636. (Registre.) — In-folio, 183 feuillets, papier.

1719-1721. — *Registre du gouvernement de Monseigneur Armand Bozin de Besons, archevêque de Rouen, primat de Normandie, conseiller du Roi en tous ses conseils et du conseil de Régence.* — Nominations : de Jean de La Roque comme vicaire général ; de Nicolas de Saulx-Tavannes, en la même qualité ; d'Urbain Robinet, docteur en théologie de la faculté de Paris, en la même qualité ; d'Antoine-Roger Corbin, licencié en droit, comme promoteur de l'officialité. — Nominations à des cures. — Dispenses de bans pour contracter mariage.

G. 9637. (Registre.) — In-folio, 27 feuillets écrits, papier ; 9 pièces annexées.

1719-1721. — Registre du secrétariat contenant les ordonnances rendues hors la ville de Rouen. — Nominations par Mgr. de Besons, comme grands vicaires de Rouen, de Jean de La Roque, Nicolas de Saulx-Tavannes, Louis-Guillaume de Mathan ; comme official de Pontoise, de Nicolas de Saulx-Tavannes ; comme promoteur de Pontoise, de Jacques Suger ; comme vice-gérant de Pontoise, de Jean-Baptiste Marie.

G. 9638. (Registre.) — In-folio, 280 feuillets, papier.

1721-1724. — Registre du secrétariat tenu pendant la vacance du siège, du 8 octobre 1721 au 12 juillet 1724, par les vicaires généraux capitulaires.

G. 9639. (Registre.) — In-folio, 167 feuillets, papier.

1732-1733. — *Registrum secretariatus archiepiscopatus Rothomagensis incipiens a die prima januarii anni 1732.* — Actes signés par Bridelle et Terrisse, vicaires généraux de Mgr. Louis La Vergne de Tressan, archevêque de Rouen.

G. 9640. (Registre.) — In-folio, 147 feuillets, papier.

1733-1734. — *Registrum secretariatus Rothomagensis pro anno Domini 1733, et depuis le 20 avril 1733 sede archiepiscopali Rothomagensi vacante.* — Actes signés par les mêmes vicaires généraux. — Nomination de Nicolas de Vichy de Chamron en qualité de vicaire général. 19 février 1733. — Provisions de bénéfices ; collations de cures ; dispenses de bans pour mariage, etc.

G. 9641. (Registre.) — In-folio, 198 feuillets, papier.

1734-1735. — *Registrum secretariatus archiepiscopatus Rothomagensis incipiens a pontificatu illustrissimi et reverendissimi domini domini Nicolai de Saulx-Tavannes pontificis Rothomagensis, Normanniæ primatis, paris Franciæ, ...possessione de eodem archiepiscopatu adepta die XXVIIIᵃ januarii, anno Domini 1734 per procuratorem.* — Nominations, comme vicaires généraux, des abbés Bridelle et Terrisse (23 janvier 1734). — Actes signés de Bridelle, Terrisse, Bert, Duguesclin et de Chamron, vicaires généraux ; quelques-uns de l'archevêque.

G. 9642. (Registre.) — In-folio, 135 feuillets, papier.

1735-1737. — Registre du secrétariat de l'archevêché. — Provisions : du prieuré de Saint-Gilles, au doyenné de Ry. 21 février 1736 ; — du prieuré de Saint-Paul « en Lyons-la-Forêt ». 14 mai — Nominations : de Claude-Louis Rose, docteur en théologie de la faculté de Paris, en qualité de vicaire général. 15 mai ; — de l'abbé Bridelle, en qualité d'official. 25 mai. — Provision du prieuré-cure de Notre-Dame d'Eu. 30 octobre. — Nomination aux grandes écoles de Fécamp d'Adrien Aubery, en remplacement de Jean-Baptiste Rossignol, démissionnaire. 1ᵉʳ août 1737. — Actes signés en partie par l'archevêque, en partie par les vicaires généraux Bridelle, Terrisse, Rochechouart et Rose.

G. 9643. (Registre.) — In-folio, 147 feuillets, papier.

1737-1739. — *Registrum secretariatus archiepiscopatus Rothomagensis,* contenant les provisions de bénéfices. — Provisions : du prieuré de Saint-Michel de Bolbec. 15 janvier 1738 ; — des cures de Tancarville. 21 mars ; du Petit-Quevilly. 26 mars ; de Barentin.

4 avril. — Nomination de Charles de Grimaldi, en qualité de vicaire général. 12 avril. — Provision du vicariat perpétuel de Notre-Dame de la Ronde. Novembre; de celui d'Andely. 16 mars 1732. — Actes signés en partie par l'archevêque, en partie par les vicaires généraux Terrisse, Rochechouart, Bridelle, Rose, Grimaldi et Fitzjames.

G. 9644. (Registre.) — In-folio, 191 feuillets, papier; une pièce annexée.

1739-1740. — *Registrum secretariatus archiepiscopatus Rothomagensis.* — Provisions : de l'archidiaconé du Vexin normand en faveur de Jacques de Saint-Pierre, du diocèse de Lisieux. 17 mai 1739; — de la cure d'Yerville. 23 juillet; — du prieuré-cure de Saint-Pierre de Gaillardbois. 5 août; — du prieuré de Sainte-Croix près Eu. 19 septembre; — du prieuré de Longueville. 27 septembre; — de la chapelle du collège du Saint-Esprit à la cathédrale. 3 décembre; — du prieuré-cure du Mont-aux-Malades. 4 mars 1740; — du prieuré de Sainte-Radegonde au doyenné de Neufchâtel. 14 octobre. — Actes signés des mêmes vicaires généraux, quelques-uns de l'archevêque.

G. 9645. (Registre.) — In-folio, 125 feuillets, papier.

1740-1741. — *Registrum secretariatus [archiepiscopatus] Rothomagensis... sub pontificatu D. D. Nicolai de Saulx-Tavannes.* — Provisions : du vicariat perpétuel de Notre-Dame-de-la-Ronde. 6 février 1741; — de la cure de la Bouille. 12 février; — de la cure du Bourg-Dun. 19 février; — d'un canonicat en l'église cathédrale. 18 mars ; — de la chapelle Saint-Jean-l'Évangéliste en l'église de Saint-Martin-sur-Renelle. 29 mars ; — de la chapelle des Quinze-Livres, en l'église cathédrale. 18 juin. — Actes signés des vicaires généraux Terrisse, Bridelle et Rose; quelques-uns le sont de l'archevêque.

G. 9646. (Registre.) — In-folio. 236 feuillets, papier.

1741-1743. — Registre du secrétariat de l'archevêché. — Provision de la cure de Saint-Maclou de Rouen. 9 septembre 1741. — Nominations en qualité de vicaires généraux : de Jacques de Saint-Pierre, du diocèse de Lisieux. 18 septembre ; de Jean-Baptiste-Antoine de Malherbe, du diocèse de Bayeux, docteur de la faculté de Paris et chanoine de Paris. 22 septembre. — Délégation de pouvoirs à l'abbé Bridelle,

vicaire général. 25 septembre. — Provisions : de la cure de Saint-Romain-de-Colbosc. 23 octobre; de la cure de Saint-Vigor de Rouen. 4 novembre. — Statuts de la confrérie du S. Sacrement érigée en l'église collégiale de Saint-Antoine de Gaillon en l'année 1524 par Mgr. Ambroise Le Veneur, évêque d'Évreux. — Approbation de l'archevêque. 2 décembre. — Provision du prieuré de Crasville-la-Roquefort. 20 janvier 1742 ; — de la cure de Saint-Pierre-le-Portier de Rouen. 29 mai. — Réunion de la chapelle de Notre-Dame-du-Puits au trésor de l'église d'Elbeuf-sur-Andelle. 25 juillet. — Actes signés des vicaires généraux Terrisse, Bridelle, Rose, Cérisy ; quelques-uns de l'archevêque.

G. 9647. (Registre.) — In-folio, 151 feuillets écrits, papier.

1743-1744. — Registre du secrétariat de l'archevêché. — Provisions : du prieuré de Neufmarché. 24 avril 1743 ; — du prieuré de Saint-Paul de Lyons. 3 juin ; — du prieuré de Saint-Maur dans la forêt de Brotonne. 7 juin ; — du prieuré de Saint-Jacques du Petit-Andely. 4 juillet ; — de la cure de Notre-Dame d'Eu. 25 juillet ; — du prieuré de Pressigny. 22 août. — Mêmes signatures que ci-dessus. — Index à la fin du registre.

G. 9648. (Registre.) — In-folio, 201 feuillets, papier.

1744-1749. — Registre du secrétariat de l'archevêché « pour servir à enregistrer les provisions des cures, prieurés, canonicats, chapelles et autres actes concernant les bénéfices, expédiées au secrétariat de l'archevêché ». — Provisions : de la cure de Notre-Dame de Gournay. 23 mai 1747 ; — du prieuré de Saint-Martin de Charleval. 27 juin. — Nomination comme vicaire général de Louis-Mathieu Sehier, curé de la paroisse Saint-Vivien de Rouen. 16 juin. — Provision de la cure d'Yvetot. 8 août. — Nomination de François Cornet, du diocèse de Lyon, chanoine de l'église cathédrale, comme grand vicaire. 14 septembre ; — du même en qualité de chancelier. 13 novembre. — Provisions : de la cure de Gisors. 28 décembre ; — de Jumièges. 13 mars 1748. — Nomination d'Arthur-Richard Dillon, du diocèse de Paris, comme grand vicaire. 10 avril. — Provision de l'église de Saint-Sauveur de Rouen. 11 août. — Actes signés des vicaires généraux Cerisy, Cornet, Dillon, Esmangard, de Saint-Pierre et Sehier ; quelques-uns de l'archevêque. — Un index se trouve à la fin du registre.

G. 9649. (Registre.) — In-folio, 201 feuillets, papier.

1750-1753. — Registre du secrétariat de l'archevêché pour l'enregistrement des provisions des cures, prieurés, canonicats, etc., expédiées par le secrétariat. — Provisions : de la cure d'Yvetot. 5 février 1750 ; — du prieuré de la Madeleine près Vernon. 20 août ; — de la cure d'Auffay. 8 décembre ; — du prieuré de Saint-Léonard près Andely. 22 mai 1751 ; — de l'archidiaconé du Petit-Caux. 20 août ; — du prieuré de Saint-Thomas-sur-Scie. 27 juillet 1752 ; — du prieuré d'Eurville. 6 octobre ; — du prieuré de Feuilloy. 1753. — Nominations : comme vicaires généraux, de Martial-Louis de Beaupoil de Saint-Aulaire, du diocèse de Limoges. 31 mars 1750 ; d'Étienne-Charles de Loménie de Brienne, du diocèse de Paris, docteur de Sorbonne. 22 mars 1752. — Provisions de la vicairie perpétuelle de Notre-Dame-de-la-Ronde. 17 mai 1750, 16 janvier 1751, 4 juin 1753. — Mêmes signatures que ci-dessus. — Index à la fin du registre.

G. 9650. (Registre.) — In-folio, 200 feuillets, papier ;
deux pièces annexées.

1753-1756. — Registre du secrétariat de l'archevêché pour l'enregistrement des provisions des cures, bénéfices, canonicats, etc., expédiées par le secrétariat. — Provisions : du doyenné d'Écouis. 31 octobre 1753 ; — du prieuré de Saint-Sylvestre. 28 novembre ; — des cures de Saint-Étienne-le-Vieil. 25 février 1754 ; de Saint-Nicaise. 26 avril ; de Saint-Ouen de Fécamp. 6 juillet ; du Havre. 11 septembre ; d'Oissel. 14 août 1755 ; de Boisguillaume. 11 novembre ; — des prieurés de Saint-Laurent-en-Lyons. 19 septembre 1754 ; de Beaumont-le-Perreux. 25 novembre ; de Graville. 1er février 1755 ; de Saint-Étienne d'Hacqueville. 12 mars. — Ordonnance contre un jésuite. 15 février 1756. — Lettres de grand vicaire pour Raimond de Boisgelin de Cucé. 2 août 1756. — Actes signés des vicaires généraux Terrisse, Rose, Esmangard, de Brienne, de Saint-Aulaire. — Index à la fin du registre.

G. 9651. (Registre.) — In-folio, 201 feuillets, papier.

1756-1759. — Registre du secrétariat de l'archevêché pour l'enregistrement des provisions des cures, bénéfices, canonicats, etc., expédiées par le secrétariat. — Provisions : de la vicairie perpétuelle d'Écouis. 27 septembre 1756 ; — des cures de Notre-Dame de la Ronde. 24 février 1757 ; d'Écouis. 21 septembre 1758 ; — des prieurés de Saint-Paul à Lyons-la-Forêt. 10 septembre 1757 ; d'Eurville. 4 octobre 1758, 6 mars 1759 ; de Saint-Fiacre du Mont-Louvet. 25 juin ; — des abbayes d'Arques. 13 août 1757 ; de Saint-Wandrille. 3 octobre ; du Tréport. 26 mai 1758 ; — de l'archidiaconé du Vexin Normand. 2 février 1757 ; du Grand Archidiaconé. 27 juillet 1759. — Nomination comme grand vicaire de l'abbé Jean-François Cornet, du diocèse de Lyon, chanoine de Rouen. 12 septembre 1757. — Index à la fin du registre.

G. 9652. (Registre.) — In-folio, 200 feuillets, papier.

1759-1762. — Registre du secrétariat de l'archevêché pour l'enregistrement des provisions des cures, prieurés, canonicats, etc., expédiées par le secrétariat, rédigé par Aubry, secrétaire. — Provisions : des prieurés d'Yvetot. 21 janvier 1760 ; de Saint-Paul de Lyons-la-Forêt. 22 février ; de Fleuzy. 30 septembre ; de Longueville. 27 mars 1761 ; de Sainte-Honorine. 22 septembre ; — de l'abbaye d'Arques. 14 juin 1760 ; — du décanat du Saint-Sépulcre de Caen. 30 décembre ; — du vicariat perpétuel de Notre-Dame-de-la-Ronde. 11 août 1761 ; — de la cure de Notre-Dame du Grand-Andely. 27 février 1762. — Lettres : de vice-promoteur, en faveur d'Adrien Osmont, docteur en théologie de la faculté de Paris, curé de Saint-Nicaise de Rouen. 25 janvier 1760 ; d'assesseurs à l'officialité, en faveur de Raymond de Boisgelin de Cucé, vicaire général, et de Marc-Antoine de Noë, abbé commendataire de l'abbaye royale de Sinorre (Gers), vicaire général. 3 février ; de vicaire général, en faveur de Samuel Thomas, du diocèse d'Angoulême. 1er avril 1762. — Index à la fin du registre.

G. 9653. (Registre.) — In-folio, 200 feuillets, papier.

1762-1764. — Registre du secrétariat de l'archevêché pour l'enregistrement des provisions de bénéfices, cures, prieurés, canonicats, etc., expédiées par le secrétariat, rédigé par Aubry, secrétaire. — Provisions : du décanat d'Yvetot. 13 juillet 1762 ; — du prieuré de l'Hôtel-Dieu dit de Saint-Lô, au diocèse de Coutances. 14 août ; — du prieuré de Saint-Sylvestre de Clères. 16 septembre ; — de l'église Saint-Patrice de Rouen. 18 septembre ; — du personnat de Mirville. 17 février 1763 ; — de la cure de Saint-Nicolas de Rouen. 5 mai ; — du prieuré de Sainte-Radegonde, au doyenné de

Neufchâtel. 5 septembre. — Lettres de vice-gérant de l'officialité en faveur de Philibert-Pierre Marescot. 6 avril 1763; d'assesseur extraordinaire à l'officialité en faveur de Nicolas Gruchet, docteur en théologie de la faculté de Paris, curé de Beuzeville-la-Guérard. 18 avril; de promoteur à l'officialité. 13 avril.

G. 9654. (Registre.) — In-folio, 200 feuillets, papier.

1764-1766. — Registre du secrétariat de l'archevêché pour l'enregistrement des provisions de bénéfices, cures, canonicats, prieurés, etc., expédiées par le secrétariat, rédigé par Aubry, secrétaire. — Provisions : de la cure de Saint-Michel de Saint-Wandrille. 21 septembre 1764; — du prieuré de Neufmarché. 15 novembre; — du canonicat de Charlesmesnil. 19 janvier 1765; — des doyennés : de Neufchâtel. 8 avril; de Gournay. 11 mai; du Havre. 21 mai; — du prieuré du Héron. 28 septembre; — des décanat et cure de Sauqueville. 30 novembre; — de la cure de Saint-Éloi de Rouen. 10 janvier 1766; — du personnat de Bretteville, 17 janvier : — de l'office claustral de bailli de Valmont. 19 mars; — de la cure de Saint-Étienne-des-Tonneliers de Rouen. 29 avril; — du doyenné de Baudemont. 14 mai; — de la cure de Saint-Denis de Rouen. 17 mai; — du prieuré de Crasville-la-Roquefort. 11 juillet. — Lettres : de promoteur extraordinaire de l'officialité, en faveur de Laurent-Charles Troullé, chanoine de l'église royale et collégiale de Saint-Vulfran d'Abbeville. 28 mars 1765; d'assesseur à l'officialité, en faveur de Jean-Baptiste-Philippe-Armand de Clercy, vicaire général. 12 mai 1766; de témoin synodal, en faveur de Jean-Georges Ledout, curé des Trois-Pierres. 12 mai, et d'Alexandre Vinot, curé de Flamesnil. 13 mai.

G. 9655. (Registre.) — In-folio, 198 feuillets, papier.

1766-1768. — Registre du secrétariat de l'archevêché pour l'enregistrement des provisions de bénéfices, cures, canonicats, prieurés, etc., expédiées par le secrétariat, rédigé par Aubry, secrétaire. — Provisions : du canonicat de Blainville. 3 août 1766; — des prieurés : de Sainte-Croix d'Eu. 27 août; de Crasville-la-Roquefort. 27 septembre; de Saint-Jean-Baptiste d'Andely. 20 décembre; — de la cure de Notre-Dame d'Andely. 30 novembre 1767; — du doyenné d'Écouis. 30 juin 1768. — Lettres : d'official de Rouen, en faveur de Philibert-Pierre Marescot, archidiacre d'Eu et vicaire général. 27 avril 1767; de pénitencier, en faveur de

Louis Rimbert, du diocèse de Soissons, chanoine de Rouen. 5 mai; d'official de Pontoise, en faveur de Pierre-Augustin Godard de Belbeuf, vicaire général. 31 mai; de témoin synodal, en faveur de Pierre-François Denize, curé de Vatteville, et de Jean Bachelé, curé de Sainte-Marie-des-Champs. 1er juin; de vicaire général en faveur de l'abbé de Belbeuf. 31 mai 1767, et de l'abbé Dominique de Lastic. 5 décembre.

G. 9656. (Registre.) — In-folio, 200 feuillets, papier.

1770-1773. — Registre du secrétariat de l'archevêché pour l'enregistrement des provisions de bénéfices, cures, canonicats, prieurés, etc., expédiées par le secrétariat, rédigé par Liot, secrétaire. — Provisions : du canonicat d'Yvetot. 6 novembre 1770; — des cures de Neufchâtel. 9 janvier 1771; de Nointot. 4 mars; de Sotteville-sous-le-Val. 9 avril; de Saint-Laurent-de-Brévedent. 15 mai; de Saint-Vincent de Rouen. 21 juin; de Monville. 3 juillet; de La Bouille. 6 juillet; — du prieuré d'Yvetot. 19 juillet; — de l'abbaye de Saint-Georges-de-Boscherville. 20 août; — du prieuré de Notre-Dame de Magny. 23 août; de Fleuzy. 16 janvier 1772. — Nomination de Jean-Baptiste Le Fèvre, curé de Sainte-Geneviève, en qualité de doyen de Neufchâtel. 18 février 1771; de Jean Vignerot, curé de Varengeville, en qualité de doyen de Saint-Georges. 14 mai. — Lettres de témoin synodal pour Charles Guignand, curé de la paroisse Notre-Dame de Neufchâtel. 18 février; pour Pierre Le Fèvre, curé du Mesnil-Mauger. 18 février. — Lettres de grand vicaire pour Ardouin Doillianson de Courcy, du diocèse de Séez, chanoine de l'église de Rouen, licencié en l'un et l'autre droit. 21 mars 1771; pour Maurice-Élisabeth de La Vergne de Tressan, du diocèse de Paris. 21 septembre.

G. 9657. (Registre.) — In-folio, 200 feuillets, papier.

1773-1775. — Registre du secrétariat de l'archevêché pour l'enregistrement des provisions de bénéfices, cures, canonicats, prieurés, etc., expédiées par le secrétariat. — Provisions : des cures de Bondeville. 3 juillet 1773; d'Écalles-sous-Villiers. 30 août; — des prieurés de Saint-Paul-en-Lyons. 1er octobre; de Sainte-Radegonde. 3 octobre; — des cures de Petit-Quevilly. 5 novembre; de Pont-Authou. 18 novembre; du Tréport. 1er décembre; — de la prébende de Saint-Romain. 4 décembre; — du prieuré de Neufmarché. 11 décembre; — de la cure de Notre-Dame d'Eu.

26 janvier 1774; de Longueville. 28 février; — du prieuré de Saint-Aubin près Gournay. 7 avril; de Beaussault. 14 juin; — de la cure de Caudebec-en-Caux. 23 juin; de Saint-Amand de Rouen. 25 juin. — Nominations : de témoins synodaux : Jacques Le Fèvre, curé de Touffreville-la-Câble. 25 mai 1773; Alexis Miquignon, curé d'Haudricourt. 25 mai; — de doyens : Pierre Roquelay, curé de Beuzevillette, à Fauville. 25 mai; Jean Le Tellier, curé d'Auberville-la-Manuel, à Valmont. 25 mai; Charles-Hubert-Louis Lhermite, curé de Sainte-Croix-sur-Buchy, à Ry; — de députés à la Chambre souveraine : Étienne-Théodore de Vigneral, chanoine de Lisieux. 21 juin 1773; Bernard Batailler d'Omonville, docteur de Sorbonne. 13 septembre; — de grands vicaires : Jean-Baptiste de Chabot, du diocèse de Poitiers. 28 février 1775; Henri-Charles Dulau d'Allemans, du diocèse de Périgueux. 7 mars 1775.

G. 9658. (Registre.) — In-folio, 197 feuillets, papier.

1775-1779. — Registre du secrétariat de l'archevêché pour l'enregistrement de provisions de bénéfices, cures, canonicats, prieurés, etc., expédiées par le secrétariat. — Provisions : du prieuré de Fleuzy. 16 novembre 1775; — de la cure Saint-Patrice de Rouen. 7 décembre; de Gisors. 12 février 1776; de Moron, au diocèse de Bayeux. 2 mars; de Notre-Dame d'Andely. 3 mars; — de la prébende de Saint-Romain. 18 avril; — du décanat de Gamaches, en faveur de François Denize, curé de Fresne. 23 mai; de Foucarmont, en faveur de Charles Gaudebout. 13 août; — de la cure de Saint-Wandrille, 8 janvier 1777; — de la vicairie perpétuelle de Notre-Dame-de-la-Ronde. 28 avril; — du canonicat du Saint-Sépulcre. 22 juillet; — de la cure de Saint-Lô de Rouen. 24 septembre; — de l'abbaye de Saint-Ouen de Rouen. 10 octobre; — de la cure de de Saint-Remy de Dieppe. 2 juillet 1778; de Notre-Dame d'Envermeu. 1er août; de Saint-Jacques d'Eu, 25 novembre. — Nominations de témoins synodaux. — Lettres de grand vicaire pour Adrien Osmont, du diocèse de Rouen, docteur en théologie de la faculté de Paris. 23 mars 1779.

G. 9659. (Registre.) — In-folio, 202 feuillets, papier.

1779-1882. — Registre du secrétariat de l'archevêché pour l'enregistrement des provisions de bénéfices, cures, canonicats, prieurés, etc., expédiées par le secrétariat. — Provisions : de la cure de Saint-Étienne de Fécamp. 20 mai 1779; de Saint-Amand de Rouen. 16 juin; de Saint-Herbland de Rouen. 7 août; — du canonicat de Blainville. 14 août; — du prieuré de Folligny, au diocèse de Coutances. 19 octobre; de Puhel. 2 novembre; — de la cure de Gaillefontaine. 28 novembre; de Saint-Jacques d'Eu. 7 décembre; — du prieuré de Caude-Côte. 27 décembre; de Saint-Gilles-jouxte-Boulleng. 15 juillet 1780; — du personat de Mirville. 7 septembre; — du prieuré de Saint-Jacques d'Andely, 15 décembre; — de la vicairie perpétuelle de Notre-Dame-de-la-Ronde. 27 avril 1781; — du prieuré du Mont-aux-Malades. 28 juin; de Saint-Martin-sous-Bellencombre. 20 août; — de la cure de Notre-Dame d'Eu. 24 décembre; — de la prébende de Saint-Romain. 30 mars 1782. — Index à la fin du registre.

G. 9660. (Registre.) — In-folio, 211 feuillets, papier.

1782-1785. — Registre du secrétariat de l'archevêché pour l'enregistrement des provisions de bénéfices, cures, canonicats, prieurés, etc., expédiées par le secrétariat. — Provisions : de la vicairie perpétuelle d'Andely. 15 juillet 1782; — de la cure de Forges. 5 novembre; de Saint-Cande-le-Jeune de Rouen. 20 janvier 1783; de Notre-Dame d'Eu. 31 janvier; — de professeur du collège d'Andely, en faveur de Jacques-André-Amand Le Maistre, sous-diacre. 24 février 1783; — du prieuré d'Auffay. 1er avril; — du décanat de Baudemont en faveur d'Alexandre Vinot, curé de Flumesnil. 3 juin; — du personat de Bretteville. 7 juin; — de la cure d'Yvetot. 18 juillet; de Saint-Patrice de Rouen. 18 juillet; de Saint-Denis de Lillebonne. 26 novembre; — de l'archidiaconé du Petit-Caux. 5 janvier 1784; — de l'archidiaconé du Vexin Normand. 9 janvier; — du prieuré de Saint-Michel de Vernonet. 12 mai; — de la chapelle de Saint-Pierre-des-Bois dans l'église de Maulévrier. 24 février 1785; — du décanat de la cathédrale de Rouen. 17 avril. — Nominations de témoins synodaux. — Nomination comme grand vicaire de Jacques-François-Augustin Carrey de Saint-Gervais, docteur en théologie de la faculté de Paris. 19 avril 1785. — Index à la fin du registre.

G. 9661. (Registre.) — In-folio, 198 feuillets, papier.

1785-1787. — Registre du secrétariat de l'archevêché pour l'enregistrement des provisions de bénéfices, cures, canonicats, prieurés, etc., expédiées par le secrétariat. — Provisions : du canonicat de Bourgthéroulde.

20 juin 1785 ; — de la cure de Saint-Germain-sur-Cailly. 19 septembre ; de Criquiers. 28 octobre ; — du canonicat d'Andely. 23 avril 1786 ; — de l'abbaye d'Arques. 5 juin ; — de la cure d'Étretat. 1er août ; — de la vicairie perpétuelle d'Andely. 27 août ; — de la cure de Maromme. 2 septembre ; de Gamaches. 2 octobre ; de Saint-Aignan-sur-Ry. 3 mars 1787 ; de Sainte-Marie-la-Petite de Rouen. 1er mars ; — du canonicat de Blainville. 16 mai 1788 ; — du décanat de Cailly, en faveur de Jean-Pierre Crouard, curé d'Yquebeuf. 22 mai 1787. — Nominations de témoins synodaux. — Index à la fin du registre.

G. 9602. (Registre.) — In-folio, 200 feuillets, papier.

1787-1790. — Registre du secrétariat de l'archevêché pour l'enregistrement des provisions de bénéfices, cures, canonicats, prieurés, etc., expédiées par le secrétariat. — Provisions : de l'abbaye de Saint-Ouen. 10 décembre 1787 ; — du prieuré de Caude-Côte. 7 janvier 1788 ; — de la cure de Saint-Martin-sur-Renelle de Rouen. 31 janvier ; de Saint-Ouen-prend-en-Bourse. 22 février ; de Bourgthéroulde. 1er avril ; de Buchy. 19 juin ; — de l'archidiaconé d'Eu. 7 octobre ; — du décanat d'Écouis. 19 décembre ; — du prieuré de Beaumont-le-Perreux. 2 janvier 1789 ; du Saint-Sépulcre, paroisse de Saint-Léger, exemption de Fécamp. 30 janvier ; — de l'archidiaconé du Vexin-Normand. 25 avril ; — du prieuré de Vernonet. 8 mai ; de Sainte-Radegonde. 5 octobre. — Nominations de doyens, de témoins synodaux. — Sacre de l'évêque de Grenoble, Henri-Charles Dulau d'Allemans, précédemment vicaire général de Rouen, par l'archevêque de Rouen Dominique de La Rochefoucauld, assisté de l'évêque-comte de Beauvais François-Joseph de La Rochefoucauld et de l'évêque de Sarlat Joseph-Anne-Luc de Pont d'Albaret. 19 avril 1789.

G. 9603. (Registre.) — In-folio, 210 feuillets, papier.

1672-1674. — *Registrum expeditionum archiepiscopatus Rothomagensis.* — Dispenses pour mariages. — Collation : de la cure de Foucard à François Le Sauvage, maître ès-arts de l'université de Paris. 24 septembre 1672 ; de la cure du Houlme à Joseph Jouenne. 2 octobre ; de la cure de Château-sur-Epte à Pierre Bucquet. 12 novembre. — Administration de la cure de Morgny-la-Forêt accordée pour cinq ans à un cordelier. 22 décembre. — Entérinements d'absolution de

cour de Rome. — Permutations dans le clergé. — Confirmation de l'élection faite par les Carmélites de Rouen de M. de La Haye-Auber, prêtre, « conseiller et doyen de la cour de parlement de Rouen », pour leur supérieur. 26 janvier 1674. — Table à la fin du registre.

G. 9604. (Registre.) — In-folio, 149 feuillets, papier.

1674-1675. — *Registrum expeditionum archiepiscopatus Rothomagensis.* — Dispenses pour mariages. — Collations de cures : Offranville, Baromesnil, Neufmarché, Saint-Georges-de-Gravenchon, Maineville au doyenné de Gisors, Vardes, Bec-Crespin, Honfleur, Bouteilles, Envremesnil, Périers, Les Ventes-d'Éawy, Gaigneville, Tilly, Crevon, Infreville, Saint-Jean-du-Cardonnay, Pierrecourt, Notre-Dame-la-Robert au diocèse de Séez, Gueures, Bois-d'Ennebourg, Étretat, Lanquetot, Aubermesnil, Sept-Meules, Bouafiles ; etc. — Érections de confréries : au Mesnil-sous-Lillebonne, à Normanville.

G. 9605. (Registre.) — In-folio, 145 feuillets, papier.

1675-1676. — *Registrum expeditionum secretariatus archiepiscopatus Rothomagensis.* — Dispenses pour mariages. — Permissions de célébrer. — Collations de cures : Robertot, La Chapelle-sous-Dun, Tourville-la-Rivière, Mentheville, Penly, Bois-Himont, Bouafiles, Auberville-la-Manuel, Saint-Martin-de-Boscherville, Saint-Remy-en-Campagne, Orgeville, Touffreville-Esteville, Vibeuf, Grair ville, Belbeuf, Gouy, Saint-Wandrille, Anneville-sur-Seine, Le Saussay, Aumale, Folleville, Monchy, Yerville, etc.

G. 9606. (Registre.) — In-folio, 170 feuillets, papier.

1716-1717. — Registre du secrétariat. — Dispenses pour mariages. — Collations de cures : Saint-Vigor de Rouen, Saint-Vaast-du-Val, Grosmesnil, Lamberville, Drosay, Fresles, Auberbosc, Bosc-Geffroy, Saint-Jean de Rouen, Bellefosse, Hauville, Saint-Thomas-la-Chaussée, Clères, Mélamare, Saint-Pierre-le-Portier, Saint-Lô de Rouen, Rançon, Infraville, Pont-Saint-Pierre, Eurville, Épinay-sous-Foucarmont, Estouteville, Ricarville, Bourg-Achard, Bertheauville, Veules, Manéglise, Saint-Patrice de Rouen, Saint-Sauveur-en-Campagne, Gonneville, Sorquainville, etc. — Réunion du prieuré de Sainte-Austreberthe de Pavilly aux

Chartreux de Rouen. 16 janvier 1717. — Mandement et instruction pastorale portant condamnation de lettres imprimées sous le nom de quelques curés du diocèse et relatives à la constitution *Unigenitus*. 12 mars. — Mandement portant condamnation du libelle « Des exaples » (*sic*) et de celui du « Témoignage de la vérité ». 12 mars.

G. 9667. (Registre.) — In-folio, 135 feuillets, papier.

1718-1719. — Registre du secrétariat de l'archevêché. — Collations de cures : Gamaches, Blosseville, Notre-Dame-de-Franqueville, Le Val-de-La-Haye, Trouville, Bazinval, Le Tréport, Lammerville, Étaimpuis, Bourdeau, Sainte-Colombe, Yvecrique, Villers-Foucarmont, Omonville, Moulineaux, Saint-Ouen-sous-Bailly, Contremoulins, Flocques, Thiètreville, Beuzeville-la-Guérard, Auberville-la-Renaut, Hautot-sur-Seine, Bosc-Roger, Canteleu. — Dispenses pour mariages. — Érection de chapelles. — Érection, à Rouen, de la confrérie de S. Clément pour les marchands de cidre. 29 janvier 1718 [1].

G. 9668. (Registre.) — In-folio, 60 feuillets, papier; 1 pièce annexée.

1719 (avril-juillet). — Registre du secrétariat. — Mandement des vicaires généraux prescrivant la célébration d'une messe de *requiem* pour le repos de l'âme de Claude d'Aubigné, archevêque de Rouen. 25 avril. — Dispenses pour mariages. — Attestations pour la cour de Rome. — Commission au sieur Antoine-Roger Corbin, curé de la paroisse de Saint-Denis de Rouen, pour visiter les religieuses Ursulines d'Eu. 12 juin.

G. 9669. (Registre.) — In-folio, 53 feuillets, papier.

1719 (août-décembre). — Registre du secrétariat. — Dispenses pour mariages. — Attestations pour la cour de Rome. — Permission pour l'établissement des religieuses du Saint-Sacrement à Dreux.

G. 9670. (Registre.) — In-folio, 143 feuillets, papier, et une pièce annexée.

1724-1725. — Registre du secrétariat. — Lettres de vicaire général pour M. Jean de La Rocque. 15 juillet 1724; pour Urbain Robinet, du diocèse de

1. Voir plus loin G. 9785.

Nantes. 24 juillet; pour Pierre Bridelle, du diocèse d'Amiens. Juillet. — Collations de cures : Maulévrier, Pierrepont, Saint-Hellier, Anceaumeville, Blainville, Sandouville, Saint-Maclou de Rouen, Bourdainville, Rouxmesnil, Orival, Sauchay-le-Bas, Bolbec, Saint-Riquier, Melleville, Tancarville, La Remuée, Bradiancourt, Franquevillette, Cuverville, Fuletot, Veulettes, Saint-Crespin, Appeville, Bosc-Bordel, Cropus, Raffetot, La Bouille, Fleury-sur-Andelle, Bois-l'Evêque, Bourdainville, Grainville-la-Renard, Croixdalle, Quièvrecourt, Guilmécourt, Saint-Jacques de Neufchâtel, Vattetot. — Dispenses pour mariages. — Érections de chapelles.

G. 9671. (Registre.) — In-folio, 228 feuillets, papier.

1725-1727. — Registre du secrétariat de l'archevêché. — Collations de cures : Saint-Ouen-sous-Brachy, Preuseville, Melleville, Sainte-Marguerite-lès-Aumale, Gasny, Barentin, Crevon, La Frenaye, Bazincourt, Saint-Remy-en-Campagne, Bardouville, Saint-Barthélemy du Havre, Ellecourt, Montcauvaire, Grainville-sur-Ry, La Trinité-du-Mont, Maniquerville, Perduville, Varvannes, Neufbosc, Bolbec, Mauny, Saumont-la-Poterie, Biville-la-Rivière, Hénouville, Vénestanville, Brachy, Crasville-la-Mallet, Anglesqueville-le-Bras-Long, La Londe, Le Tréport, Saint-Pierre-en-Port, Nesles-Normandeuse, Lanquetot, Mesnil-David, Quillebeuf, Bretteville, etc. — Bulle du pape Benoît en faveur des frères des écoles chrétiennes. 24 janvier 1724. — Consécration par l'évêque de Grenoble de l'église du prieuré des Deux-Amants. 22 septembre 1726. — Dispenses pour mariages.

G. 9672. (Registre.) — In-folio, 234 feuillets, papier.

1727-1728. — Registre du secrétariat de l'archevêché. — Dispenses pour mariages. — Collations de cures : Saint-Patrice de Rouen, Bénesville, Gousseauville, Étoutteville, Vauroy, Valemont, Normanville, Beuzeville-la-Guérard, Blancmesnil, Gamaches, Ouville-la-Rivière, Graimbouville, Bois-Héroult, Cailly, etc. — Réhabilitations. — Érections de chapelles.

G. 9673. (Registre.) — In-folio, 176 feuillets, papier.

1728-1730. — Registre du secrétariat de l'archevêché. — Réhabilitations. — Collations de cures : Saint-Vaast-du-Val, Émalleville, Intraville, Berneval,

Pavilly, Houdetot, Cailleville, Notre-Dame-de-la-Ronde, Rothois, Fécamp, Saint-Nicolas de Rouen, Liancourt, Cappeval, Louvetot, Bourgthéroulde, Saint-Denis-le-Thiboult, Longueville. — Dispenses pour mariages. — Réductions de fondations. — Lettres de grand vicaire.

G. 9674. (Registre.) — In-folio, 98 feuillets, papier.

1734-1736. — Registre du secrétariat. — Dispenses pour mariages. — Quelques actes signés Rochechouart, Fitzjames, Marbeuf, vicaires généraux; deux seulement le sont par l'archevêque de Rouen Nicolas de Saulx-Tavannes.

G. 9675. (Registre.) — In-folio, 31 feuillets écrits, papier; 1 pièce annexée.

1736. — Registre du secrétariat de l'archevêché « contenant les dispenses tant de bans que des autres empêchements de mariages ». — Quelques actes signés Rochechouart et Fitzjames, vicaires généraux.

G. 9676. (Registre.) — In-folio, 200 feuillets, papier.

1744-1745. — Registre du secrétariat « pour servir à enregistrer tous les actes qui seront expédiés par Mᵉ Jean-François Cornet, chanoine de l'église collégiale d'Andely, nommé et choisi pour secrétaire de l'archevêché ». — Dispenses pour mariages. — Collations de bénéfices. — Actes signés Bridelle, Terrisse, Cerisy, Grimaldi, Rose, vicaires généraux; quelques-uns le sont par l'archevêque de Rouen.

G. 9677. (Registre.) — In-folio, 200 feuillets, papier.

1745-1746. — Registre du secrétariat « pour servir à y enregistrer tous les actes qui seront expédiés au secrétariat de l'archevêché ». — Dispenses pour mariages. — Collations de bénéfices : églises d'Omonville, de Richeville, de Saint-Germain au doyenné de Longueville, Dampierre, S. Jacques d'Eu. — Mandement de l'archevêque et bulle du pape Benoît XIV prescrivant un jubilé pour faire cesser les calamités dont souffrent « les peuples d'Italie et des îles adjacentes ». 18 février-1ᵉʳ juin 1745. — Mandements : pour la victoire de Fontenay. 4 juin; pour la prise de Tournay. 20 juin; pour la prise de Gand. 2 août; pour la reddition de Bruges et la prise d'Oudenarde. 10 août. — Ordonnance concernant les frères de Saint-Yon.

12 août. — Mandements : pour la prise de Dundermonde. 2 septembre; pour la prise d'Ostende. 12 septembre; pour la prise de Niewport. 13 octobre; pour la prise de Tortone, Parme et Plaisance. 18 octobre; pour la victoire remportée sur le bas Tanaro par l'armée combinée de France et d'Espagne et pour la prise d'Ath. 4 novembre; pour la prise d'Alexandrie et de Valence. 26 novembre. — Mêmes signatures que dans le registre précédent. — Table à la fin du registre.

G. 9678. (Registre.) — In-folio, 200 feuillets, papier.

1746-1747. — Registre du secrétariat. — Mandements : pour la prise de Bruxelles. 8 mars 1746; pour la prise d'Anvers. 20 juin; pour la prise de Mons et de Charleroi. 18 août; pour la prise de Namur. 21 octobre; pour la victoire remportée près de Maëstricht. 4 novembre. — Dispenses pour mariages. — Provisions des églises de Bléville, de Berville, de Gonzeville ; de la chantrerie de Charlesmesnil ; des églises de Saint-Jean de Rouen, de Saint-Ouen-sous-Baily, de Saint-Jacques de Dieppe, d'Elbeuf-sur-Andelle, de Saint-Éloi de Rouen. — Destitution des curés d'Harencourt et de Notre-Dame d'Eu. — Lettre de grand vicaire « ad conferenda beneficia » en faveur de l'abbé Terrisse. — Table à la fin du registre.

G. 9679. (Registre.) — In-folio, 150 feuillets, papier.

1747-1749. — Registre du secrétariat. — Ordonnance pour l'établissement d'un vicaire dans la paroisse de La Haye-Auberaye. 19 mai 1747. — Provision de la charge de bailli haut-justicier des comtés de Dieppe, Alihermont, Douvrend et dépendances en faveur de Charles-Adrien de Quiesdeville, chevalier, seigneur de Belmesnil, lieutenant général du bailliage d'Arques. 28 juin. — Provision de la charge de lieutenant du temporel et aumône de l'archevêché, et de la baronnie et haute justice de Déville en faveur du sᵣ Pellevé. 5 juillet. — Réhabilitation d'un cimetière profané par effusion de sang. 7 juillet. — Ordonnance pour les rétablissement et réparation de l'église de Saint-Martin-sous-Bellencombre. 31 août. — Décret de l'archevêque portant permission aux Ursulines de Pontoise d'aliéner ou échanger une portion de leurs biens. 2 juillet 1748. — Révocation de pouvoirs faite au sᵣ Duvivier, prêtre et chanoine de l'église collégiale de Notre-Dame-de-La-Ronde. 27 juillet. — Provision de député du diocèse au bureau des syndics généraux du clergé de la province, en faveur du s^r Le Chevalier, chanoine de l'église de Rouen. 28 octobre. — A la fin du registre, table des actes extraordinaires.

G. 9080. (Registre.) — In-folio, 150 feuillets, papier.

1749-1751. — Registre du secrétariat. — Mandement pour faire chanter un *Te Deum* pour la paix. 2 février 1749. — Ordonnance pour l'établissement d'une chapelle au château de Montérolier. 5 mars. — Ordonnance pour la réparation de l'église de Fréville au doyenné de Saint-Georges. 31 octobre. — Permission de quêter à des pères de l'ordre de Saint-Antoine du Mont-Liban pour « le rétablissement de leur couvent servant d'hospice aux catholiques de toutes les nations, qui a été détruit par les schismatiques ». 31 octobre 1750. — Ordonnance qui annule l'élection du prieur du Bourg-Achard. 28 avril 1751. — Lettre de syndic-promoteur de la chambre ecclésiastique du diocèse de Rouen pour Jean-François Cornet, chanoine de Rouen. 7 septembre. — A la fin du registre, table des actes extraordinaires.

G. 9681. (Registre.) — In-folio, 150 feuillets, papier.

1751-1754. — Registre du secrétariat. — Bénédiction de la chapelle du château de La Londe. 18 décembre 1751. — Permission aux habitants de Gaillon de se confesser à tous prêtres du diocèse d'Évreux. 4 mars 1752. — Relevé d'interdit d'une chapelle à Dénestanville. 21 novembre. — Provision de l'office de procureur postulant en la juridiction supérieure des hauts jours de l'archevêché, en faveur de Pierre-François Gosse, praticien. 11 mai 1753. — Nomination de Pierre Dubu en qualité de prieur du prieuré de Saint-Laurent-en-Lyons. 10 octobre. — Ordonnance pour la destruction de la chapelle de Saint-Paul, vis-à-vis l'abbaye de Saint-Wandrille. 4 février 1754. — Table des actes extraordinaires à la fin du registre.

G. 9682. (Registre.) — In-folio, 148 feuillets, papier.

1754-1756. — Registre du secrétariat. — Dispenses pour mariages. — Défense de prêcher au sieur Duval, chanoine de Gournay. 6 décembre 1754. — Ordonnance pour la paroisse de Provimont et de Sainte-Marie-aux-Champs au sujet du hameau de Vatimesnil. 27 août 1755. — Établissement de chapelle au château

d'Heudicourt. 28 août. — Ordonnance pour la paroisse de Beauficel, au sujet de la fondation d'un maître d'école. 1er septembre. — Ordonnance pour la suppression de deux chapelles dans l'église du Grostheil au doyenné de Bourgthéroulde. 13 janvier 1756. — Ordonnance pour la suppression de chapelle de Saint-Laurent de Roncherolles et la réunion de ses biens et revenus à celle de Saint-Hubert de la même paroisse. 25 juillet. — A la fin du registre, table des actes extraordinaires.

G. 9683. (Registre). — In-folio, 104 feuillets, papier.

1756-1757. — Registre du secrétariat. — Établissement d'une chapelle : dans le château de Buchy, sur la demande de Jacques-Alphonse de Civille, chevalier, seigneur de Buchy. 30 août 1756 ; dans le château de Roumare, sur la demande du s^r Vaignon, chevalier, seigneur de Mortemer, Pissy et autres lieux. 7 octobre ; dans le château de Fleury-la-Forêt, au doyenné de Gisors, sur la demande du marquis Danger, seigneur et patron de Fleury-la-Forêt. 18 octobre. — Relevé d'interdit de la paroisse de Beaurepaire, au doyenné du Havre. 3 décemdre. — Mandement prescrivant un *Te Deum* pour le rétablissement du Roi. 10 mars 1757. — Mandement pour l'élection d'un prieur à Saint-Laurent-en-Lyons. 6 juin. — Mandements prescrivant un *Te Deum* d'actions de grâces : pour la victoire remportée près Hamelin. 18 août ; pour la naissance du comte d'Artois. 27 octobre. — Dispenses pour mariages.

G. 9684. (Registre.) — In-folio, 150 feuillets, papier.

1757-1760. — Registre du secrétariat. — Élection d'un supérieur extraordinaire pour l'abbaye d'Arques. 18 janvier 1758. — Élection de dom François Monnoye comme prieur de la communauté de Saulceuse. 14 mars. — Nomination de Guillaume Barabé en qualité de doyen d'Aumale. 13 mai. — Établissement, sur la demande du s^r Landry, receveur général des finances d'Auvergne, d'une chapelle dans sa maison particulière sise à Saint-Aubin-jouxte-Boulleng. 30 septembre. — Règlement pour la paroisse de Saint-Maclou. 29 décembre. — Permission de célébrer l'office paroissial dans l'église du prieuré des Filles-Dieu. 19 février 1759. — Acte concernant le jubilé. 7 mai. — Dispenses pour mariage. — Table des actes extraordinaires à la fin du registre.

G. 9685. (Registre.) — In-folio, 150 feuillets, papier.

1760-1762. — Registre du secrétariat. — Confirmation de l'élection du supérieur des Carmélites. 1er avril 1760. — Ordonnance de règlement pour les cinq maisons de chanoines réguliers de l'ordre de S. Augustin de la réforme de M. Moulin, du diocèse de Rouen. 2 avril. — Suppression du cimetière de Caudebec. 22 mai. — Ordonnances concernant : le hameau des Essarts. 7 juin; la chapelle de Saint-Aubin de Catillon. 13 juillet; la confrérie de Saint-Sever-les-Rouen. 28 septembre. — Provision de l'office de greffier de l'officialité. 10 novembre; de greffier des hauts-jours. 10 novembre. — Élection d'une supérieure au monastère du S. Sacrement de Rouen. 10 avril 1761. — Mandement prescrivant un *Te Deum* pour les succès remportés par le maréchal duc de Broglie sur le prince Ferdinand de Brunswick. 21 avril. — Dispenses pour mariages. — Table des actes extraordinaires à la fin du registre.

G. 9686. (Registre.) — In-folio, 196 feuillets, papier.

1764-1765. — Registre du secrétariat. — Dispenses pour mariages. — Établissements de chapelles. — Interdit du chœur de l'église de Gueures. 23 août 1764. — Ordonnance pour le changement de patron de Derchigny. 21 novembre. — Ordonnance pour la visite de l'église de Saint-Antoine-la-Forêt. 25 janvier 1765. — Permission aux Bénédictines d'Andely de fieffer une partie de leurs biens. 5 août. — Permissions de quêter.

G. 9687. (Registre.) — In-folio, 207 feuillets, papier.

1766-1767 — Registre du secrétariat. — Dispenses pour mariages. — Réhabilitations. — Permissions de quêter. — Établissements de chapelles. — Interdit contre Nicolas Anquetil, curé de Fultot, pour infirmités et à la suite de plusieurs attaques d'apoplexie. 8 octobre 1766. — Ordonnance pour l'élection d'une supérieure des religieuses de l'hôpital de la Madeleine de Rouen. 6 avril 1767. — Mise en interdit de l'église de Saint-Georges sur Fontaine-le-Bourg. 8 avril. — Relèvement de l'interdit ci-dessus. 29 avril. — Ordonnance pour la communauté des frères des écoles chrétiennes de Saint-Sever. 1er mai. — Mise en interdit de l'église de Veulettes. 25 août.

G. 9688. (Registre.) — In-folio, 205 feuillets, papier.

1767-1769. — Registre du secrétariat. — Nomination du prieur de Saint-Lô de Bourg-Achard. 27 août 1767. — Dispenses pour mariages. — Réhabilitations. — Rénovation des vœux des religieuses et sœurs converses de la communauté de Saint-Jean d'Andely. 30 octobre. — Permissions de quêter. — Ordonnances pour la paroisse de Mesnières. 17 mars 1768. — Permission de faire les fonctions curiales dans la chapelle de Saint-Gilles du Boscaule, paroisse de Saint-Denis d'Héricourt. 26 mars. — Ordonnance pour la chapelle du dépôt à Caudebec. 22 juin. — Table des actes extraordinaires à la fin du registre.

G. 9689. (Registre.) — In-folio, 198 feuillets, papier.

1769-1771. — Registre du secrétariat. — Dispenses pour mariages. — Permissions de quêter. — Nomination d'un député à l'hôtel de ville. 21 juin 1769. — Permissions au prieur-curé de Bléville et au curé d'Aubermare de conférer le baptême à des nègres. 1er-30 septembre. — Dispense de vœux simples. 12 février 1771. — Permission de chanter un *Te Deum* en actions de grâces d'une guérison miraculeuse obtenue par mademoiselle de Rasan. 21 mai. — Table des actes extraordinaires à la fin du registre.

G. 9690. (Registre.) — In-folio, 198 feuillets, papier.

1771-1773. — Registre du secrétariat. — Dispenses pour mariages. — Réhabilitations. — Assemblée générale du clergé de la ville pour élire un député à l'hôtel de ville. 26 juin 1771. — Ordonnance pour la desserte de la paroisse de Saint-Martin-le-Blanc. 3 juin 1772. — Ordonnance autorisant le curé de la paroisse de Saint-Vivien de célébrer le mariage de François-Nicolas Burel, greffier de la commission royale de Caen, avec Marie-Anne-Catherine Derenemesnil, dans l'appartement dudit sr Burel, « actuellement retenu dans son lit pour cause de maladie ». 30 avril 1773. — A la fin du registre, table des actes extraordinaires.

G. 9691. (Registre.) — In-folio, 196 feuillets, papier.

1773-1775. — Registre du secrétariat. — Dispenses pour mariages. — Permissions de quêter. — Réhabilitations. — Ordonnance pour la desserte de la paroisse de Malleville. 21 février 1774. — Ordonnance pour une mission à Saint-Martin-en-Campagne. 25 mai.

G. 9692. (Registre). — In-folio, 195 feuillets, papier.

1775-1777. — Registre du secrétariat. — Dispenses pour mariages. — Permissions de quêter. — Réhabilitations. — Établissements de chapelles. — Ordonnance pour le cinquième triennal de la supérieure de l'hôpital de la Madeleine de Rouen. 24 mai 1776.

G. 9693. (Registre.) — In-folio, 195 feuillets, papier.

1777-1779. — Registre du secrétariat. — Mêmes matières que dans l'article précédent. — Établissement d'une chapelle domestique à la verrerie « du Hellot », paroisse de Croixdalle. 1er février 1779. — Ordonnance pour transférer l'office de la paroisse du Val-du-Roi en celle de la Pierre pendant la maladie du curé de la paroisse du Val-du-Roi. 13 avril. — Ordonnance pour la desserte de la paroisse de Torcy-le-Grand. 19 mai.

G. 9694. (Registre.) — In-folio, 195 feuillets, papier.

1779-1781. — Registre du secrétariat. — Dispenses pour mariages. — Réhabilitations. — Permissions de quêter. — Ordonnance pour la desserte de la paroisse de Saint-Martin-le-Blanc. 6 mai 1780.

G. 9695. (Registre.) — In-folio, 198 feuillets, papier.

1781-1784. — Registre du secrétariat. — Réhabilitations. — Dispenses pour mariages. — Permissions de quêter. — Établissement d'une chapelle au château d'Écouis. 23 juillet 1782. — Interdiction d'une chapelle sise au hameau de la Muette, paroisse de Quincampoix. 11 avril 1783. — Permission de baptiser une jeune négresse. 16 janvier 1784. — A la fin du registre, table des actes extraordinaires.

G. 9696. (Registre.) — In-folio, 198 feuillets, papier.

1784-1785. — Registre du secrétariat. — Dispenses pour mariages. — Réhabilitations. — Permissions de quêter. — Établissements de chapelles. — Ordonnance pour la desserte de la paroisse d'Osmoy pendant l'infirmité du curé. 15 octobre 1784. —

Carences d'aumônier accordées : pour le navire « Le Roi maure ». 30 novembre 1784 ; à Auguste-Stanislas Le Masson, commandant le navire « L'Agamemnon ». 10 janvier 1785 ; au sr Le Testu, commandant le navire « La Mère de famille ». 21 mars.

G. 9697. (Registre.) — In-folio, 199 feuillets, papier.

1785-1787. — Registre du secrétariat. — Dispenses pour mariages. — Permissions de quêter. — Obédience pour les religieuses bénédictines de Pontoise. 3 juin 1786. — Carences d'aumônier accordées : à Charles Le Lièvre, commandant du navire « Le Héros ». 18 mars 1786 ; au capitaine Poullavet, commandant du navire « Le comte de Mercy ». 29 juillet ; à Auguste-Stanislas Le Masson, commandant du navire « L'Agamemnon ». 6 décembre ; au sieur de La Brière, commandant du navire « Le Nercé ». 2 janvier 1787, au sieur Granguet le jeune, commandant du navire « Le Roi maure ». 13 février ; au sieur Donat, commandant du navire « Le Hardi ». 19 mars ; au sieur La Moisse, commandant du navire « La Rosalie ». 9 mars.

G. 9698. (Registre.) — In-folio, 199 feuillets, papier.

1787-1789. — Registre du secrétariat. — Dispenses pour mariages. — Réhabilitations. — Permissions de quêter. — Carences d'aumônier accordées : au sieur Ducas de Boisgilbert, commandant du navire « L'Atlas ». 25 juillet 1787 ; au sieur Jacques-Thomas Barbet, commandant du navire « Le Patrocle ». 9 août ; à Jean-Baptiste-Louis Bourguais, commandant du navire « L'Hermione ». 14 janvier 1788 ; au sieur Du Colombier, commandant du navire « L'Augustine ». 3 août ; au sieur Castandet, commandant du navire « La Rosalie ». 17 décembre ; au commandant du navire « Le Roi d'Angolt ». 22 janvier 1789.

G. 9699. (Registre.) — In-folio, 188 feuillets, papier.

1789-1790. — Registre du secrétariat. — Dispenses pour mariages. — Permissions de quêter. — Réhabilitations. — Carences d'aumônier accordées : au sieur Gaudebout, commandant du navire « La Delle ». 1er juillet 1789 ; au sieur Le Fournier, commandant du navire « Le Stanislas ». 16 janvier 1790.

G. 9700. (Registre.) — In-folio, 60 feuillets, papier.

1791. — Registre du secrétariat. — Dispenses pour mariages. — Tous les actes sont simplement analysés.

G. 9701. (Registre.) — In-folio, 141 feuillets, papier.

1576-1581. — Registre du secrétariat. — Collations de cures : Criquetot, Caudebec, Vatteville, Manéglise, Beaumont-le-Perreux, Tocqueville, Saint-Laurent-de-Brèvedent, Cléville, Saint–Pierre de Caen, Elbeuf-sur-Andelle, Les Cent-Acres, Saint-Jean-de-Folleville, Saint-Martin-aux-Arbres, Auzebosc, Moulineaux, Pibeuf, Tocqueville, Saint-Michel de Saint-Wandrille, Blangy, Étalondes, Gonfreville-l'Orcher, Saint-Laurent-en-Caux, Sassetot-le-Mauconduit, Saint-Maclou de Pontoise, Saint-Martin-sous-Bellencombre, Duclair, Saint-Éloi de Rouen, Le Mesnil-Durdent, Saint-Laurent-de-Rouen, Offranville, etc.

G. 9702. (Registre.) — In-folio, 46 feuillets, papier.

1671. — Registre du secrétariat pendant la vacance du siège archiépiscopal. — Collations de cures : Ouainville, Yclon, Cuverville, Saint-Mards, Sancourt, Yvecrique, Préaux, Péruel, Sainneville, Croixmare, La Pierre, Blainville, Aumale, Trouville, Notre-Dame-des-Champs, Notre-Dame de Varengeville, Heugleville, etc.

G. 9703. (Registre.) — In-folio, 112 feuillets, papier.

1671-1672. — Registre du secrétariat. — Collations de cures et bénéfices. Cures de : Saint-Hellier, Gisancourt, Étretat, Le Bec-aux-Cauchois, Anquetierville, Quévreville-la-Poterie, etc. — Prieurés : du Saint–Sépulcre, de la Madeleine. — Dispenses pour mariages.

G. 9704. (Registre.) — In-folio, 32 feuillets, papier ; 5 pièces annexées.

1671-1675. — Registre du secrétariat. — Provisions et collations de bénéfices, visa de lettres et de démissoires. — Collations de cures : Loconville, Routes, Saint-Godard de Rouen, Neufmarché, Saint-

Jean-des-Essarts, Blangy, Archelles ; prieuré de Saint-Clair-sur-Epte. — Table à la fin du registre.

G. 9705. (Registre.) — In-folio, 614 feuillets, papier.

1600-1712. — Registre du secrétariat de l'archevêché pour l'enregistrement des collations de cures et chapelles. — Manquent les années 1608, 1609 et 1610.

G. 9706. (Registre.) — In-folio, 46 feuillets, papier.

1691-1704. — Registre journalier pour le secrétariat de l'archevêché sous le pontificat de Jacques-Nicolas Colbert, archevêque de Rouen, primat de Normandie.

G. 9707. (Registre.) — In-folio, 34 feuillets, papier.

1719-1721. — Registre du secrétariat de l'archevêché pour l'enregistrement des approbations de titres.

G. 9708. (Registre.) — In-folio, 348 feuillets, papier.

1697-1700. — Registre du conseil archiépiscopal contenant les avis donnés sur les questions et requêtes qui lui étaient soumises.

G. 9709. (Registre.) — In-folio, 50 feuillets, papier.

1769. — Dictionnaire des villes, bourgs et paroisses de la généralité de Rouen, par ordre alphabétique, pour M. Cambon de Villémont, prévôt général de la maréchaussée de la Haute-Normandie. — A la fin du registre est donnée la composition de la compagnie de maréchaussée de la généralité, officiers militaires et officiers de robe. Elle comprenait 20 brigades réparties dans les résidences suivantes : Rouen (3 brigades), Louviers, Évreux, Vernon, Magny, Écouis, Lyons, Neufchâtel, Aumale, Eu, Dieppe, Cany, Saint-Romain, Pont-l'Évêque, Pont-Audemer, Bourg-Achard, Caudebec, Tôtes.

G. 9710. (Registre). — In-folio, 496 feuillets, papier.

1690-1695. — État des paroisses du diocèse de Rouen, Grand Archidiaconé et archidiaconés du Grand-Caux et du Petit–Caux. Les paroisses sont indiquées par ordre alphabétique avec mention des provisions, des approbations de vicaires et de confréries.

G. 9711. (Registre.) — In-folio, 41 feuillets, papier.

1734. — État du grand archidiaconé de Rouen, contenant les noms des paroisses, des curés, vicaires et chapelains, l'indication des revenus des bénéfices et l'état de la fabrique pour chaque église en particulier.

G. 9712. (Registre.) — In-folio, 229 feuillets écrits, papier.

1690-1695. — État de l'archidiaconé du Grand-Caux contenant la liste des paroisses par ordre alphabétique.

G. 9713. (Registre.) — In-folio, 158 feuillets, papier.

1691-1694. — État de l'archidiaconé du Petit-Caux contenant la liste des paroisses par ordre alphabétique.

G. 9714. (Registre.) — In-folio, 144 feuillets, papier.

XVᵉ-**XVII**ᵉ **siècles**. — État, selon l'ordre alphabétique, des paroisses du diocèse de Rouen avec l'indication des patrons.

G. 9715. (Registre.) — In-folio, 97 feuillets, papier.

1653. — Visite générale du diocèse de Rouen par l'archevêque assisté de l'abbé de Sainte-Hélène, vicaire général, et du promoteur général et secrétaire général de l'archevêché. — Visite : du prieuré des Deux-Amants, du prieuré de Saint-Jean d'Andely, de l'église collégiale de Notre-Dame d'Andely, du prieuré de Sausseuse, de la maison canoniale de Gisors, des abbayes de Jumièges et de Valmont, du prieuré de Saint-Laurent, ordre des Augustins, de la maison des Joséphines, de l'abbaye de Bival, du prieuré de Saint-Thomas de Neufchâtel, de l'abbaye de Saint-Martin d'Auchy près Aumale, de la maison des filles du Tiers ordre de S. Dominique d'Aumale, de l'abbaye de Saint-Victor ; des paroisses des doyennés de Baudemont, de Gisors, Gamaches, Périers, Bourgthéroulde, Pont-Audemer, Saint-Georges, Fauville, Saint-Romain, Valmont, Canville, Brachy, Bacqueville, Pavilly, Cailly, Ry, Bray, Neufchâtel, Aumale, Foucarmont, Eu, Envermeu et Longueville.

G. 9716. (Registre.) — In-folio, 109 feuillets écrits, papier.

1654. — Visite générale du diocèse de Rouen par Antoine Gaulde, docteur de Sorbonne et vicaire général. — Visite : du prieuré des Deux-Amants, du prieuré de Saint-Jean et du chapitre d'Andely, des prieurés de Sausseuse et Bourg-Achard, des abbayes de Jumièges, Saint-Wandrille et Valmont, des chapitres de Socqueville, Charlesmesnil et Blainville, des prieurés de Saint-Laurent et de Saint-Thomas de Neufchâtel ; des abbayes de Bival, de Saint-Martin d'Auchy, de Notre-Dame d'Eu, du Tréport et de Saint-Victor ; des doyennés de Baudemont, Gisors, Gamaches, Périers, Bourgthéroulde, Pont-Audemer, Saint-Georges, Fauville, Saint-Romain, Valmont, Canville, Brachy, Bacqueville, Cailly, Ry, Bray, Neufchâtel, Aumale, Foucarmont, Eu, Envermeu et Longueville.

G. 9717. (Registre.) — In-folio, 92 feuillets, papier.

1655. — Visite générale du diocèse de Rouen par M. Paris, chanoine et archidiacre de l'église de Rouen, docteur en théologie de la faculté de Paris. — Comme ci-dessus.

G. 9718. (Registre.) — In-folio, 126 feuillets, papier.

1656. — Visite générale du diocèse de Rouen par l'archevêque. — Comme à l'article G. 9715.

G. 9719. (Registre.) — In-folio, 116 feuillets, papier.

1657. — Visite générale du diocèse de Rouen par Charles Mallet, docteur de Sorbonne, chanoine et vicaire général, assisté de Pierre Seffrie, curé de Guiseniers, au doyenné de Baudemont, et promoteur subsidiaire de l'archevêché, et de Martin Dauno, curé de Notre-Dame d'Arques. — Comme à l'article G. 9715.

G. 9720. (Registre.) — In-folio, 116 feuillets écrits, papier.

1658. — Visite générale du diocèse de Rouen par Jean de Malevaud, évêque d'Aulone, suffragant de Clermont, vicaire général délégué « ès fonctions pontificales », assisté d'Antoine de Hincourt, chanoine et promoteur général de l'archevêché. — Comme à l'article G. 9715.

G. 9721. (Registre.) — In-folio, 89 feuillets, papier.

1662. — Visite générale du diocèse de Rouen par l'archevêque. — Comme à l'article G. 9715.

G. 9722. (Registre.) — In-folio, 127 feuillets, papier.

1667. — Visite générale du diocèse de Rouen par M. Gaulde, docteur de Sorbonne, grand archidiacre de l'église de Rouen et vicaire général, assisté de M. Philippe Hébert, curé d'Anquetierville, et de M. Claude Morange, secrétaire de l'archevêché. — Comme à l'article G. 9715. — La fin du registre, attaquée par l'humidité, est en mauvais état.

G. 9723. (Registre.) — In-folio, 115 feuillets, papier.

1672. — Visite générale du diocèse de Rouen par l'archevêque Rouxel de Médavy. — Comme à l'article G. 9715. — A la fin du registre : « Tonsurati in cursu visitationis generalis ab illustrissimo ac reverendissimo domino domino Francisco Rouxel de Médavy, archiepiscopo Rothomagensi, Normaniæ primate, in ecclesia Beatæ Mariæ oppidi de Gornayo, die 12 septembris 1762 ». — Tonsures conférées à Neufchâtel, Aumale, Foucarmont, Eu, Dieppe, Andely, Bourgthéroulde, Caudebec.

G. 9724. (Registre.) — In folio, 78 feuillets, papier.

1678. — Visite générale du diocèse de Rouen par Étienne de Fieux, abbé de Beaulieu, chanoine et archidiacre de l'église de Rouen, vicaire général et official. — Comme à l'article G. 9715 pour les doyennés seulement. — A la fin du registre quelques ordonnances de Mgr. de Médavy.

G. 9725. (Registre.) — In-folio, 128 feuillets, papier.

1691. — Visite générale du diocèse de Rouen pour les doyennés de Pavilly, Cailly, Ry, Bray, Bourgthéroulde, Pont-Audemer, Périers, Gamaches, Baudemont et Gisors.

G. 9726. (Registre.) — In-folio, 125 feuillets, papier.

1699. — Visite générale du diocèse de Rouen par Joseph-Nicolas de Y. de Séraucourt, docteur en théologie de la faculté de Paris, grand archidiacre et vicaire général, assisté de Jean-Pierre Le Mesle, docteur de ladite faculté, curé de Saint-Cande-le-Vieux, vice-gérant en l'officialité, pris pour promoteur subsidiaire, et du secrétaire ordinaire de l'archevêché. — A la fin du registre, quelques ordonnances archiépiscopales.

G. 9727. (Registre.) — In-folio, 159 feuillets, papier.

1700. — Visite générale du diocèse de Rouen par l'archevêque Jacques-Nicolas Colbert, assisté de l'abbé de Séraucourt, docteur de Sorbonne, prieur d'Envermeu et grand archidiacre, de l'abbé Longuet, aussi docteur de Sorbonne, ses vicaires généraux, et de l'abbé Le Mesle, curé de Saint-Patrice de Rouen.

G. 9728. (Registre.) — In-folio, 214 feuillets, papier.

1701. — Visite générale du diocèse de Rouen par l'archevêque Colbert, assisté de l'abbé Joseph-Nicolas de Séraucourt, docteur de Sorbonne, grand archidiacre et vicaire général, de Louis-Pierre Louis, aussi docteur de Sorbonne, chanoine et promoteur, et du secrétaire ordinaire de l'archevêché. — A la fin du registre, quelques ordonnances archiépiscopales.

G. 9729. (Registre.) — In-folio, 188 feuillets, papier, une pièce annexée.

1702. — Visite générale du diocèse de Rouen par l'abbé Joseph-Nicolas de Séraucourt, docteur de Sorbonne, grand archidiacre et vicaire général, assisté de Louis-Pierre Louis, aussi docteur de Sorbonne, promoteur général de l'archevêché, et du secrétaire ordinaire dudit archevêché.

G. 9730. (Registre.) — In-folio, 208 feuillets, papier.

1706. — Visite générale du diocèse de Rouen par Mgr. Colbert, assisté de l'abbé de Tourouvre, grand archidiacre, et de l'abbé Couët, ses vicaires généraux, et de l'abbé Desbouillons, promoteur général du diocèse.

G. 9731. (Registre.) — In-folio, 343 feuillets, papier.

1710-1719. — Visite générale du diocèse de Rouen par Mgr. Claude-Marc d'Aubigné, assisté de ses vicaires généraux et du secrétaire de l'archevêché.

G. 9732. (Registre.) — In-folio, 451 feuillets, papier.

1747-1750. — Procès-verbaux de visites archidiaconales faites dans l'archidiaconé du Grand-Caux par Claude-Louis Rose, vicaire général. — Questionnaires imprimés, remplis à la main. Indication pour chaque paroisse, de la justice à laquelle elle ressort, du seigneur, du patron, du décimateur, de la valeur de la cure, du nombre des communiants, s'il y a un maître et une maîtresse d'école, une sage-femme approuvée, un vicaire. Doyennés de Fauville, de Valmont, des Loges, du Havre et de Saint-Romain. — Doyenné de Fauville. 1747. *Yvetot* : cure, 3.000 livres ; 3.200 communiants. — Doyenné de Saint-Romain. 1750. *Angerville-l'Orcher* : 500 communiants, 100 religionnaires, un clerc maître d'école. — Doyenné du Havre. Même date : « *Notre-Dame du Havre* : 20.000 habitants ; 350 religionnaires ; pas assez d'instruction ; Saunier, principal du collège. *Saint-François du Havre* : 8.000 habitants, 40 religionnaires ; pas assez d'instruction. *Graville* : 800 habitants, 40 religionnaires ; clerc maître d'école. *Saint-Michel d'Ingouville* : 450 habitants, 30 religionnaires ; maître et maîtresse d'école ».

G. 9733. (Registre.) — In-folio, 249 feuillets, papier.

1712-1774. — Répertoire des bénéfices-cures. — Noms des paroisses classées suivant l'ordre alphabétique et sur trois colonnes. Au-dessous du nom, mention des dates des provisions.

G. 9734. (Registre.) — In-folio, 61 feuillets écrits, papier.

1700-1802. — Répertoire des bénéfices sans charges d'âmes. — Grands vicaires, de 1714 à 1785 ; membres de l'officialité, de 1720 à 1802 ; dignitaires de la cathédrale, de 1715 à 1787 ; canonicats, de 1700 à 1786 ; chapelles de la cathédrale. — Bénéfices rangés par doyennés.

G. 9735. (Registre.) — In-folio, 71 feuillets écrits, papier.

1671-1690. — « Estat de la valleur et estimation au juste des bénéfices despendans du diocèse de Rouen, faitte par Messieurs les doyens, chacun dans son doyenné. » — « Ensuit les déports affermez en chaque doyenné par année et les prix à commencer depuis 1671 jusques en 1690. » — « Estat des charges qui se payent par Monseigneur sur le revenu de son archevesché » : au receveur du chapitre, chaque année 3.250 l. ; au receveur des décimes, chaque année 5.425 l. 6 s. 8 d. ; aux jésuites pour leur pension, 800 l. ; aux pauvres valides, 500 l. ; au prédicateur du carême, 360 l. ; au prédicateur de l'avent, 240 l. ; au prédicateur de l'octave du Saint-Sacrement, 24 l. ; au prédicateur de l'octave de l'Assomption, 55 l. ; au receveur de l'abbaye de Bonport, 266 l. 13 s. 4 d. ; aux Chartreux du Val-Dieu pour deux barils de harengs saurs à eux dus sur le domaine de Dieppe, 55 l. ; au collège du Saint-Esprit, 150 l. ; à celui des Clémentins, 104 l. ; au s^r Henry, distributeur, pour l'antienne « *O virgo virginum* » qui se chante le jour de Noël, 50 l. ; pour la cène du jeudi saint, 300 l. ; pour le gros cierge de la chandeleur, 87 l. ; à l'avocat de Monseigneur au Parlement, 100 l., à son procureur, 100 l., au clerc du procureur, 15 l. ; aux officiers et juges des hauts jours, au président, 60 l., à chacun des conseillers, 40 l., à l'avocat général, 50 l., et au procureur général, 100 l., en tout, 370 l. ; au sénéchal de l'archevêché, 100 l. ; pour 24 armoiries des armes de Monseigneur et des rubans pour les torches de la procession des Rameaux, 27 l. 12 s. ; aux officiers du château de Gaillon, 1.160 l. ; etc.

G. 9736. (Registre.) — In-folio, 201 feuillets, papier.

1745-1749. — Diocèse de Rouen. — État du personnel ecclésiastique. — En tête du registre : « Règlement du diocèse pour l'approbation des prêtres séculiers ».

G. 9737. (Registre.) — In-folio, 185 feuillets, papier.

1770-1774. — Diocèse de Rouen. — État du personnel eccclésiastique.

G. 9738. (Registre.) — In-folio, 168 feuillets, papier.

1775-1790. — Diocèse de Rouen. — État du personnel ecclésiastique.

G. 9739. (Registre.) — In-folio, 57 feuillets écrits, papier.

XVIIIᵉ siècle. — Diocèse de Rouen. — État du personnel ecclésiastique antérieurement à 1790.

G. 9740. (Registre.) — In-folio, 41 feuillets, papier.

1637-1638. — Registre des ordinations.

G. 9741. (Registre.) — In-folio, 144 feuillets, papier.

1639-1648. — Registre des ordinations.

G. 9742. (Registre.) — In-folio, 148 feuillets, papier ;
4 pièces annexées.

1649-1652. — Registre des ordinations.

G. 9743. (Registre.) — In-folio, 138 feuillets, papier.

1652-1657. — Registre des ordinations.

G. 9744. (Registre.) — In-folio, 90 feuillets, papier.

1657-1660. — Registre des ordinations.

G. 9745. (Registre.) — In-folio, 133 feuillets, papier.

1660-1665. — Registre des ordinations.

G. 9746. (Registre.) — In-folio, 173 feuillets, papier ;
11 pièces annexées.

1665-1670. — Registre des ordinations.

G. 9747. (Registre.) — In-folio, 44 feuillets, papier.

1670. — Registre des ordinations.

G. 9748. (Registre.) — In-folio, 92 feuillets, papier.

1671-1673. — Registre des ordinations.

G. 9749. (Registre.) — In-folio, 50 feuillets, papier.

1673-1675. — Registre des ordinations.

G. 9750. (Registre.) — In-folio, 73 feuillets, papier.

1675-1679. — Registre des ordinations.

G. 9751. (Registre.) — In-folio, 100 feuillets, papier.

1679-1683. — Registre des ordinations.

G. 9752. (Registre.) — In-folio, 77 feuillets, papier ;
1 pièce annexée.

1680-1684. — Registre des ordinations.

G. 9753. (Registre.) — In-folio, 100 feuillets, papier.

1683-1688. — Registre des ordinations.

G. 9754. (Registre.) — In-folio, 74 feuillets, papier.

1688-1693. — Registre des ordinations.

G. 9755. (Registre.) — In-folio, 105 feuillets, papier ;
6 pièces annexées.

1688-1696. — Registre des ordinations.

G. 9756. (Registre.) — In-folio, 83 feuillets, papier.

1692. — Registre des ordinations.

G. 9757. (Registre.) — In-folio, 208 feuillets, papier.

1696-1707. — Registre des ordinations.

G. 9758. (Registre.) — In-folio, 194 feuillets, papier ;
3 pièces annexées.

1708-1717. — Registre des ordinations.

G. 9759. (Registre.) — In-folio, 75 feuillets, papier.

1717-1719. — Registre des ordinations.

G. 9760. (Registre.) — In-folio, 153 feuillets, papier.

1719-1725. — Registre des ordinations.

G. 9761. (Registre.) — In-folio, 96 feuillets, papier.

1734-1736. — Registre des ordinations.

G. 9762. (Registre.) — In-folio, 137 feuillets, papier.

1744-1746. — Registre des ordinations.

G. 9763. (Registre.) — In-folio, 156 feuillets, papier.

1747-1753. — Registre des ordinations.

G. 9764. (Registre.) — In-folio, 182 feuillets, papier ; 3 pièces annexées.

1753. — Registre des ordinations.

G. 9765. (Registre.) — In-folio, 144 feuillets, papier.

1753-1760. — Registre des ordinations.

G. 9766. (Registre.) — In-folio, 201 feuillets, papier.

1760-1768. — Registre des ordinations.

G. 9767. (Registre.) — In-folio, 182 feuillets, papier.

1768-1775. — Registre des ordinations.

G. 9768. (Registre.) — In-folio, 173 feuillets, papier.

1784-1790. — Registre des ordinations.

G. 9769. (Registre.) — In-folio, 29 feuillets écrits, papier.

1791-1793. — Registre des ordinations.

G. 9770. (Registre.) — In-folio, 89 feuillets, papier.

1637-1645. — Registre de dimissoires.

G. 9771. (Registre.) — In-folio, 93 feuillets, papier.

1645-1657. — Registre de dimissoires.

G. 9772. (Registre.) — In-folio, 89 feuillets, papier.

1657-1666. — Registre de dimissoires.

G. 9773. (Registre.) — In-folio, 18 feuillets écrits, papier.

1666-1671. — Registre de dimissoires.

G. 9774. (Registre.) — In-folio, 400 feuillets, papier.

1747-1758. — Catalogue alphabétique des ordinands entrés au séminaire. — Ce catalogue contient, dans une première colonne, l'âge de l'ordinand ; dans une deuxième, ses nom et surnoms, les dates des différentes ordinations qu'il a reçues, et les études qu'il a faites ; dans une troisième, une note sur ses mœurs ; dans une quatrième, une note sur sa capacité.

G. 9775. (Registre.) — In-folio, 199 feuillets, papier.

1759-1786. — Catalogue alphabétique des ordinands du diocèse de Rouen ; notes de collège et de séminaire recueillies sur eux : « *Pro ordinatione quatuor temporum septembris 1766. Acolyti. Taveau (Philippus-Thomas), e parrochia Beatæ Mariæ Portugratianæ, juxta notas Cadomenses, scientia et pietate sufficiens. Hic melior visus est* ». — 1760. « *Hallay (Antonius), e parrochia de S. Vaast de Dieppedalle, scientia, indole et pietate satis bonus* ». — 1786. « *Gossier (Joseph-Franciscus), e parrochia S. Jacobi Deppensis, 1. annus de theologiæ studiis in collegio Rothomagensi, scientia, pietate et indole bonus* ». — A la fin du registre, table alphabétique générale.

G. 9776. (Registre.) — In-folio, 43 feuillets, papier.

1786-1790. — Registre analogue au précédent.

G. 9777. (Registre.) — In-folio, 141 feuillets, papier.

XVIIIe siècle. — Abbayes et doyennés du diocèse de Rouen. — Renseignements sur le personnel.

G. 9778. (Registre.) — In-folio, 96 feuillets, papier.

1723-1738. — Signature du formulaire ; adhésions par les curés, les vicaires et les ordinands aux constitutions d'Innocent X, du 3 mai 1653; d'Alexandre VII, du 16 octobre 1656. — Nombre infini de signatures.

G. 9779. (Registre.) — In-folio, 133 feuillets, papier.

1740-1743. — Registre analogue au précédent.

G. 9780. (Registre.) — In-folio, 147 feuillets, papier.

1789. — Registre analogue au registre G. 9778.

G. 9781. (Registre.) — In-folio, 60 feuillets, papier.

1713-1724. — Registre des prédicateurs approuvés dans le diocèse de Rouen.

G. 9782. (Registre.) — In-folio, 144 feuillets, papier ;
43 pièces annexées.

1725-1732. — Doyenné de la Chrétienté. — Prêtres approuvés pour confesser et prêcher.

G. 9783. (Registre.) — In-folio, 305 feuillets, papier.

1720. — Registre des vicaires, et confesseurs approuvés du diocèse de Rouen.

G. 9784. (Registre.) — In-folio, 58 feuillets, papier.

1460-1461. — « *Copia registri emendarum, composicionum et sacrorum locorum reconciliacionum factarum in curia archiepiscopali Rothomagensi sub reverendissimo in Christo patre et domino domino Guillelmo, miseratione divina tituli Sancti Martini in Montibus presbytero cardinali de Estoutevilla, Rothomagensi archiepiscopo, incepti anno Domini 1460 die festo Sancti Michaelis in Monte Gargano, et finientis ad consimilem diem anno revoluto, venerabilibus et circumspectis viris dominis et magistris Johanne Du Mesnil, vicario et officiali, Gauffrido Caroli, promotore, et Johanne de Roqua, clerico, officii dicte curie Rothomagensis existentibus.* »

G. 9785. (Registre.) — In-folio, 69 feuillets, papier.

1708-1719. — Registre du secrétariat de l'archevêché. — « *Registrum nonnullarum collationum et institutionum tam in diocæsi quam extra expediendarum sub pontificatu... Claudii Mauri d'Aubigné, archiepiscopi Rothomagensis...* ».

G. 9786. (Registre.) — In-folio, 16 feuillets, papier.

1474-1475. — « Compte et estat particullier des nouvaulx acquets fais par messieurs du chappitre de l'esglise Notre-Dame de Rouen, iceluy compte fait et rendu par Robert Le Goupil, chanoine d'icelle esglise, pour ung an commenchant au terme Sainct Michiel 1474 includ, et finissant a semblable terme exclud. » — Somme totale de la recette : 109 l. 19 s. 10 d. tournois ; somme totale des dépenses du présent compte : 38 l. 6 s.

G. 9787. (Registre.) — In-folio, 38 feuillets, parchemin.

1478-1479. — Compte et état des cens et revenus appartenant au chapitre de l'église Notre-Dame de Rouen, rendu par Naudin Ouyn, clerc de ville. — Somme totale de la recette : 1.493 l. 3 s. 11 d. ; somme totale de la dépense : 1.519 l. 19 s. 1 d. — Le présent compte entendu, examiné et clos par Jacques de Rouville, archidiacre d'Eu, Nicolas Gaillart et J. Rousselle, chanoines.

G. 9788. (Registre.) — In-folio, 32 feuillets, parchemin.

1484-1485. — Compte et état des cens, rentes et revenus appartenant au chapitre de l'église Notre-Dame de Rouen, rendu par Naudin Ouyn, clerc de ville. — Somme totale de la recette : 1.526 l. 6 s. 1 d. ; somme totale de la dépense : 1.644 l. 19 s. 9 d. — Compte entendu, examiné et clos par Jacques de Rouville, archidiacre d'Eu, Michel Batencourt, Guillaume Austin et Jo. « de Atrio », chanoines.

G. 9789. (Registre.) — In-folio, 36 feuillets, parchemin.

1487-1488. — Compte et état des cens, rentes et revenus appartenant au chapitre de l'église Notre-Dame de Rouen, rendu par Naudin Ouyn, clerc de ville. — Somme totale de la recette : 1.558 l. 19 s. 7 d. ; somme totale de la dépense : 1.637 l. 12 s. 6 d. — Compte entendu, examiné et clos par Jacques de Rouville, archidiacre d'Eu, Étienne Tuvache, chancelier, J. Roussel, Roger « Vituli » et J. « de Atrio », chanoines.

G. 9790. (Registre.) — In-folio, 36 feuillets, parchemin.

1492-1493. — Compte analogue au précédent, rendu par le même clerc de ville. — Somme totale de la recette : 1.640 l. 2 s. 10 d.; somme totale de la dépense : 1.653 l. 14 s. 10 d. — Compte entendu, examiné et approuvé par Jean « de Atrio », Roger « Vituli » et Nicolas de La Quesnaye, chanoines.

G. 9791. (Registre.) — In-folio, 32 feuillets, parchemin.

1522-1523. — Compte analogue au précédent, rendu par Jean Baudour, prêtre, « receveur clerc de ville ». — Somme totale de la recette : 1.749 l. 14 s. 1 d.; somme totale de la dépense : 1.617 l. 3 s. 11 d. — Compte entendu, examiné et clos par Gombault, de Croixmare, Dufay, chanoines.

G. 9792. (Registre.) — In-folio, 28 feuillets, parchemin.

1530-1531. — Compte analogue au précédent, rendu par Jean Dehors, prêtre, receveur et clerc de ville. — Somme totale de la recette : 1.655 l. 2 s. 7 d.; somme totale de la dépense : 1.209 l. 14 s. 7 d. — Compte entendu, examiné et clos par Gombault, J. Burnel et J. Delaplace, chanoines.

G. 9793. (Registre.) — In-folio, 40 feuilllets, papier.

1531-1532. — Compte analogue au précédent, rendu par Jean Heudequin, prêtre, receveur et clerc de ville. — Somme totale de la recette : 1.606 l. 13 s. 10 d.; somme totale de la dépense : 1.643 l. 3 s. 6 d. — Compte entendu, examiné et clos par Gombault, Delaplace, G. Becdelièvre et J. Rome, chanoines.

G. 9794. (Registre.) — In-folio, 18 feuillets, parchemin.

1545-1546. — Compte analogue au précédent, rendu par Jean Heudequin, prêtre, receveur et clerc de ville. — Somme totale de la recette : 1.988 l. 11 d.; somme totale de la dépense : 1.759 l. 6 s. — Compte entendu, examiné et clos par Gombault, J. Delaplace, J. Rome, J. de Croixmare et Canterel, chanoines.

G. 9795. (Registre.) — In-folio, 16 feuillets, parchemin.

1555-1556. — Compte analogue au précédent, rendu par Jean Heudequin, prêtre, receveur et clerc de ville. — Somme totale de la recette : 2.426 l. 4 s. 8 d.; somme totale de la dépense : 2.447 l. 13 s. 1 d. — Compte entendu, examiné et clos par Gombault, J. Hagerel, J. Delaplace, J. Rome, Canterel, G. Rome, Busquel, chanoines.

G. 9796. (Registre.) — In-folio, 18 feuillets, parchemin.

1556-1557. — Compte analogue au précédent, rendu par Jean Heudequin, prêtre, receveur et clerc de ville. — Somme totale de la recette : 2.418 l. 1 s. 9 d.; somme totale de la dépense : 2.457 l. 10 s. 7 d. — Compte entendu, examiné et clos par J. Hagerel, J. Rome, J. de Croixmare, Canterel, G. Rome, Busquel, chanoines.

G. 9797. (Registre.) — In-folio, 22 feuillets, parchemin.

1558-1559. — Compte analogue au précédent, rendu par Jean Heudequin, prêtre, receveur et clerc de ville. — Somme totale de la recette : 2.618 l. 12 s. 1 d.; somme totale de la dépense : 2.585 l. 12 s. 8 d. — Compte entendu, examiné et clos par J. Rome, J. de Croixmare, Canterel, G. Rome, Dumesnil, chanoines.

G. 9798. (Registre.) — In-folio, 24 feuillets, parchemin.

1560-1561. — Compte analogue au précédent, rendu par Jean Heudequin, prêtre, receveur et clerc de ville. — Somme totale de la recette : 2.620 l. 13 s. 8 d.; somme totale de la dépense : 2.499 l. 2 s. — Compte entendu, examiné et clos par J. Hagerel, Canterel, Busquel, chanoines.

G. 9799. (Registre.) — In-folio, 24 feuillets, parchemin.

1569-1570. — Compte analogue au précédent, rendu par Soyer Le Quien, receveur et clerc de ville. — Somme totale de la recette : 2.739 l. 16 s. 8 d.; somme totale de la dépense : 2.930 l. 16 s. 6 d. — Compte entendu, examiné et clos par R. Dufay, Canterel, Lebrun, Vymont, Lesueur, chanoines.

G. 9800. (Registre.) — In-folio, 24 feuillets, parchemin.

1570-1571. — Compte analogue au précédent, rendu par Soyer Le Quien, receveur et clerc de ville. — Somme totale de la recette : 2.783 l. 5 s. 2 d.; somme totale de la dépense : 2.852 l. 19 s. 6 d. — Compte entendu, examiné et clos par Chappuys, Canterel, Lebrun, Lambert, Vymont, Lesueur, chanoines.

G. 9801. (Registre.) — In-folio, 24 feuillets, parchemin.

1571-1572. — Compte analogue au précédent, rendu par Soyer Le Quien, receveur et clerc de ville. — Somme totale de la recette : 2.731 l. 6 s. 5 d.; somme totale de la dépense : 2.733 l. 6 s. — Compte entendu, examiné et clos par Dufay, Canterel, Lambert, de Clinchamp, Vymont, Lesueur, Bernard, chanoines.

G. 9802. (Registre.) — In-folio, 24 feuillets, parchemin.

1581-1582. — Compte analogue au précédent, rendu par Soyer Le Quien, receveur et clerc de ville. — Somme totale de la recette : 2.070 l. 6 s. 6 d.; somme totale de la dépense : 2.041 l. 1 s. 6 d. — Compte entendu, examiné et clos par Lebrun, Bruyère, Richer, Sequart, Mallet, Hancellin, chanoines.

G. 9803. (Registre.) — In-folio, 24 feuillets, parchemin.

1584-1585. — Compte analogue au précédent, rendu par Soyer Le Quien, receveur et clerc de ville. — Somme totale de la recette : 2.169 l. 10 s. 2 d.; somme totale de la dépense : 2.409 l. 1 s. 8 d. — Compte entendu, examiné et clos par Vymont, Hancellin, Guérard, Marc, Ygoult, Delaplace, chanoines.

G. 9804. (Registre.) — In-folio, 52 feuillets, papier.

1600-1606. — Compte rendu au chapitre de Rouen, par Nicolas Morin, fermier de la recette de clerc de ville pour six ans, à raison de 800 livres par an.

G. 9805. (Registre.) — In-folio, 18 feuillets, papier.

1460-1461. — « Le compte et estat particulier d'aucunes rentes acquises par le chappittre de l'église Nostre Dame de Rouen, qui sont racquétables jusquez à certain temps par ceulx qui les doivent..., desquelles [rentes] Lucas Lenglois, commis à les recepvoir prèz ledit chappittre fait et rent compte aux auditeurs députés et ordonnés par ledit chappittre pour trois termes qui sont escheuz de icelles rentes pour le temps de ce présent compte, c'est assavoir pour les termes de Noël includ 1460 et de Pasques que l'en conte 1461, et du terme Saint Jehan-Baptiste ensuivant 1461. Avec ce fait et rend compte ledit Lucas *pro rata temporis* en tant que il en est escheu de icelles rentes au devant et après des termes dessusdits en tant que ceux qui doivent icelles rentes en ont paié prorata du temps du racquit ou en sont deubz encore d'arrérages... » — Somme totale de la recette : 658 l. 4 s. 6 d.; somme totale de la dépense : 796 l. 11 s. 2 d.

G. 9806. (Cahier.) — In-folio, 10 feuillets, papier.

1468-1469. — Compte des nouveaux acquêts analogue au précédent, rendu par Lucas Lenglois au chapitre de Rouen. — Somme totale de la recette : 971 l. 18 s. 2 d.; somme totale de la dépense : 769 l. 10 s.

G. 9807. (Registre.) — In-folio, 61 feuillets, papier.

1545-1546. — Compte des nouveaux acquêts, analogue au précédent, rendu par Michel Tardivel, prêtre, chanoine de Rouen et receveur des nouveaux acquêts pour le chapitre de Rouen. — Somme totale de la recette : 820 l.; somme totale de la dépense : 126 l. 10 s.

G. 9808. (Registre.) — In-folio, 52 feuillets, papier.

1546-1547. — Compte des nouveaux acquêts, analogue au précédent, rendu par le même. — Somme totale de la recette : 731 l. 17 s. 4 d.; somme totale de la dépense : 246 l. 10 s.

G. 9809. (Registre.) — In-folio, 56 feuillets écrits, papier.

1551-1552. — Compte des nouveaux acquêts, analogue au précédent, rendu par Guillaume Jollys, receveur des nouveaux acquêts pour le chapitre de Rouen. — Somme totale de la recette : 910 l. 14 s. 11 d.; somme totale de la dépense : 381 l. 16 s.

G. 9810. (Registre.) — In-folio, 42 feuillets, papier.

1568-1569. — Compte des nouveaux acquêts, rendu par Mᵉ Mariane de Martimbosc, sieur de Buz, conseiller du Roi, chanoine de l'église de Rouen, grand distributeur et receveur des nouveaux acquêts pour le chapitre de ladite église. — Somme totale de la recette : 1.171 l. 17 s. 6 d.; somme totale de la dépense : 640 l. 15 s. 6 d.

G. 9811. (Registre.) — In-folio, 50 feuillets, papier.

1570-1571. — Compte des nouveaux acquêts, rendu par Marin Crevon, bourgeois demeurant à Rouen, distributeur et receveur des nouveaux acquêts pour le chapitre de ladite ville. — Somme totale de la recette : 1.346 l. 16 s. 6 d.; somme totale de la dépense : 793 l. 19 s. 6 d.

G. 9812. (Registre.) — In-folio, 40 feuillets, papier.

1573-1574. — Compte des nouveaux acquêts, rendu par le même. — Somme totale de la recette : 1.703 l. 14 s.; somme totale de la dépense : 1.206 l.

G. 9813. (Registre.) — In-folio, 34 feuillets, papier.

1581-1582. — Compte des nouveaux acquêts, rendu par Martin Regnard, bourgeois demeurant à Rouen, distributeur et receveur des nouveaux acquêts pour le chapitre de ladite ville. — Somme totale de la recette : 240 l. 9 s. 8 d.; somme totale de la dépense : 171 l. 10 s. 1 d.

G. 9814. (Registre.) — In-folio, 38 feuillets, papier.

1582-1583. — Compte des nouveaux acquêts, rendu par le même. — Somme totale de la recette : 246 l. 5 s. 6 d.; somme totale de la dépense : 175 l. 10 s. 6 d.

G. 9815. (Registre.) — In-folio, 34 feuillets, papier.

1583-1584. — Compte des nouveaux acquêts, rendu par le même. — Somme totale de la recette : 236 l. 19 s. 10 d.; somme totale de la dépense : 176 l. 4 s.

G. 9816. (Registre.) — In-folio, 73 feuillets, papier.

1601-1602. — Compte des nouveaux acquêts, rendu par le même.

G. 9817. (Registre.) — In-folio, 65 feuillets, papier.

1604-1605. — Compte des nouveaux acquêts, rendu par le même. — Somme totale de la recette : 577 l. 5 s. 5 d.; somme totale de la dépense : 844 l. 18 s. 6 d.

G. 9818. (Registre.) — In-folio, 69 feuillets, papier.

1605-1606. — Compte des nouveaux acquêts, rendu par le même. — Somme totale de la recette : 658 l. 18 s. 10 d.; somme totale de la dépense : 1.014 l. 4 s.

G. 9819. (Registre.) — In-folio, 60 feuillets, papier.

1606-1607. — Compte des nouveaux acquêts, rendu par Jean Regnard, bourgeois de Rouen, distributeur et receveur des nouveaux acquêts pour le chapitre de ladite ville. — Somme totale de la recette : 699 l. 4 d.; somme totale de la dépense : 1.163 l. 7 s. 6 d.

G. 9820. (Registre.) — In-folio, 51 feuillets, papier.

1607-1608. — Compte des nouveaux acquêts, rendu par le même. — Somme totale de la recette : 529 l. 18 s. 4 d.; somme totale de la dépense : 1.138 l. 5 s. 5 d.

G. 9821. (Registre.) — In-folio, 49 feuillets, papier.

1613-1614. — Compte des nouveaux acquêts, rendu par le même. — Somme totale de la recette : 672 l. 14 s.; somme totale de la dépense : 1.598 l. 2 s. 9 d.

G. 9822. (Registre.) — In-folio, 49 feuillets, papier.

1615-1616. — Compte des nouveaux acquêts, rendu par Guillaume Piedelièvre, bourgeois de Rouen, grand receveur et distributeur pour le chapitre de ladite

10

ville. — Somme totale de la recette : 529 l. 4 s. ; somme totale de la dépense : 1.443 l. 2 s. 8 d.

G. 9823. (Registre.) — In-folio, 47 feuillets, papier.

1627-1628. — Compte des nouveaux acquêts, rendu par le même. — Somme totale de la recette : 680 l. 5 s. 6 d. ; somme totale de la dépense : 1793 l. 1 s. 8 d.

G. 9824. (Registre.) — In-folio, 45 feuillets, papier.

1639-1640. — Compte des nouveaux acquêts, rendu par Charles Delaistre, bourgeois de Rouen, grand receveur et distributeur du chapitre de ladite ville. — Somme totale de la recette : 68 l. ; somme totale de la dépense : 2.286 l. 3 s. 5 d.

G. 9825. (Cahier.) — In-folio, 7 feuillets, parchemin.

1558-1559. — « Compte et estat des rentes, receptions des degnitez, chanoynes et chapellains, des gros et fruictz des prébendes vaccans desdits sieurs chanoynes, venans par mort ou estant en litige et pension annuelle deue sur le bénéfice de Sainct-Maclou de Rouen, rendu par Jehan Le Brun, chanoyne de ladicte église et receveur des vaccans pour lesdits sieurs... ». — Somme totale de la recette : 618 l. ; somme totale de la dépense : 824 l. 13 s. 9 d.

G. 9826. (Cahier.) — In-folio, 8 feuillets, parchemin.

1560-1561. — Compte analogue au précédent, rendu par Laurent de Maromme, bourgeois de Rouen. — Somme totale de la recette : 767 l. ; somme totale de la dépense : 871 l. 5 s. 2 d.

G. 9827. (Cahier.) — In-folio, 10 feuillets, parchemin.

1561-1562. — Compte analogue au précédent, rendu par le même. — Somme totale de la recette : 1.644 l. ; somme totale de la dépense : 1.075 l. 15 s. 7 d.

G. 9828. (Cahier.) — In-folio, 16 feuillets, parchemin.

1562-1563. — Compte analogue au précédent, rendu par le même. — Somme totale de la recette : 692 l. ; somme totale de la dépense : 952 l. 15 s. 10 d.

G. 9829. (Cahier.) — In-folio, 7 feuillets, parchemin.

1563-1564. — Compte analogue au précédent, rendu par Jean Lesueur, chanoine de Rouen. — Somme totale de la recette : 727 l. ; somme totale de la dépense : 869 l. 3 s. 3 d.

G. 9830. (Cahier.) — In-folio, 10 feuillets écrits, papier.

1597-1598. — Compte analogue au précédent, rendu par Martin Regnard, bourgeois de Rouen. — Somme totale de la recette : 709 l. ; somme totale de la dépense : 475 l. 9 s. 7 d.

G. 9831. (Cahier.) — In-folio, 13 feuillets, parchemin.

1491-1492. — Compte « de la valeur et revenue de la ville de Dieppe, Boutteillez et le Pollet tant en rentes, travaulx a mareschal et moulins à brasseurs, fermes, louaiges, astelliers de navires, bourgois nouveaulx, la widezon de la boitte, harens venus en groe ou aultrement, maquelezon et aultres acquits de marchandises venues par mer ou portées hors, en tant seullement que deu en est, amendes, forfaitures que aultres chozes appartenans à très reverend père en Dieu mons' l'archevêque de Rouen et seigneur desdits lieux », rendu par Jean Blanchaston, prêtre, receveur pour ledit archevêque. — Somme totale de la recette : 4.206 l. 13 s. 2 d. ; somme totale de la dépense : 1.593 l. 18 s. 9 d.

G. 9832. (Cahier.) — In-folio, 8 feuillets, parchemin.

1471-1472. — « Compte et estat des arrerages recouvrables du compte [de messire] J. Delestre, chanoine, naguères distributeur de l'église Nostre-Dame de Rouen ».

G. 9833. (Registre.) — In-folio, 42 feuillets, papier.

1671-1672. — « Compte de François Henry, prebstre, chanoine des Quinze-Livres en l'église cathédrale de Rouen et distributeur du chœur de ladite église, des receptes et mises ». — Somme totale de la recette : 19.234 l. 1 s. 6 d. ; somme totale de la dépense : 19.241 l. 13 s. 6 d.

G. 9834. (Registre.) — In-folio, 30 feuillets, papier.

1675-1683. — « Mémoire des deniers receus par nous Nicolas Tronel et Philippe Charles, prestres, chanoines de l'église primatialle de Normandie et intendans du coffre du chapitre. »

G. 9835. (Registre.) — In-folio, 7 feuillets, papier.

1733-1734. — « Compte de monsieur Marc-Antoine Bertaut, prêtre, chanoine de l'église métropolitaine de Rouen, trésorier de l'archevêché dudit lieu sous l'autorité du vénérable chapitre de ladite église, le siège archiepiscopal vacant par la mort de feu Mons' l'illme et rev^me Louis de La Vergne de Tressan, cy-devant archevêque de Rouen, arrivée le 18 avril 1733 en son château de Gaillon », du 18 avril 1733 au 28 janvier 1734 jour auquel mons' Nicolas de Saulx-Tavannes prit possession de l'archevêché par procureur. — Somme totale de la recette : 2.907 l. 12 s.; somme totale de la dépense : 1.306 l. 17 s.

G. 9836. (Registre.) — In-folio, 30 feuillets, parchemin.

1394. — « Compotus Johannis de Montatoria, presbyteri, super recepcionem reddituum dominorum meorum decani et capituli ecclesie Beate Marie Rothomagensis in dicta villa Rothomagensi ».

G. 9837. (Registre.) — In-folio, 109 feuillets, papier.

1512-1538. — État des rentes acquises « de l'argent du coffre » du chapitre de l'église Notre-Dame de Rouen.

G. 9838. (Registre.) — In-octavo, 136 feuillets, papier; 2 pièces annexées.

1539-1540. — « Papier-journal du revenu de messeigneurs de chappitre de l'église de Rouen, receu par moy Mellon Preudomme, chanoyne et grand distributeur de ladicte église ». — Quelques feuillets du milieu déchirés.

G. 9839. (Registre.) — In-quarto, 102 feuillets, papier.

1757-1760. — Journal de recettes du chapitre de Notre-Dame de Rouen. — Table alphabétique à la fin du registre.

G. 9840. (Registre.) — In-folio, 69 feuillets, papier.

1623-1630. — « Compte de la recette et mise de l'administration de la confrarie de Ste Cécile, fondée en l'église cathédralle Nostre Dame de Rouen, pour l'année commençant au jour et feste Ste Cécile 22e jour de novembre 1623 et finissant à semblable jour et feste 1624, que rend à messieurs les princes et confrères de ladicte confrarie Pierre Marc, chanoine en ladite église, l'un des princes de la dite confrarie, préposé par lesdits sieurs à l'administration d'icelle pour ladite année », et autres comptes faisant suite jusqu'en 1630. — 1627. « Mises faictes durant l'an 1627 pour la principaulté de M. Le Doux, conseiller au Parlement. 17 novembre, pour deux petits tableaux de Ste Cécile, 64 sous ; à M. Lebourg, tapissier, pour la tapisserie, 16 livres ; au maître des enfants de chœur, la somme de 42 livres, à savoir 15 livres pour le soupper de la veille, 12 livres pour le diner du jour, 12 livres pour le soupper du jour avec 60 sous pour le disner du lendemain ; à Autin, orfèvre, pour les prix de ladicte confrérie pesant un marc et une once, 38 livres 18 sous ; à deux hommes qui ont monté aux galleries pour tirer les cordes de la tente du pulpite, 5 sous ; aux musiciens qui ont chanté sur le Puy par l'advis de Messieurs les princes et confrères, la somme de 68 sous au lieu de chacun un bonnet ; à Eustache, tendeur, la somme de 12 livres 10 sous pour avoir tendu et détendu la tapisserie tant de l'église que du puy ; le jour de Ste Cécile, la somme de 48 sous pour 21 galons de vin pour faire boire tant les chantres chantants sur le puy qu'autres assistants pour juger les prix ; pour port de paquets de musique receus de divers endroits, 58 sous. »

G. 9841. (Registre.) — In-folio, 12 feuillets, papier.

1623-1626. — Double des comptes précédents. Le dernier est incomplet.

G. 9842. (Registre.) — In-folio, 10 feuillets écrits, papier.

1786. — Inventaire des meubles, ornements, reliques et reliquaires trouvés dans les armoires et tiroirs de la grande sacristie de l'église métropolitaine de Rouen, d'après le recensement fait au mois de mars de l'année 1786 par MM. de Mésonval, de Goyon et Le Baillif-Mesnager, chanoines intendants *ad domos*, et de la fabrique de la dite église.

G. 9843. (Registre.) — In-folio, 243 feuillets, papier.

1673-1680[1]. — Délibérations capitulaires de Notre-Dame de Rouen, commençant au 1er octobre 1673, finissant au 30 septembre 1780. — Registre en mauvais état ; les derniers feuillets sont détruits par l'humidité. — 3 février 1674. Gages de 100 livres accordés à Me Jacques Réaux, prêtre, maître des enfants de chœur « en la langue latine ». — 1er mars. Reliques de saint Romain et de saint Évode à demander à l'abbaye de Braisne en Soissonnais. — 5 mars. Serment de fidélité de Mgr Rouxel de Médavy, archevêque de Rouen. — 24 mars. Devoirs et obligations du chancelier. — 2 juillet. *Te Deum* pour la réduction de la ville de Salins et la victoire « gaignée par M. le vicomte de Turenne, mareschal général des armées du Roy, contre l'armée de l'empereur commandée par le duc de Lorraine et le colonel Caprara, dans le Palatinat, le 16 du mois de juin ». — 17 août. Nomination de Jacques Boivin comme organiste. — 13, 19, 26, 28 mars 1675. Vente et aliénation d'un ténement de maisons appartenant au chapitre, avec une portion de la place de la Calende, faites à l'hôtel-dieu pour construire une salle d'infirmerie. — 30 avril. Serment de fidélité de l'évêque de Séez. — 15 novembre. Règlement du chapitre qui fixe et détermine une somme de 300 l. payable à l'avenir par MM. les chanoines « derniers logés », moyennant laquelle ils seront déchargés à l'avenir de faire le repas de l'Ascension. — 1er juin 1676. Pour empêcher les entrées et sorties des chapelains du collège d'Albane à des heures indues, les portes devront être fermées à 9 heures du soir en hiver et à 10 heures en été. — 11 août. *Te Deum* à l'occasion de la réduction de la ville d'Aire. — 20 août. Anciens statuts et règlements « du chœur et des chapelains de l'église » édictés par le chapitre en 1361 et confirmés par le pape Urbain. — 22 août. Défense au maître des enfants de chœur d'en envoyer aucuns chanter dans la ville sous quelque prétexte que ce soit. — 23 novembre. Condoléances du chapitre à Mgr de Médavy à l'occasion du décès du chevalier de Grancey son neveu. — 26 novembre. Nomination de commissaires pour la réformation de la discipline de l'église : ils auront « tout pouvoir de corriger et chastier les chapellains, musiciens et habituez qu'ilz trouveront ou recongnoistront avoir transgressé les statuts et règlements du chapitre ».

1. Pour la période antérieure, cf. les articles G. 2115 à G. 2214.

— 23 janvier 1677. Décision portant que la réédification de la porte du collège d'Albane sera payée des deniers provenant des chaises. — 26 avril. *Te Deum* à l'occasion de la victoire remportée à Cassel par Mgr. le duc d'Orléans, et de la prise des villes de Cambrai et Saint-Omer. — 29 novembre. *Te Deum* pour la réduction des ville et château de Fribourg. — 9 mars 1678. Règlement contre les sorties des enfants de chœur. — 23 mars. *Te Deum* pour la prise de Gand ; 7 janvier 1679, pour la ratification de la paix entre la France et l'Espagne. — 2 janvier 1780. Règlement touchant les offices de diacre et de sous-diacre. — 31 janvier. La croix de la place de la Calende est mise à la charge de l'hôtel-dieu suivant l'accord intervenu entre le chapitre et l'administration. — 7 et 9 février. Lettres de compliment à Mgr. de Médavy, archevêque, et à M. de Colbert, à l'occasion de la nomination de ce dernier en qualité de coadjuteur. — 28 août. Prise de possession de l'archevêché de Rouen, en qualité de coadjuteur, par Mgr. Jacques-Nicolas de Colbert, archevêque de Carthage.

G. 9844. (Registre.) — In-folio, 140 feuillets, papier.

1680-1687. — Délibérations capitulaires de Notre-Dame de Rouen, commençant au 1er octobre 1680, finissant au 30 septembre 1687. — 18 mars 1682. Lettre de condoléances du chapitre à l'archevêque de Paris, à l'occasion du décès de son frère, le marquis de Bréval. — 2 mai. Édit du Roi portant modification de la régale. — 30 mai. Députation nommée pour aller saluer à son arrivée, au nom du chapitre, M. le marquis de Beuvron, lieutenant du Roi. — 15 février-12 mars 1681. Arrêt du Conseil portant rétablissement dans son intégrité du droit de committimus. Ce rétablissement avait été sollicité les 15 et 24 octobre 1680. — 13 août 1682. *Te Deum* pour la naissance de M. le duc de Bourgogne. — 19 février 1683. « M. le marquis de Brevent estant venu au chapitre de la part de Monseig. l'evesque de Lizieux et de la famille de feu Mons. le comte de Matignon, accompagné du syndic de la ville de la part des échevins de cette ville, demande qu'il plust à la compagnie accorder qu'il fust faict un service en cette église pour le repos de l'ame de mondit feu sr le comte de Matignon, lieutenant pour le Roy en Normandie. » Ce service est fixé au 26 février. — 2-25 août 1683. Emprunt d'une somme de 600 l. fait du consentement du chapitre par M. Ridel, intendant des collèges du Pape, d'Albane et Darnétal fondés en cette église, pour subvenir aux réparations extraordinaires occasionnées par la tempête. — 7 août. Demande de service pour le repos de l'âme de M. Pellot, premier président au parlement de Rouen. — 8 septembre. Lettres de condoléances à Mgr. de Colbert, coadjuteur, pour la mort de M. de Colbert, son père. — 30 septembre. Fixation à la somme de 200 l. des gages de l'organiste. — 3 janvier 1684. *Te Deum* pour la naissance du duc d'Anjou. — 7 juin. Députation envoyée à M. de Marillac, intendant de la généralité de Rouen, à son arrivée à Rouen. — 17 juin. *Te Deum* à l'occasion de la prise de la ville de Luxembourg. — 16 août. Nomination de MM. Ridel et de Séricourt « pour examiner ensemble l'obituaire fait par Mᵉ François d'Igouville à l'usage de cette église et le conférer sur les anciens obituaires qui sont aux archives ». — 2 octobre. Fixation des gages de l'organiste à la somme de 400 l. — 2 avril 1685. M. Ridel est prié d'écrire à Paris à M. Gaudon pour lui demander de s'informer de ce que pourrait faire le chapitre pour se pourvoir contre l'arrêt du Parlement ordonnant « qu'il sera fait dans les paroisses de la campagne une taxe pour la subvention des pauvres dont les ecclésiastiques doivent payer la 6ᵉ partie ». — 30 juillet. Certificat envoyé au chapitre de Cambrai touchant le serment dû à l'église de Rouen par les évêques, abbés et abbesses de la province. — 8-14 août. Marché passé avec Mᵉ Jean Aubert, fondeur, pour la fonte d'une cloche pour la cathédrale, du poids de 11 à 12,000 livres, dont « le métal sera pris des cloches nommées Romaine, Guillaume d'Estoutteville, La Petite Marie et Complie », et laquelle serait « d'un ton entre Georges d'Amboise et Marie d'Estoutteville ». — 22 août. Obligation pour les chanoines titulaires et honoraires d'assister au chapitre général. — 25, 26 et 29 octobre. Au sujet d'un arrêt du Parlement rendu contre le lieutenant criminel du bailliage qui, au préjudice des droits du chapitre, avait fait transférer un homme accusé de vol des prisons du chapitre dans celles du bailliage. — 22 décembre. Don d'une somme de 250 livres au P. Pommeraye, religieux bénédictin de l'abbaye de Saint-Ouen, pour l'*Histoire de la cathédrale*, écrite par lui, à charge d'en délivrer un exemplaire relié à chacun des membres du chapitre. — 3, 7, 22, 24 et 29 décembre 1685 ; 7, 14, 15, 16, 18 et 23 janvier, 1, 8, 11, 15, 18, 22 et 25 février, 1, 4, 6 et 15 mars, 17 avril, 4 novembre 1686 ; 19 mars 1687. Décisions au sujet des réparations à faire à l'orgue de la cathédrale, à la suite des ruines occasionnées par la tempête. — 9 août 1686. Députés nommés pour aller, de la part du chapitre, saluer M. le premier président du Parlement

à son arrivée. — 12 août. Nomination d'une députation pour aller saluer M. de La Briffe, intendant de la généralité de Rouen. — 18 septembre. *Te Deum* à l'occasion de la naissance du duc de Berry. — 3 septembre 1687. Nomination de Mᵉ Antoine Le Breton, avocat au Parlement, à l'office de bailli de la haute-justice du chapitre, vacant par la démission de Mᵉ Agabus Mauroy, avocat au Parlement.

G. 9845. (Registre.) — In-folio, 415 feuillets, papier.

1687-1689. — Délibérations capitulaires de Notre-Dame de Rouen, commençant au 1ᵉʳ octobre 1687, finissant au 21 octobre 1694. — 15 octobre 1687. Intervention du chapitre dans un procès entre le Parlement et la Chambre des comptes pendant au conseil privé du Roi. — 3 novembre 1688. Dépenses à tous chapelains et habitués de l'église « de se servir de camaux et d'aumusses de dos de gris, ny de porter de velours ou de satin à leurs habits d'hyver ». — 10 novembre. *Te Deum* « pour la prise de Philipsbourg et autres villes situées sur le Rhin par les armées de Sa Majesté commandées par Monseigneur le Dauphin et par le marquis de Boufflers ». — 26 novembre. Nomination de Mᵉ Antoine Le Breton, avocat au Parlement, en qualité d'avocat-conseil du chapitre, au lieu du sʳ de Saint-Blaise. — 1ᵉʳ février 1689. Députation nommée pour aller saluer M. de Chamillart, intendant de la généralité, et lui présenter le pain et le vin en la manière ordinaire. — 23 mai. Les archidiacres sont priés de faire payer exactement dans le cours de leurs visites le droit de débite dû à cette église. — 17 août. Décision portant qu'à l'avenir les archives ne pourront être communiquées à qui que ce puisse être, sous quelque prétexte que ce soit, sans ordonnance expresse du chapitre; et qu'il sera déposé aux archives un registre dans lequel seront enregistrés les récépissés des pièces qui seront communiquées. — 5 septembre. Déclaration à faire des foires et marchés des seigneuries du chapitre, conformément à l'ordonnance de l'intendant du 2 septembre. — 12 septembre, 7 août et 29 octobre 1691. Arrêt du parlement de Rouen touchant la détention d'un habitué de l'église dans la prison du bailliage au préjudice des droits du chapitre sur ses justiciables. — 27 janvier 1690. Obligations particulières du messager du chapitre. — 10 février. Règlement pour la sonnerie de la cathédrale. — 1ᵉʳ mars. Ordre de faire procéder à l'inventaire, demandé par le Roi, de l'argenterie existant dans les églises du diocèse. — 10 juillet. Jubilé accordé par le pape Alexandre VIII. — 21 juillet. *Te Deum* à l'occasion de la victoire remportée en Flandre le 1er juillet par l'armée de Sa Majesté commandée par le maréchal de Luxembourg sur l'armée « des états généraux des provinces unies » et autres alliés commandée par le prince de Waldeck. — 28 juillet. Autre pour les succès remportés par la flotte de Sa Majesté commandée par le comte de Tourville, vice-amiral de France, sur les flottes anglaise et hollandaise. — 2 septembre. Autre pour la victoire remportée par l'armée de Catinat sur celle de Savoie le 18 août. — 24 novembre. Service funèbre demandé par Mgr. le Coadjuteur pour le repos de l'âme de feu M. Colbert, marquis de Seignelay, secrétaire et ministre d'état, son père. — 11 décembre. Règlement portant défense aux membres des confréries d'emporter dans leurs maisons les ornements, meubles et argenterie desdites confréries. — 3 février 1691. Décès de Mgr. François Rouxel de Médavy, archevêque de Rouen, survenu à Mâcon le 2 janvier. — 3 février. Députation nommée pour aller complimenter Mgr. de Colbert, archevêque de Rouen, « sur sa dignité d'archevêque de Rouen ». — 19 février. Ouverture du testament de feu Mgr. Rouxel de Médavy. — 4 avril. Réunion de la chapelle de Saint-Marc au séminaire. — 4 avril. Commissaires nommés pour travailler au cérémonial à suivre dans les églises du diocèse. — 2 mai. *Te Deum* pour la reddition de la ville de Mons. — 7 mai. Décès de me Charles de Faulcon de Rye, chevalier, marquis seigneur de Charleval, comte de Basqueville, conseiller du Roi en tous ses conseils et premier président du parlement de Normandie. — 9 juillet. Au sujet d'une proposition, « pour approcher le séminaire archiépiscopal de cette église (la cathédrale), de le faire bâtir dans la place du collège des Clémentins ou du Pape, sciz rue et paroisse de Saint-Nicolas ». — 27 juillet. Nomination de me Jacques Vincent, avocat, à l'office d'avocat-fiscal des baronnie et bailliage de Londinières, vacant par le décès de me Pierre Engren. — 8 janvier 1692. *Te Deum* à l'occasion de la reddition au Roi du fort de Montmélian en Savoie le 20 décembre 1691. — 6 mai. Cérémonie de la réception de Sa Majesté la reine douairière d'Angleterre. — 17 mai. Jubilé accordé par le pape Innocent XII. — 2 juin. Nomination de me Jean-Baptiste Gobbé, avocat au Parlement, en qualité d'avocat du chapitre en ladite cour au lieu et place de feu me Antoine Le Breton ; de me Adrien Ynor, avocat au Parlement, en qualité de bailli haut-justicier du chapitre au lieu et place dudit feu me Antoine Le Breton. — 22 août. *Te Deum* à l'occasion de la victoire remportée en Flandre le 3 août par

l'armée du maréchal de Luxembourg sur l'armée des Alliés commandée par le prince d'Orange. — 6 février 1693. Décision portant que les membres du chapitre ne pourront refuser les commissions ou députations pour lesquelles ils seront nommés. — 12 juin. *Te Deum* à l'occasion de la réduction des ville et château de Heidelberg par l'armée du maréchal de Lorges. — 26, 30 juin. Au sujet d'une entreprise du curé de Saint-Godard sur les droits du chapitre en administrant les sacrements à un chapelain titulaire sans la permission du chapitre. — 19 août. Règlement touchant la robe rouge que doivent porter Mrs les dignitaires aux fêtes solennelles. — 22 août. *Te Deum* à l'occasion de la victoire remportée à Herwinde par l'armée du maréchal de Luxembourg sur l'armée des Alliés commandée par le prince d'Orange. — 9 septembre. Députation nommée pour aller saluer M. Bignon, intendant de la généralité, à son arrivée à Rouen. — 3 novembre. *Te Deum* pour la prise de Charleroi. — 15 décembre. Règlement portant défense de se promener dans l'église. — 10 mars 1694. Députation nommée pour aller saluer M. d'Ormesson, intendant de la généralité, à son arrivée à Rouen. — 22 mars. Autre nommée pour aller saluer M. de Matignon, lieutenant du Roi en Normandie. — 15 mai. Nomination de commissaires pour faire la visite générale des maisons canoniales. — 5 juillet. *Te Deum* pour la prise des ville et château de Palamas en Catalogne par l'armée du maréchal de Noailles. — 21 juillet. Autre pour la prise de la ville de Gironne.

G. 9846. (Registre.) — In-folio, 396 feuillets, papier.

1694-1703. — Délibérations capitulaires de Notre-Dame de Rouen, commençant au 22 octobre 1694, finissant au 2 octobre 1703. — 1er mars-29 avril 1695. Députation nommée pour aller saluer M. le duc de Montmorency, gouverneur de la province, à son arrivée à Rouen. — 31 mars, 2 avril 1695 ; 23 février et 30 septembre 1699. Nouvelle édition du bréviaire. Commission nommée pour examiner et conférer avec l'archevêque au sujet de quelques changements par lui projetés. — 8 avril. Autorisation accordée à M. Boyvinet, de mettre une perruque en célébrant la messe. — 13 juillet. Permission au vicaire de la paroisse de Sainte-Croix-des-Pelletiers d'administrer les sacrements à un chapelain titulaire, demeurant sur ladite paroisse, au lieu de les lui administrer à la cathédrale, eu égard à la grande distance. — 9 septembre. M. de La Hogue, intendant des affaires, « est prié de voir Made l'abbesse de Saint-Amand au sujet de la rupture qu'elle a fait faire de la porte du réservoir des fontaines qui sont dans le parvis de cette église et dans l'abbaye de Saint-Amand, au préjudice des concordats qui sont entre le chapitre et ladite dame abbesse ». — 26 mars 1696. Jubilé accordé par le pape Innocent XII « pour implorer la miséricorde de Dieu et lui demander la paix entre les princes chrétiens ». — 18 août. Canonisation de saint Jean de Saint-Facond. Ordre de la cérémonie qui s'observera le mercredi 22 août en l'église du grand couvent des pères Augustins de Rouen. — 15 septembre. Nomination de Me Jean-Baptiste Gobbé, avocat au parlement, à l'office de bailli haut-justicier du chapitre, vacant par le décès de Me Adrien Ynor. — 1er juillet 1697. Nomination de Me François-Michel Ynor, avocat au parlement, à l'office de bailli haut-justicier du chapitre « et pour faire les fonctions d'avocat pour le chapitre de ladite cour », aux mêmes gages, profits, revenus et émoluments que Me Jean-Baptiste Gobbé. — 1er juillet. *Te Deum* pour la réduction de la ville d'Ath en Flandre. — 9 septembre. Autre pour la réduction de la ville de Barcelone. — 27 novembre. Autre « en actions de grâces de la paix conclue entre Sa Majesté, les rois d'Espagne et d'Angleterre et les estats généraux des provinces unies ». — 19 janvier 1698. Autre pour « la paix conclue entre Sa Majesté, l'Empereur et l'empire ». — 12 novembre. Avis donné au chapitre par le sr Gestard, secrétaire de M. de Chamillart, intendant des finances, de l'arrêt du Conseil privé du Roi rendu le 4 novembre au profit du chapitre au sujet des droits d'aides. — 20 février 1699. M. Louis, prêtre, chanoine de Rouen, est nommé « homme vivant, mourant et confisquant », et en cette qualité autorisé par le chapitre à donner et signer tous les aveux et autres actes qu'il conviendra au nom du chapitre. — 27 février. M. Hersent, intendant des affaires, « est prié de faire mettre à exécution par devant M. l'Intendant, lorsqu'il sera à Rouen, l'arrest du Conseil privé du Roy obtenu par M. Gosselin, aux fins du rétablissement des tabellionages des hautes-justices du chapitre. » — 3 août. Commissaires nommés pour aller, de la part du chapitre, remercier M. le Premier Président de l'arrêt rendu en la grande chambre du Parlement contre le fermier des moulins de la ville « pour la franche moulte ». — 6 novembre. Ordre donné au vicaire perpétuel de la paroisse de Saint-Étienne-la-Grande-Église de donner lecture au prône de la messe de ladite paroisse du mandement de Mgr. l'archevêque pour la publication du bref du pape portant condamnation du livre de l'archevêque de Cambrai « De l'explication des maximes

des saints ». — 15 mars 1700. Ordre donné aux intendants *ad domos* de faire la visite générale de toutes les maisons canonicales. — 6 mai 1701. Jubilé ordonné par le pape Clément XI au commencement de son pontificat. — 15 mai 1702. Lettre à écrire à l'archevêque « pour lui faire les compliments de la part du chapitre au sujet de l'arrêt qu'il a fait rendre au Conseil privé du Roi pour la primatie de cette église contre M. l'archevêque de Lyon ». — 11 septembre. *Te Deum* à l'occasion d'une victoire remportée en Italie sur l'Empereur. — 2 octobre et 1er décembre. Règlement qui limite le pouvoir des intendants *ad domos*, qui ne peuvent ordonner de dépenses au-dessus de 20 livres sans en avoir auparavant conféré avec le chapitre. — 24, 27 et 29 octobre. Au sujet du sacre de l'évêque de Périgueux en la cathédrale de Rouen. — 4 juin, 16 juillet 1703. Adjudication des annates. — 27 juin. Bénédiction des drapeaux du nouveau régiment d'Houquetot, faite dans la nef de la cathédrale, à l'autel du Vœu — 8 août. Députation nommée pour aller, au nom du chapitre, saluer à son arrivée à Rouen, M. Le Camus de Pontcarré, premier président du Parlement.

G. 9847. (Registre.) — In-folio, 135 feuillets, papier.

XVIIIe siècle. — Tables des matières les plus importantes contenues dans les délibérations capitulaires de Notre-Dame de Rouen de 1652 à 1703. Il y a neuf tables, une par chaque volume de délibérations : la 1re, du 1er juillet 1652 au 31 décembre 1655; la 2e, du 1er janvier 1656 au 15 janvier 1660; la 3e, du 16 janvier 1660 au 19 juillet 1666; la 4e, du 21 juillet 1666 au 12 janvier 1670; la 5e, du 15 janvier 1670 au 30 septembre 1673; la 6e, du 1er octobre 1673 au 30 septembre 1680; la 7e, du 1er octobre 1680 au 30 septembre 1687; la 8e, du 1er octobre 1687 au 21 octobre 1694; la 9e, du 22 octobre 1694 au 2 octobre 1703.

G. 9848. (Registre.) — In-folio, 495 feuillets, papier.

1703-1711. — Délibérations capitulaires de Notre-Dame de Rouen, commençant au 3 octobre 1703, finissant au 30 décembre 1711. — *Te Deum* pour la prise de Brisac. 6 octobre 1703; pour la victoire « remportée par les armes de Sa Majesté et de M. le duc de Bavière sur celles de l'Empereur commandées par le comte de Styrum ». 15 octobre; pour la prise de Landau et « la victoire remportée par l'armée de Sa

Majesté commandée par M. le maréchal de Tallard sur celle de l'Empereur commandée par le prince de Hesse ». 7 décembre ; pour la prise de la ville d'Augsbourg par le duc de Bavière. 12 janvier 1704 ; pour la prise de la ville du Suse. 27 juin ; pour la naissance du duc de Bretagne. 4 juillet ; pour la prise de la ville de Verceil. 2 août ; « pour l'avantage remporté par l'armée navale de Sa Majesté sur celle des Anglais et Hollandais. 26 septembre ; pour la prise des ville et château d'Ivrée en Piémont. 20 octobre. — 6 avril 1705. Renouvellement et confirmation du règlement du 5 janvier 1622 concernant les chanoines conseillers au Parlement. — 6 mai 1705. *Te Deum* pour la prise des ville et château de Vérone sur le duc de Savoie par l'armée de Sa Majesté commandée par le duc de Vendôme. — 9 septembre. Autre « pour la victoire remportée en Lombardie par l'armée de Sa Majesté commandée par M. le duc de Vendôme sur celle des ennemis de Sa Majesté commandée par le prince Eugène ». — 7 décembre. Publication de la constitution du pape contre le Jansénisme. — 15 janvier 1706. Députation nommée pour aller, de la part du chapitre, complimenter à son arrivée à Rouen M. de Luxembourg, gouverneur de la province. — 26 janvier. *Te Deum* pour la prise de Nice et la réduction de Montmélian en l'obéissance du Roi. — 21 janvier 1707. Autre pour la naissance du duc de Bretagne. — 15 mars. Communication de l'arrêt de la Cour des aides qui décharge les communautés privilégiées des deux sols pour livre des droits d'entrée sur le vin. — 1, 12 et 15 avril. Jubilé universel ordonné par le pape Clément XI. — 23 mai. *Te Deum* pour la victoire remportée à Almanza près Valence, par l'armée du roi d'Espagne, commandée par le duc de Berwick contre les alliés. — 22 août. Députation nommée pour aller saluer le duc de Bouillon. — 16 septembre. *Te Deum* pour la naissance de l'infant d'Espagne, prince des Asturies. — 28 novembre. Autre « pour la réduction de la ville de Lérida en l'obéissance de l'armée du roi d'Espagne par l'armée de Sa Majesté catholique commandée par Mgr. le duc d'Orléans ». — 12 décembre. Avis du décès de Mgr. Jacques-Nicolas de Colbert, archevêque de Rouen, arrivé à Paris le 10 décembre. — 13 décembre. Apposition des scellés au palais archiépiscopal. — 28 décembre. Nomination d'une députation pour aller complimenter Mgr. l'évêque de Noyon nommé à l'archevêché de Rouen. — 20 mars 1708. Service demandé par le duc de Chevreuse pour Mgr. de Colbert. — 2 mai. Vente des meubles de Mgr. de Colbert à la requête de MM. les ducs de Chevreuse et de Beauvilliers, ses

exécuteurs testamentaires. — 18 juin. Règlement pour les inhumations. — 10 juillet. Prise de possession de l'archevêché par Mgr. Claude-Marc d'Aubigné, pair de France. Cette prise de possession avait eu lieu déjà par procureur le 23 avril. — 1er août. *Te Deum* pour la prise de la ville de Tortose par le duc d'Orléans. — 6 septembre 1709. Députation nommée pour aller saluer à son arrivée à Rouen M. Claude-Bonaventure Quantin, sieur de Richebourg, intendant de la généralité. — 20-25 septembre. Autre députation nommée pour aller présenter au gouverneur de la province les condoléances du chapitre à l'occasion du décès de Mad° la duchesse de Luxembourg. — 26 octobre. Réception de MM. Cécille et de La Motte-Hays, échevins, « députés de la maison de ville, avec leurs toques et habits de cérémonie, lesquels, à la prière du président du chapitre, s'étant découverts, ont dit qu'ils venoient demander à la compagnie le jour auquel elle souhaitoit qu'il fust célébré dans le chœur de cette église [un service] pour le repos de l'âme de feue noble et puissante dame Gillone de Gilliers de Clérembault, épouse de Monsieur le duc de Luxembourg, gouverneur de cette province, pour y assister en corps et faire préparer la pompe funèbre usitée en cas pareil aux dépens de la ville ». Le service, après délibération, est fixé au 14 novembre. — 13-14 novembre. Célébration du service pour Mad° la duchesse de Luxembourg. Avaient été réservées : la chapelle de la Vierge, derrière le chœur, à MM. les Trésoriers de France ; la chapelle du Saint-Esprit, à MM. de l'élection ; la chapelle du Grand-Saint-Romain, à MM. les consuls ; la chapelle de Saint-Pierre et Saint-Paul, à MM. de la Table de marbre. — 27 février 1710. *Te Deum* à l'occasion de la naissance du duc d'Anjou. — 30 septembre. Permission accordée de tirer de l'eau des fontaines du chapitre. — 12 janvier 1711. *Te Deum* pour la victoire remportée par le roi d'Espagne sur l'armée de l'archiduc à Villa-Viciosa. — 27 février. Autre pour la prise de Girone par le duc de Noailles. — 15 avril. Obligation pour les membres du chapitre de garder le secret sur ce qui se dit et se passe dans la compagnie « à peine contre les défaillants de 20 livres d'aumônes envers les pauvres et d'interdiction pendant six mois de l'entrée du chapitre ».

G. 9849. (Registre.) — In-folio, 260 feuillets, papier.

1712-1717. — Délibérations capitulaires de Notre-Dame de Rouen, commençant au 2 janvier 1712, finissant au 15 juin 1717. — 4 mars 1712. Service demandé pour le Dauphin et la Dauphine. La lettre du Roi à l'archevêque, du 20 février, est ainsi conçue : « Mon Cousin. Je viens de perdre en moins de six jours mon petit-fils le Dauphin et ma petite-fille la Dauphine. Un coup si accablant et si imprévu me cause une affliction d'autant plus grande que ce Prince joignait à une piété exemplaire toutes les autres vertus dignes de son rang, et que la Princesse sa femme avait justement acquis et partageoit avec luy mon estime et ma tendresse. Comme une perte si irréparable est générale pour tout mon peuple, je dois joindre mes prières aux siennes pour demander à Dieu le repos de leurs âmes et la consolation dont j'ay besoin dans ma douleur. Ainsi, je vous écris cette lettre pour vous dire qu'aussitôt que vous l'aurez reçue vous fassiez faire faire un service solennel dans votre église métropolitaine et des prières publiques dans l'étendue de votre diocèse. Et m'assurant que vous donnerez dans cette occasion des marques de votre piété ordinaire, je prie Dieu qu'il vous ait, Mon Cousin, en sa sainte et digne garde. » Le service fut fixé, après délibération, au 15 juin. Le 14, à 4 heures après midi, furent dites les vigiles auxquelles assistèrent le gouverneur de la province, M. de Luxembourg, la noblesse et les maire et échevins de la ville. Le lendemain eut lieu le service : y assistaient le gouverneur, le Parlement, la Cour des comptes, aides et finances en corps et en robes noires, et les autres corps. — *Te Deum* pour la victoire remportée à Denain et qui a été suivie de la prise de Marchiennes et de la levée du siège de Landrecies. 13 août; pour la prise de la ville de Douai et du fort de la Scarpe. 23 septembre; pour la prise de la ville du Quesnoy. 14 octobre; pour la prise de la ville de Bonchain. 28 octobre. — 9 août 1713. Canonisation du pape Pie V. Il est décidé, le 19 août, que la cérémonie se fera en l'église des pères Jacobins le lendemain. Détails de cette cérémonie. — *Te Deum* pour la paix « signée à Utrecht les 11 et 12 du mois d'avril dernier par les ambassadeurs plénipotentiaires de Sa Majesté et ceux de la reine de la Grande-Bretagne, du roi de Portugal, du roi de Prusse, du duc de Savoie et des états généraux des Provinces Unies ». 19-22 juin; pour la prise de la ville de Landau. 15 septembre; pour la prise de la ville de Fribourg-en-Brisgau. 6 décembre; pour la paix de Rastadt. 10 mai 1714. — 4-6 juin. Constitution du pape Clément XI, du 8 septembre 1713, portant condamnation du livre intitulé *Le nouveau testament en françois avec des réflexions morales*, etc., (Paris, 1699), et de tous autres ouvrages qui ont paru ou pourront paraître à l'avenir pour sa défense. — 4, 8, 15

et 18 juin. Canonisation de saint Félix, de l'ordre des Capucins. — 19 octobre. *Te Deum* pour la réduction de la ville de Barcelone en l'obéissance du roi d'Espagne. — 3 décembre. Autre pour le traité de paix avec les princes de l'Empire. — 26 août 1715. Nomination d'une députation pour aller saluer M. le comte de Beuvron, gouverneur du Vieux-Palais et lieutenant du Roi en Normandie. — 4, 15, 16 et 18 novembre. Service pour le repos de l'âme de Louis XIV demandé par le roi Louis XV. — 13 décembre. Députation nommée pour aller saluer M. Jean-Prosper Goujon, baron de Châteauneuf, intendant de la généralité, récemment arrivé à Rouen. — 12 mai 1716. Députation nommée pour aller complimenter M. de Tourouvre, grand archidiacre, nommé à l'évêché de Rodez. — 15 juillet. Autorisation accordée à un capitaine de vaisseau de faire baptiser en l'église cathédrale « un garçon nègre qu'il a acheté en Guinée ». — 18, 21, 23, 25 et 30 septembre; 1, 3, 7, 15, 26 octobre; 8, 11, 23, 29 janvier 1717; 1er et 6 février; 25 mars. Décisions au sujet des bâtiments de l'archevêché. — 7 avril 1717. Service funèbre demandé par les maire et échevins de la ville pour feu M. le comte de Beuvron, lieutenant du Roi en Normandie. — 19 mai. Communication au chapitre d'une copie du « dictum de l'arrest rendu au Parlement le 2 may 1698 en faveur du chapitre contre les chapelains de Dangu ».

G. 9850. (Registre.) — In-folio, 430 feuillets, papier.

1717 - 1725. — Délibérations capitulaires de Notre-Dame de Rouen, commençant au 16 juin 1717, finissant au 15 juin 1725. — 17 août 1717. Distribution de charges d'offices du chapitre et de la fabrique de l'église cathédrale. — 19 août. Autorisation accordée aux intendants de faire réparer les vitres de la chapelle de la Sainte-Vierge derrière le chœur et remettre en leur premier état. — 15 septembre. Réparations des orgues confiées au sieur Thierry, maître-facteur d'orgues à Paris, moyennant la somme de 1.100 livres. — 20 avril 1718. Réparations à la charpente de la tour Saint-Romain, à la maison de la Messagerie sise rue du Bec et aux fonts baptismaux de la cathédrale. — 26 mai. « Messieurs Cuquemelle et Gosselin, prêtres, chanoines, députés pour visiter cette année les prisons et recevoir les confessions et dépositions des prisonniers criminels prétendants au privilège de Saint-Romain en cette présente année, ont rapporté qu'en exécution de leur commission ils ont visité pendant les trois jours des Rogations et ce jourd'hui matin les

11

conciergeries et prisons de cette ville, et celle de la haute-justice de Saint-Gervais-les-Rouen, exemption de Fescamp, qu'ils ont fait dresser un procès-verbal par le secrétaire du chapitre du refus qui leur a été fait de l'ouverture de celle de la Cour des Comptes, aydes et finances et ont fait comparaître les concierges et geoliers des dites prisons et ont reçu les listes par eux présentées des prisonniers détenus dans les dites conciergeries et prisons, lesquelles ils ont juré véritables. En suite de quoy ils auraient fait comparaître tous les prisonniers les uns après les autres et iceux interrogez séparement s'ils prétendaient audit privilège, dont ils ont fait dresser les procès-verbaux par le secrétaire du chapitre, comme aussi des confessions et dépositions des prisonniers prétendants audit privilège, duement signés et paraphés suivant l'ordonnance. Ouï lequel rapport et lecture faitte desdits procès-verbaux de la confession et déposition de ce qui s'est trouvé de prisonniers prétendants audit privilège en cette présente année, après avoir invoqué la grâce du Saint-Esprit par l'hymne *Veni Creator*, etc..., le verset *Emitte*, etc..., et l'oraison *Deus qui corda*, etc..., l'affaire mise en délibération, Louis-César de Paul Dumoncel, prisonnier en la prison de la haute-justice de Saint-Gervais-lès-Rouen, exemption de Fescamp, a été élu et nommé pour jouir dudit privilège ». Suit le procès-verbal des déposition et confession dudit prisonnier. — 1ᵉʳ octobre. Lettre adressée au nom du chapitre à M. le duc de Luxembourg au sujet de la survivance du gouvernement de la province qu'il a obtenue du Roi pour son fils. — 22 mai 1719. Prise de possession de l'archidiaconé du Grand-Caux par Pierre Robin Desbouillons, prêtre du diocèse de Coutances. — 7 juillet. *Te Deum* pour la prise de Fontarabie; 9 septembre, pour la prise des château et ville de Saint-Sébastien. — 15 décembre. Prise de possession de l'archevêché de Rouen par procuration de Mgr Armand Bazin de Bezons, archevêque de Bordeaux, nommé à l'archevêché de Rouen. — 13 janvier 1720. Procès-verbal de la prise de possession de l'archevêché par ledit Bazin de Bezons. — 10 mai. Don à la bibliothèque du chapitre par M. Le Gendre, chanoine de l'église métropolitaine de Paris, de la vie de feu Mgr François de Harlay, en son vivant archevêque de Rouen, puis archevêque de Paris. — 19 mai. Cérémonie du serment de l'évêque d'Avranches. — 25 novembre. Autorisation accordée aux intendants des archives d'envoyer à M. Le Gendre, chanoine de Paris, les copies collationnées des mémoires dont il aura besoin pour écrire l'histoire de la vie de feu Mgr le cardinal d'Amboise, archevêque de

Rouen. — 11 décembre. Don à la bibliothèque par ledit Le Gendre de l'*Histoire de France* en trois volumes in-folio dont il est l'auteur. — 15 février 1721. Invitation aux chanoines dignitaires de se conformer aux anciens règlements au sujet de l'usage des robes rouges aux fêtes solennelles. — 14 août. Cérémonie pour la convalescence du Roi par le corps des marchands-drapiers; 16 août, par le corps des marchands épiciers-bonnetiers et par les procureurs au Parlement. — 8 octobre. Décès de l'archevêque de Rouen, Bazin de Bezons, survenu le 8 octobre, au château de Gaillon. Avis en est donné au chapitre par l'évêque d'Avranches. — 13 octobre. Nomination de vicaires capitulaires. — 17 octobre. Prestation de serment et installation des officiers de la cour ecclésiastique. — 31 octobre. Jubilé universel, ordonné par le pape Innocent XIII, au commencement de son pontificat, « pour la paix de l'église, la cessation des maladies et autres nécessités présentes ». — 28 novembre. Somme de 3.000 l. léguée à la fabrique par Louis Guéroult, chanoine. — 2 octobre. Approbation du marché passé avec MM. Barbette frères « pour la refonte de la plus grosse des cloches de la pyramide ». — 23 novembre. Les intendants des archives sont autorisés à faire rechercher les titres concernant le privilège de Saint-Romain et à en envoyer copie à M. Le Gendre, chanoine de Paris, pour être insérés dans sa biographie du cardinal Georges d'Amboise. — 25 novembre. M. l'archidiacre Desbouillons est autorisé « à faire dessiner le portrait de feu monseigneur Georges d'Amboise, cardinal légat et archevêque de Rouen, sur la figure qui est dans la chapelle de la Vierge derrière le chœur » pour l'envoyer audit chanoine Le Gendre. — 3 février 1723. Lettres du roi et des agents au clergé de France pour une assemblée générale fixée à Paris au 25 mai 1723. — 29 février. *Te Deum* ordonné par le Roi, par lettres du 13 février, pour la cessation de la peste en Provence. — 22 octobre. Députation du chapitre à Mgr l'évêque de Nantes, nommé à l'archevêché de Rouen. — 1ᵉʳ avril 1724. Ordonnance pour les aumusses, camails et habits d'hiver. — 30 octobre. Défense à toute personne de vendre des fruits ou autres choses sur les marches du portail de la Calende. — 10 décembre. Prise de possession de l'archevêché par Mgr Louis de La Vergne de Tressan, ci-devant évêque de Nantes. — 18 décembre. Nomination de commissaires pour le nouveau bréviaire que Mgr de Tressan se propose de donner pour le diocèse. — 11 juin 1725. Projet de contrat pour l'impression du nouveau bréviaire, des missels, graduels, antiphonaires, diurnaux, processionaux, offices d'église, heures et semaine sainte à l'usage du diocèse de Rouen.

G. 9831. (Registre.) — In-folio, 550 feuillets, papier.

1734-1744. — Délibérations capitulaires de Notre-Dame de Rouen, commençant au 2 janvier 1734, finissant au 15 juillet 1744. — 13 mars 1734. « Sur ce qu'il a été représenté par M. le promoteur qu'il étoit arrivé dispute jusqu'à effusion de sang dans le parvis de cette église, la nuit du vendredi au samedi, il a été dit que le procureur fiscal de la juridiction du chapitre présentera son réquisitoire au baillif pour qu'il en soit informé ». — 24 mai. Prise de possession de l'archevêché par Mgr. Nicolas de Saulx-Tavannes, anciennement évêque de Châlons. — 30 mai. Serment de fidélité de Mgr. Pierre-Jules-César de Rochechouart, évêque d'Évreux. — 9 juin. « Ordre et cérémonie qu'on observe aux prises de possession réelle et personnelle de l'archevêché de Rouen, dressés conformément à celles qui ont été réglées en chapitre le 31 janvier 1652 pour Monseig. François de Harlay et tel qu'il a été observé pour la prise de possession de Monseig. Nicolas de Saulx-Tavannes le 24 mai dernier ». — 28 mars. Permission aux intendants *ad domos* de louer une place d'écrivain dans le parvis « le plus qu'ils pourront », au profit de la fabrique. Cette place fut louée la somme de 15 francs « avec les deux sols pour livre » à un nommé Wel « pour y écrire pour le public » (30 mars). — 21 mars 1736. Mémoire pour la confrérie ambulante du Saint-Sacrement, établie en la cathédrale. — 4 avril. Décision en vertu de laquelle tous les chanoines, aux fêtes solennelles, porteront au chœur et dans toutes les processions qui sortiront de l'église une soutane de soie violette uniforme, à parements, boutons et boutonnières cramoisi. — 6 avril. Réparations de la charpente de la tour des onze cloches. — 16 avril. Sur la représentation faite qu'il serait honorable au chapitre d'avoir un suisse comme dans la plupart des cathédrales du royaume pour veiller au bon ordre et « remédier à plusieurs indécences qui s'y passent », des commissaires sont nommés pour trouver les moyens de faire à un suisse une condition convenable. — 16 août. M. Bertaud est prié « de donner ses soins pour faire réussir une machine avec laquelle on sonnera au pied la cloche de Georges d'Amboise ». — 29 septembre. Lecture faite d'une lettre de M. Cartaud par laquelle il mande au chapitre qu'il est nécessaire de faire travailler incessamment au massif sur lequel l'autel doit être posé, il est décidé,

comme le demande M. Cartaud, « que le sanctuaire sera élevé de trois marches et reculé jusqu'aux piliers qui sont au-dessus des portes collatérales du chœur, et que les sept grilles qui sont autour du sanctuaire seront élevées à proportion ». — 20 novembre. Cérémonie de la pose de la première pierre du massif de l'autel. Dans une place préparée fut placée une plaque de cuivre portant gravée cette inscription : *Sub invocatione Beatæ Mariæ semper Virginis hujusce altaris primarium posuit lapidem reverendissimus in Christo pater D. D. Nicolaus de Saulx-Tavannes, archiepiscopus Rothomagensis, Normanniæ primas, par Franciæ, Reginæ nostræ ab elecmosinis primus, anno MDCCXXXVI die XX novembris, summo pontifice Clemente XII, regnante Ludovico decimo quinto, nobili viro Bartholomæo Le Cordier de Bigars de La Londe capitulidecano.* — 10 décembre. Élévation des balustrades de cuivre qui sont autour du chœur de la cathédrale. Suppression des fleurs de lys qui décorent les colonnes placées autour du sanctuaire. — 22 février 1737. Enlèvement du tombeau « où est enfermé le cœur de Charles V et qui est élevé au milieu du chœur de cette église », à condition qu'on mettra à la place, au niveau du pavé du chœur, une tombe de marbre noir avec une inscription en lettres d'or. — 25 février. Procès-verbal de la démolition du tombeau de Charles V. — 16 juillet 1738. Usage pour « les dispenses du chœur » de MM. les archidiacres et grands vicaires. — 7 mai 1739. Catalogue de la bibliothèque achetée par l'archevêque pour lui et ses successeurs. — 24-27 avril. Fête de la canonisation de saint François-Régis, jésuite. — 11 mai. Projet de cession de Gaillon. En vertu de ce projet, l'évêque d'Évreux cède à l'archevêque de Rouen tout droit spirituel et temporel sur la paroisse, la chapelle et le château de Gaillon. Teneur du projet. — 31 mai. Cérémonie du sacre de M. l'abbé duc de Fitzjames, pair de France, nommé à l'évêché de Soissons. — 30 mars 1741. Au sujet de la forme du serment des abbés de la province. — 22 mai. Serment de fidélité de M. Terrisse, abbé de Saint-Victor. — 21 août. Sur la requête présentée par le suisse de la cathédrale « par laquelle il paroit qu'il veut se marier, et vu qu'il demeure dans le collège d'Albane », il est arrêté que « le suisse sortiroit du collège au moment qu'il sera marié, et que dans la suite il ne sera reçu aucun chantre, officier et autre domestique marié pour demeurer dans ledit collège ». — 1er septembre. Pour remédier aux abus commis dans les visites de la cloche Georges d'Amboise, il est arrêté « qu'aucun chapelain, officier de l'église ou domestique de messieurs ne pourra mener aucune compagnie qu'il n'ait un billet de quelqu'un de messieurs dans lequel sera mis le nombre de personnes à qui il sera permis de voir la cloche *gratis* ». — 2 octobre. Règlement pour les chapelains qui prennent leur congé sans permission. — 16 août 1642. Accord entre les abbé et religieux de l'abbaye du Bec-Helluin et les dames abbesse et religieuses de l'abbaye de Saint-Amand de Rouen au sujet des réparations à faire aux fontaines de l'église. — 2 mars-29 mai 1743. Au sujet d'une fontaine que « Messieurs de ville » ont intention d'établir pour la commodité du public et si le chapitre le permet, « contre le mur qui est au côté droit de la porte de la cour des libraires ».— 2 mai 1744. Règlement pour la bibliothèque.

G. 9652. (Registre.) — In-folio, 520 feuillets, papier.

1744 - 1750. — Délibérations capitulaires de Notre-Dame de Rouen, commençant au 20 juillet 1744, finissant au 30 décembre 1750. — 1ᵉʳ octobre 1744. Mémoire sur la façon dont on doit tenir les registres capitulaires. — *Te Deum* pour la prise du Château-Dauphin, de Démont, pour l'avantage remporté à Véletrie sur le prince de Lobkowitz, et pour la délivrance de l'Alsace de l'invasion des Autrichiens. 9 octobre ; pour les avantages remportés en Piémont par les armées de France et d'Espagne sur celle du roi de Sardaigne. 12 novembre ; pour la prise de Fribourg. 4 décembre. — 27 janvier 1745. Certificat délivré à M. le théologal de l'église de Bayeux sur l'exercice de la juridiction temporelle du chapitre sur les biens et successions des chanoines défunts. — 28 mai-2 juin. Jubilé ordonné par le pape Benoît XIV pour le rétablissement de la paix entre les princes chrétiens et pour le rétablissement de la santé du Roi. — 2 août. Au sujet de la béatification de la reine Jeanne de France. — *Te Deum* pour la victoire « remportée en Flandre au camp de Fontenoy, devant Tournai ». 2 juin ; pour la prise des ville et citadelle de Tournai. 5 juillet ; pour la prise de la ville et du château de Gand. 2 août ; pour la prise des villes de Bruges et d'Oudenarde. 9 août ; pour la prise de la ville de Dendermonde. 2 septembre ; pour la prise d'Ostende par le comte de Lowendahl. 13 septembre ; pour la prise de la ville de Niewport par le même. 11 octobre ; pour la prise des villes de Tortone, Parme et Plaisance. 20 octobre ; pour la victoire remportée sur le Bas-Tanaro et la prise de la ville d'Ath. 3 novembre ; pour la prise des villes d'Alexandrie et de Valence. 24 novembre. — 15 janvier 1746. Échange de

terres entre l'abbé de Saint-Victor et le chapitre. — *Te Deum* pour la prise de la ville de Bruxelles. 9 mars ; pour la prise de la ville et de la citadelle d'Anvers. 20 juin ; pour la prise des villes de Mons, de Saint-Guillain et de Charleroi. 18 août ; pour la prise de la ville et des châteaux de Namur. 21 octobre. — 6 janvier 1747. Serment de fidélité de l'évêque d'Avranches. — 16 janvier. Projet de cérémonial pour la prestation de serment des évêques de la province à l'église métropolitaine et à l'archevêque. — 23 juillet. *Te Deum* pour la bataille de Lawfeld, gagnée par Maurice de Saxe sur les Anglais et les Hollandais. — 13 octobre. Autre pour la prise de la ville de Berg-op-Zoom par le comte de Lowendahl. — 15 septembre. Demande du R. P. prieur des Jacobins de Rouen pour la canonisation de sainte Catherine Ricci. — 3 octobre. Cérémonial observé à la canonisation de sainte Catherine Ricci en l'église des Jacobins de Rouen. — 25 octobre 1748. Nomination de M. Perchel père, syndic des avocats du parlement de Normandie et procureur fiscal du chapitre, à l'office de bailli de la haute-justice dudit chapitre, vacant par le décès de M. Routier. Nomination de M. Roger, avocat au Parlement, à l'office de procureur fiscal en remplacement dudit Perchel. — 21 février-2 mars 1749. *Te Deum* pour la paix conclue à Aix-la-Chapelle entre le roi de France, le roi de la Grande-Bretagne, les États généraux des Provinces Unies et la reine de Hongrie. — 5 mars. Démission du sʳ Perchel de ses fonctions de procureur fiscal de la haute-justice du chapitre. — 11 mars. Service funèbre pour ceux qui sont morts à la guerre. — 30 mai. Articles concernant le cérémonial de l'archevêque. Lettre au chapitre de Grenoble sur la faculté d'enterrer dans l'église. — 15 septembre. Passage du Roi à Rouen en se rendant au Havre. Députation nommée pour aller saluer M. le comte de Saint-Florentin, secrétaire d'État, chargé des affaires de cette province, à son passage à Rouen, et lui offrir les présents ordinaires du chapitre, savoir six bouteilles de vin et deux pains. — 15 décembre. Obligations du suisse de la cathédrale ; condition qui lui est faite. — 9 septembre 1750. *Te Deum* pour l'heureux accouchement de la Dauphine.

G. 9653. (Registre.) — In-folio, 380 feuillets. papier.

1751 - 1756. — Délibérations capitulaires de Notre-Dame de Rouen, commençant au 2 janvier 1751, finissant au 31 décembre 1756. — 20 mars 1751. Jubilé de l'année sainte accordé par le pape Benoît XIV aux fidèles du diocèse de Rouen. — 30 mars. Ordre des cérémonies pour le jubilé susdit, sa durée, son ouverture et sa clôture. — 7 avril. Députation à M. l'abbé de Cérisy, chanoine et grand archidiacre, pour le féliciter de sa nomination à l'évêché de Lombez. — 14 avril. Discours prononcé au chapitre par l'abbé de Cerisy, nommé à l'évêché de Lombez, en résignant sa prébende. — Même date. Au sujet de l'opposition à former par le chapitre à l'enregistrement des lettres patentes obtenues par M. de Belisle et portant érection du domaine de Gisors en duché-pairie. — 16 mai. Bénédiction de quatre drapeaux « de deux bataillons de milice ». — 22 juin. « M. Landry, intendant *ad domos*, a dit qu'en exécution de la délibération du 15 de ce mois, il s'est transporté chez messieurs de la police auxquels il s'est plaint de l'entreprise d'un de leurs officiers qui avoit donné des approchements à trois locataires occupant des maisons de la fabrique dans l'enceinte du parvis pour n'avoir point fait tendre devant lesdites maisons pour la procession du Saint-Sacrement, le jour de la fête et le jour de l'octave, qu'il leur a représenté que ce lieu ne dépend que de la haute-justice civile, criminelle et de police du chapitre qui a ses officiers particuliers ; que cependant mesdits sieurs de police persistent à prétendre connaître de cette affaire comme étant de la compétence de leur siège. Mondit sieur a ajouté que, conjointement avec M. Leclerq et M. Delarue junior, il avoit consulté Mrs. Perchel et .... avocats-conseils du chapitre ; que leur avis étoit que le chapitre s'opposast aux entreprises de la police et fist défense auxdits locataires assignés de comparoître à l'audience de la police, pourquoy il prioit la compagnie de luy marquer ce qu'il a à faire, attendu que lesdits locataires sont assignez à l'audience de ce jourd'hui, trois heures après midi. Sur quoi délibéré, Mrs. les intendants *ad domos* ont été priés de faire défense auxdits locataires de comparoître à la police jusqu'à nouvel ordre, le chapitre se réservant à y pourvoir, ainsi qu'il avisera bon être ». — 4 juillet. Abjuration de la religion anglicane par « Malachie Maclaughlin, montagnard d'Écosse, proche d'Invernesse, cavalier dans le régiment irlandais de Fitzjames ». — 14, 19, 22 et 23 août. Sacre de Mgr. de Cerisy, évêque de Lombez. — 24 septembre. *Te Deum* à l'occasion de la naissance du duc de Bourgogne. — 2 mai, 1er, 12, 16 et 21 août 1752. Cérémonie de la béatification de la bienheureuse de Chantal dans le second monastère des religieuses de la Visitation de Rouen. — 9, 11 et 12 mai. Au sujet de l'obligation pour les maîtres de la confrérie de Saint-Romain de porter à la procession « le dragon dit vulgairement gargouille ». — 6 septembre.

Te Deum à l'occasion de la convalescence du Dauphin. — 14 septembre 1753. Autre à l'occasion « de la naissance d'un prince dont Made la Dauphine est accouchée le 8 de ce mois, lequel a été nommé duc d'Aquitaine ». — 25-26 septembre. Sur la question posée au sujet des chanoines nommés évêques, il est dit que « suivant l'usage constant de cette église et conformément au règlement du 19 août 1595 et aux exemples récents de M. de Tourouvre, évêque de Rodez (1718), de M. de Grimaldi, aussi évêque de Rodez en 1746, de M. de Cerisy, évêque de Lombez en 1751 et autres, les chanoines soit titulaires, soit honoraires, nommés évêques et non sacrés, soit qu'ils soient évêques de la province et non d'ailleurs. n'ont aucune distinction dans cette église ». — 11 septembre 1754. *Te Deum* pour la naissance du duc de Berry. — 25 juillet 1755. Nomination de députés pour aller saluer M. de Feydeau de Brou, nommé intendant de la généralité de Rouen en remplacement de M. de La Bourdonnaye. — 28 novembre. *Te Deum* à l'occasion de la naissance du comte de Provence. — 22-23 mars 1756. Avis donné par l'archevêque au chapitre de sa promotion au cardinalat. — 7 avril. Permission aux officiers des grenadiers royaux de s'assembler dans le parvis de l'église et d'y faire leurs exercices. — 22 mai. Députation nommée pour aller saluer M. le duc de Luxembourg, gouverneur de la province, à son arrivée à Rouen. — 18 juin. Réception de M. le gouverneur dans le chœur de l'église ; cérémonial observé à cette réception. — 21 juillet. Députation nommée pour aller à Gaillon saluer le cardinal et convenir avec lui du jour et de l'heure de son arrivée à Rouen. (Les derniers feuillets du registre sont en très mauvais état.)

G. 9854. (Registre.) — In-folio, 410 feuillets, papier.

1757-1761. — Délibérations capitulaires de Notre-Dame de Rouen, commençant au 2 janvier 1757, finissant au 31 décembre 1761. — 7 janvier 1757. Façon d'un sceau pour le chapitre. — 7 janvier. Prières publiques au sujet de l'attentat commis contre le Roi, le 5 janvier. — 1er mars. Lettre à adresser au duc de Luxembourg, gouverneur de la province, pour le féliciter de ce que le Roi l'a nommé maréchal de France. — 22 juin. Nomination du cardinal en qualité de grand aumônier de France. Avis donné au chapitre. Lettre du chapitre au cardinal pour le féliciter. — 1er juillet. Nomination de commissaires pour aviser aux moyens de faire cesser « les bruits et scandales qui arrivent fréquemment chez un vinaigrier, à côté de la porte d'Albane, dont la maison appartient aux Clémentins ». — 18 juillet. Nomination de députés pour aller, de la part du chapitre, saluer M. de Miromesnil, nommé premier président du Parlement. — 16 août. Prières publiques ordonnées pour le rétablissement de la santé du cardinal. — 18 août. *Te Deum* ordonné par le Roi pour la victoire remportée près d'Hamelin sur le duc de Cumberland. — 26 octobre. *Te Deum* à l'occasion de la naissance du comte d'Artois. — 25 janvier 1758. Délibération du chapitre au sujet de l'arrêt du Conseil obtenu par les maire et échevins de la ville de Rouen et autorisant les suppression et démolition de l'église paroissiale de Saint-Sauveur de cette ville. — 29 janvier. Inhumation dans la chapelle de la Vierge de M. Jacques de Saint-Pierre, abbé commendataire de l'abbaye royale du Tréport, archiprêtre du Vexin normand et vicaire général. — 10 février. Lettre du chapitre au cardinal et réponse de ce dernier au sujet de la suppression projetée de l'église Saint-Sauveur. — 15 février. Achat pour la bibliothèque du chapitre du *Monasticon Anglicanum* en 3 vol., « qui a appartenu autrefois à la bibliothèque de cette église et qui se trouvera dans une vente de livres qui doit se faire incessamment à Paris ». L'archiprêtre Rose, chargé de cette acquisition, est autorisé à le pousser jusqu'à 200 l. s'il ne peut l'avoir à meilleur prix. — 15 avril. Lettre au chapitre de Luçon contenant les usages de l'église cathédrale de Rouen et l'exercice de la juridiction du chapitre, soit pour la police et la discipline de l'église, soit sur ses membres. — 19 avril. Avis au chapitre de l'élection faite du cardinal de Saulx-Tavanes en qualité « de proviseur de la maison de Sorbonne ». — 10 mai. Délibération par laquelle il est arrêté « que l'orgue de cette église sera donné au concours à celui qui se trouvera le plus capable et qui aura les qualités requises, le samedi 19 août présente année. On entendra et fera composer ceux qui se présenteront, et les gages de celui qui aura été élu ont été fixés à 600 l. » — 15 juillet. Translation de l'Hôtel-Dieu au Lieu-de-Santé. — 21 août. Nomination du sr Laurent Des Masures, originaire de Marseille, en qualité d'organiste. Le nombre des compétiteurs était de cinq. — 23 août. Augmentation de l'ouverture du chœur. Offre par une personne d'y contribuer pour 100 louis. — 6 octobre. *Te Deum* à l'occasion des avantages remportés sur les Anglais par les armées du Roi ; 15 novembre, à l'occasion des succès remportés dans la Hesse par les troupes françaises. — 15 février 1759. Nomination de M. de Saint-Aulaire, chanoine de Rouen,

à l'évêché de Poitiers. — 11 mars. Décès du cardinal de Saulx-Tavannes. — 3 avril. Résolution du chapitre au sujet des réparations à faire à l'église cathédrale. Le devis s'élevait à plus de 300,000 livres. — 3 avril. Députés nommés pour aller saluer, de la part du chapitre, M. de La Rochefoucauld, archevêque d'Albi, nommé archevêque de Rouen. — 27 avril. Lettre du chapitre à celui de Nantes au sujet des pratiques à observer lors de l'assistance aux offices des gouverneurs et lieutenants généraux de la province. — 1er mai. *Te Deum* ordonné par le Roi à l'occasion de la victoire remportée à Bergen par l'armée du duc de Broglie sur l'armée des Alliés. — 1er juin. Délibération de la chambre ecclésiastique du diocèse de Rouen sur les réparations à faire à l'église cathédrale. — 9 janvier 1760. Cérémonial observé pour la réception des archevêques. — 10 janvier. Prise de possession de l'archevêché par Mgr de La Rochefoucauld. — 1er février. Obligations du clerc de l'œuvre. Il convient de relever celles où il est « de voir et même fouiller les poches des ouvriers pour examiner s'ils n'ont rien pour fumer quand ils travaillent sur l'église », et « d'avoir et nourrir à ses frais un dogue ou gros chien qui couche dans l'église pour veiller à sa sûreté, ainsi qu'il est d'usage ». C'est lui également qui est autorisé par le chapitre « à l'exclusion de tout autre, de montrer aux différents passants ce qu'il y a de curieux à voir dans l'église ». — 18 février et 1er mars. Argenterie de l'église portée à l'hôtel des monnaies : deux grands chandeliers de vermeil, quatre chandeliers moyens de vermeil, quatre chandeliers d'argent, une aiguière et un grand bassin, deux encensoirs, une lanterne d'argent. Pour cette argenterie, dont le poids était de 68 marcs 4 onces 2 gros, il a été délivré au chapitre par le directeur de la monnaie une somme argent de 1.164 l. et une reconnaissance de 2.793 l. — 1er avril. Interdiction de la chasse aux chapelains des collèges sur leur fief de Boisguillaume. — 7 septembre 1761. Tarif des chaises à la cathédrale. — 30 septembre. Adjudication desdites chaises moyennant 4.000 l. par an.

G. 9855. (Registre.) — In-folio, 410 feuillets, papier.

1762-1767. — Délibérations capitulaires de Notre-Dame de Rouen, commençant au 2 janvier 1762, finissant au 30 décembre 1767. — 8 avril 1762. Proposition par M. Dangerval, intendant *ad domos*, « de faire construire quatre réservoirs dans les quatre tours qui accompagnent les portes septentrionale et méridionale de l'église et de faire aussi construire une pompe qui puisse être transportée dans toutes les galeries, afin qu'en cas d'accident on puisse avoir un amas d'eau suffisant pour remédier aux incendies ». — 15 juillet. Autorisation accordée aux intendants de faire placer une cloche neuve dans la tour des onze cloches. — 16 août. Nomination du sr Gilles Bellenger, prêtre du diocèse de Beauvais, en qualité de maître de musique. Il devra nourrir le sous-maître moyennant 50 écus par an. — 10 novembre. Députés nommés pour aller complimenter M. le Premier Président sur son mariage, et saluer M. de La Michaudière, nommé intendant de la généralité de Rouen, et lui offrir le pain et le vin. — 3 janvier 1763. Réparations à la cathédrale : restauration des cintres des croisées de la nef du côté du nord ; couvertures en plomb des galeries qui sont sur ces croisées ; construction d'un réservoir dans une des tours du portail des Libraires ; suppression « des chapiteaux de pierre qui couvrent les figures des saints qui sont en dehors de l'église, sur les galeries des sous-ailes, ainsi que des petites colonnes qui les accompagnent ». — 9 mars. Félicitations à M. d'Andigné, grand archidiacre de la cathédrale, nommé à l'évêché de Saint-Pol-de-Léon. — 28 juin. *Te Deum* à l'occasion du traité de paix définitif conclu entre les rois de France et d'Espagne et signé le 10 février 1763 par leurs ambassadeurs et ministres plénipotentiaires, ainsi que par ceux des rois de la Grande-Bretagne et du Portugal.— 23 juillet 1764. Cérémonial de la réception du gouverneur. — 1er août. Entrée solennelle de M. de Lillebonne, lieutenant général de la province, et de M. le duc d'Harcourt, gouverneur de Normandie. — 4 novembre. Règlement pour la maîtrise. — 7 décembre 1765. Neuvaine ordonnée « pour la conservation de Mgr. le Dauphin dont la dangereuse maladie cause les plus vives alarmes ». — 2 janvier 1766. Établissement de tambours aux portes du transept ainsi qu'aux portes d'Albane et de la Cour des Maçons. — 22 avril 1767. Félicitations du chapitre à M. l'abbé de Marbeuf, vicaire général, nommé évêque d'Autun.

G. 9856. (Registre.) — In-folio, 484 feuillets, papier.

1768 - 1776. — Délibérations capitulaires de Notre-Dame de Rouen, commençant au 2 janvier 1768, finissant au 30 décembre 1776. — 12 janvier 1768. Avis donné au chapitre par l'archevêque du décès de son frère, le comte de La Rochefoucauld, survenu à Paris le 9 janvier. — 16 février. Décision portant que les grilles des chapelles de Saint-Sever près les ponts et du Grand-Saint-Romain seront supprimées et que l'on fera un rond-point en fer pour clore l'autel de chacune des deux chapelles. — 7 mars. Députation à M. de Crosne nommé intendant de la généralité de Rouen en remplacement de M. de La Michaudière. — 7 mars. Députation nommée pour aller saluer à leur arrivée à Rouen M. le duc d'Harcourt, gouverneur de la province, et M. le comte de Lillebonne son fils, lieutenant général. — 15 avril-4 mai. Canonisation de la bienheureuse Jeanne-Françoise Fremiot de Chantal, fondatrice de l'ordre de la Visitation. 6 mai, 8 juin, 16 août. Cérémonial arrêté pour les deux monastères. — 16 juillet. Avis du décès de la Reine. 18 juillet. Cérémonial arrêté pour le service funèbre qui sera célébré le 25 juillet en l'église cathédrale. — 27 juillet. Lettre des maire et échevins de la ville au chapitre se plaignant de ce qu'au service de la Reine on a commencé l'office avant leur arrivée. Réponse du chapitre. — 18 août. Affectation de la place de la Calende à la création d'un cimetière pour Saint-Étienne-la-Grande-Église. — 1er août 1769. Nomination de Me André-Nicolas-Victorien de Sac-Épée, avocat au parlement de Normandie, en qualité d'avocat fiscal de la haute-justice du chapitre et de sénéchal dudit chapitre dans les fief et seigneurie de Roumare. — 13 décembre. Avis donné au chapitre par M. Lallemand, prêtre, l'un des notables élus par le clergé député à Paris, « qu'il a obtenu une déclaration qui maintient les notables du Clergé et de la Noblesse dans la préséance et la priorité des suffrages sur les officiers des juridictions royales aux assemblées des notables ». — 15 décembre. Nomination de me Nicolas-Adam Mitton de Varango, avocat au Parlement, à l'office de bailli de la haute-justice de Londinières, vacant par le décès de me Antoine-Simon Le Touc. — 15-18 décembre. Accord passé entre le chapitre de Rouen et l'évêque de Bayeux touchant les bourses du collège de justice de l'ancienne fondation. En vertu de cet accord, l'évêque aura la nomination et collation du tiers de ces bourses, lesquelles seront affectées au diocèse de Bayeux. — 12 avril 1770. Jubilé universel accordé par le pape Clément XIV. — 22 juin. Avis donné au chapitre par l'archevêque « qu'il est dans le dessein de faire mettre à ses frais des grilles de fer à l'entrée des deux sous-ailes collatérales du chœur à la place des grilles de bois qui existent actuellement ». Ces grilles furent posées en juin 1771. — 17 août. Députation à M. le duc d'Harcourt, gouverneur de la province, à son arrivée à Rouen. — 13 mars 1771. Assemblée de charité tenue en l'église cathédrale pour les besoins pressants de l'hôpital général et au cours de laquelle prêcha le R. P. Élisée. — 3 août. Avis donné au chapitre du décès de Mgr. de Cerisy, évêque de Lombez, chanoine honoraire de l'église de Rouen. — 24 janvier 1772. Rapport de la députation nommée pour aller saluer M. de Crosne, « premier président du conseil supérieur nouvellement établi en cette ville ». — 1er avril. Lettre de compliments à adresser à M. de La Rochefoucauld, nommé par le Roi à l'évêché de Beauvais. — 18 avril. Baptême par Mgr. Dominique de La Rochefoucauld, archevêque de Rouen, d'une juive nommée Esther Pimentel, née à Montpellier le 1er janvier 1756, « de Judas Pimentel, juif portugais, marchand de profession, et d'une femme, juive aussi, son épouse, dont ladite Esther ne s'est point rappelé le nom ». — 24-25 mai. Bénédiction des drapeaux du régiment provincial de Rouen, à la demande de M. le marquis d'Étampes, colonel dudit régiment. — 15 mars 1773. A l'occasion « d'une nouvelle imposition de 8 s. pour livre sur le sel, laquelle tombe sur les seuls privilégiés », Mrs Grésil, Rosset et Bordin sont priés de dresser un mémoire en faveur du chapitre pour être envoyé en Cour. — 1er avril. En réponse au mémoire précité, lecture est donnée d'une lettre de M. le contrôleur général « informant la compagnie qu'elle ne peut être exempte d'imposition ». — 1er juillet. Décision portant « que les tableaux qui ont été tirés de la devanture du chœur seront transportés chez M. de Saint-Gervais pour y rester jusqu'à ce que le chapitre en dispose, et que les statues seront estimées, et qu'il sera pris un jour pour les adjuger au plus offrant ». — 2 avril 1774. « Ce jourd'hui, après l'*Inviolata*, Monseig. l'archevêque a placé, en présence d'un grand nombre de Messieurs, le premier marbre du nouveau jubé, lequel servira de base à la colonne qui sera entre la porte du chœur et l'autel du vœu. Sous ce marbre a été renfermée dans une boëte de plomb une plaque de cuivre avec cette inscription :

Anno salutis M. DCC. LXXIV.
Regnante Ludovico XV.
Sum. Pont. Clemente XIV.
Hujus ambonis
Presente Venerabili Capitulo
Primarium lapidem posuit
Reverendissimus in Christo Pater
Dominicus de La Rochefoucauld
Archiepiscopus Rothom. Norm. Primas
Abbas Cluniacensis.

13 mai. Avis donné au chapitre de la mort de Louis XV. — 18 mai. Autorisation de vendre pour le prix de 96 livres le grand Christ qui était anciennement sur le jubé et les deux images qui l'accompagnaient. — 26 août. Copie d'une lettre de M. Bertin, ministre d'État, adressée au doyen du chapitre, donnant avis que les maire et échevins de la ville sont priés de pourvoir « avec décence et avec l'économie qu'exige la situation des affaires de la ville » à la décoration de l'église pour le service qui doit être célébré pour le repos de l'âme de Louis XV. — 28 août. Lettres de félicitations à adresser à M. de Miromesnil, premier président au parlement de Normandie qui vient d'être nommé garde des sceaux. — 22 février 1775. Députation nommée pour aller saluer M. de Montholon nommé premier président du parlement de Normandie. — 15 mars. Arrêt du conseil du Roi qui exempte du droit d'amortissement les échanges qui pourront se faire entre les curés et les gros décimateurs relativement aux novales. — 28 mars. Lettre de félicitations à adresser à M. le duc d'Harcourt, gouverneur de la province, qui vient d'être élevé par le Roi à la dignité de maréchal de France. — 29 mars. Lecture d'une lettre de M. le marquis de Polignac au chapitre par laquelle il recommande au chapitre le nommé Bertrand prétendant au privilège de Saint-Romain. — 13 avril. Nomination d'une commission pour étudier les changements à apporter au bréviaire en vue d'une nouvelle édition. — 25 mai. Lecture d'une lettre du comte d'Artois, frère du Roi, et de trois lettres du marquis de Polignac, premier écuyer de Son Altesse Royale, en faveur de François Bertrand, attaché au service du comte d'Artois, prétendant au privilège de Saint-Romain. — 19 juin. *Te Deum* à l'occasion du sacre et du couronnement du Roi. — 24 juin. Décision portant que des aumônes extraordinaires seront faites dans les paroisses du chapitre à l'occasion du sacre et du couronnement du Roi. — 1er octobre. Lettre de félicitations à adresser à M. le duc d'Harcourt, nommé gouverneur de la province en remplacement de M. le maréchal duc d'Harcourt son père. — 4 avril 1776. Nomination d'une commission « pour faire faire différents dessins d'une nouvelle châsse » destinée à recevoir les reliques de saint Romain. — 3 mai. Lecture d'une lettre de Made Marie-Thérèse de Savoie, princesse de Lamballe, en faveur des nommés Pierre Mainot et André de La Croix dit Thiennot qui doivent se présenter pour le privilège de Saint-Romain. — 20 juillet. Réception de M. le duc d'Harcourt, gouverneur de la province. Députation nommée pour aller saluer à son arrivée à Rouen M. le marquis de Beuvron nouvellement nommé lieutenan général de la Haute-Normandie.

G. 9857. (Registre.) — In-folio, 144 feuillets, papier.

XVIII⁰ siècle. — Table des matières les plus importantes contenues dans les délibérations capitulaires de Notre-Dame de Rouen de 1703 à 1776. — Il y a dix tables, une pour chaque volume de délibérations : la 1ʳᵉ, du 3 octobre 1703 au 30 décembre 1711 ; la 2ᵉ, du 2 janvier 1712 au 15 juin 1717 ; la 3ᵉ, du 16 juin 1717 au 15 juin 1725 ; la 4ᵉ, du 18 juin 1725 au 30 décembre 1733 ; la 5ᵉ, du 2 janvier 1734 au 17 juillet 1744 ; la 6ᵉ, du 20 juillet 1744 au 30 décembre 1750 ; la 7ᵉ, du 2 janvier 1751 au 31 décembre 1756 ; la 8ᵉ, du 2 janvier 1757 au 30 décembre 1761 ; la 9ᵉ, du 2 janvier 1762 au 30 décembre 1767 ; la 10ᵉ, du 2 janvier 1768 au 30 décembre 1776.

G. 9858. (Registre.) — In-folio, 336 feuillets, papier.

1777-1784. — Délibérations capitulaires de Notre-Dame de Rouen, commençant au 1ᵉʳ janvier 1777, finissant au 31 décembre 1784. — 25 février 1777. Lettre à envoyer à l'archevêque pour le complimenter à l'occasion de sa promotion au cardinalat. — 9 mai. Translation des reliques de saint Romain de la châsse qui les contenait « dans une autre châsse préparée à cet effet par l'ordre du chapitre du 15 juin 1776 ». Les commissaires s'étant rendus à la sacristie le 28 avril, « ont procédé à l'ouverture de la châsse de saint Romain dans laquelle ils ont trouvé d'abord, sous une enveloppe de papier, trois anciens actes écrits sur parchemin contenant les procès-verbaux de différentes visites des reliques de saint Romain faites ès années 1036, 1124 et 1179, sur laquelle enveloppe de papier étoient écrits ces mots : *Chartres et titres treuvés dans la châsse de saint Romain avec les ossements dudit saint, laquelle châsse fut découverte de l'or et pierres précieuses étant sur icelle, et les ossements brullés le mercredi 8ᵉ jour de juillet 1562.* Ensuite ils ont trouvé dans ladite châsse deux bourses d'une étoffe ancienne de soie où étoient contenues différentes reliques, les unes avec des étiquettes ou inscriptions en caractères anciens, les autres sans inscriptions, parmi lesquelles reliques étoient quelques ossements ou parties d'ossements qui paroissoient noircis et sembloient avoir été atteints du feu, ce qui fait penser que ce sont des portions du corps de saint Romain qui ont été dérobées aux flammes lorsque les calvinistes brûlèrent les reliques de ce saint en 1562 ». Toutes ces reliques furent placées « dans une ancienne châsse de cuivre nouvellement réparée et

dorée, « laquelle sera appellée doresnavant *la fierte* ou châsse de saint Romain ». — 14, 15 juillet 1777, 23 février, 11 mars, 29 avril, 16 juillet 1778. Délibérations au sujet du projet de la ville de Dieppe de construire un canal entre Dieppe, Arques et Martin-Église. — 21 juillet. Dépôt sur le bureau d'un mémoire concernant la banalité du moulin de Gisors. — 20 septembre. Bénédiction des deux statues de marbre, la Sᵗᵉ Vierge et Sᵗᵉ Cécile, placées au-dessus des deux autels qui sont à l'entrée du chœur : la statue de la Vierge fut donnée par l'archevêque. — 23 janvier, 22 et 29 avril 1778. Fondation d'une maîtresse d'école à Londinières. Remerciements à M. d'Amoinville pour la générosité avec laquelle il y a contribué. Projet de contrat à passer avec la communauté des sœurs d'Ernemont « pour l'entretien d'une maîtresse d'école gratuite pour la paroisse de Londinières, dépendante de la juridiction du chapitre de cette église, laquelle sera tirée de la communauté desdites sœurs et sera chargée, conformément aux règles de leur institut et sous l'autorité du chapitre, d'instruire les jeunes filles de Londinières et autres lieux voisins dépendant de la même juridiction ». Pour cette fondation, il fut formé un capital de 5.000 livres, sur lesquelles M. d'Amoinville versa 1.500 livres. — 11, 13 avril. Consécration des deux autels nouvellement reconstruits « sous le jubé », à l'entrée du chœur. — 13 mai. Lecture de deux lettres, l'une de l'archevêque, l'autre de M. le marquis de Vaires, lieutenant général des armées du Roi, en faveur du sʳ de Varice, qui doit se présenter pour le privilège de Saint-Romain. — 18 mai. Lecture d'une lettre du duc d'Orléans en faveur du sʳ Pierre Moignet, pour le même objet. — 26 mai. Lecture d'une lettre de Monsieur, frère du Roi, signée : Louis-Stanislas-Xavier, en faveur du nommé Claude Boinet, pour le même objet. — 17 juin. Lettre à écrire à l'archevêque pour le complimenter sur sa nomination à l'abbaye de Fécamp. — 14 mai 1779. Réparations au réservoir sur l'église. — 7 février 1780. Lettre à adresser au cardinal-archevêque pour le féliciter sur ce que le Roi vient de le nommer commandeur de l'ordre du Saint-Esprit. — 22 décembre. Lecture d'une lettre du chapitre d'Évreux au sujet d'une imposition de deniers faite par la chambre du clergé sur tous les bénéficiers du diocèse pour la reconstruction des bâtiments du séminaire épiscopal. — 8 juillet 1781. Députation nommée pour aller complimenter le prince de Condé et le duc de Bourbon à leur arrivée à Rouen et leur présenter le pain et le vin. — 21, 25 janvier, 1ᵉʳ, 4, 8 février, 4 mars 1782. Collège du Saint-Esprit. Projet de réédification. —

12 avril. Lettre à écrire à M. de Montholon, premier président du Parlement, pour le complimenter sur le mariage de sa fille avec le comte de Narbonne. — 14 août. Nomination de députés nommés pour aller saluer M. de Pont-Carré, nommé premier président du parlement de Normandie, et lui offrir les présents ordinaires. — 24 août, 13, 16, 17 et 20 septembre. Décisions « au sujet d'une émeute et soulèvement contre le fermier des moulins banaux de Gisors et autres chargés d'empêcher les contraventions à la banalité ». — 15 novembre. M. de Saint-Gervais, intendant de la fabrique est autorisé à faire faire deux reliquaires neufs pour y transférer les reliques de Saint-Sever. — 2 juillet 1783. Suppression des bouquets des processions des rogations et de l'ascension : les 150 livres qui leur étaient affectées seront accordées aux enfants de chœur pour être employées à leur instruction. — 31 décembre. Lettre de condoléances à écrire à M. le duc d'Harcourt, gouverneur de la province, à l'occasion du décès du maréchal duc d'Harcourt son père, commandant général de la province. — 15 avril 1784. Fixation à 24 livres des appointements du barbier qui sera choisi pour raser les enfants de chœur. — 16 décembre. Incendie au palais archiépiscopal. — (La table qui est jointe au registre est incomplète et, en quelques-unes de ses parties, en mauvais état).

G. 9859. (Registre.) — In-folio, 67 feuillets, papier.

1785. — Délibérations capitulaires de Notre-Dame de Rouen. — 5 janvier. Lettre de félicitations à adresser à M. le duc d'Harcourt à l'occasion de sa promotion à la dignité de chevalier des Ordres du Roi. — 1er février. Décision en vertu de laquelle les enfants de chœur qui tomberont malades à l'avenir seront mis en pension à l'hôtel-dieu après qu'il aura été constaté que la maladie est grave. — 1er mars. M. de Saint-Gervais, intendant de la fabrique, est prié de faire faire à Paris les dessins d'un christ et autres ornements accessoires pour le jubé de la cathédrale. — 13 mars. Abjuration par Simon Raimbeaux, de Jonsac, au diocèse de Saintes, « de l'hérésie de Calvin ». — 30 mars. Décès de François-Christophe Terrisse, chanoine et haut-doyen de la cathédrale. — 5 avril. *Te Deum* à l'occasion de la naissance du duc de Normandie, second fils de Sa Majesté. — 16 avril. Élection de Jean-François-Augustin Carrey de Saint-Gervais, chanoine, en qualité de haut-doyen. — 27 avril. Députation nommée pour aller complimenter M. le Premier Président à l'occasion de son mariage. — 8 juin. Béatification du bienheureux

Laurent de Brindes, ancien général des capucins. Le chapitre est prié « de faire l'ouverture de la cérémonie ». — 14 juillet. Cérémonial pour la solennité de cette béatification. — 8 août. Le doyen du chapitre est prié de faire venir à Rouen le sr Clodion, sculpteur à Paris, pour voir l'emplacement destiné au christ du jubé, présenter ses modèles et conférer avec le chapitre. — 19 août. Il est décidé que les ouvrages qui sont à faire pour la décoration du jubé de la cathédrale seront incessamment commencés ; « qu'il y aura un calvaire composé d'un christ et des statues de la Ste Vierge et de S. Jean, lesquelles seront dans les attitudes et les proportions convenables au local ; qu'il y aura en outre six acrotères ou vases au-dessus des colonnes tant du côté de la nef que du côté du chœur, et que le tout sera exécuté en plomb doré ».

G. 9860. (Registre.) — In-folio, 59 feuillets, papier.

1787. — Délibérations capitulaires de Notre-Dame de Rouen. — 23 mars. Présentation et nomination par les curé, vicaire et officiers municipaux de la ville de Salers en Auvergne, de Pierre Liset, de la paroisse de Saint-Bonnet près Salers, à une bourse fondée au collège de Justice par le président Liset, à la nomination de la ville de Salers. — 23 avril. Nécessité de mettre en ordre les archives, « de dresser un inventaire général des titres qui y sont renfermés ». Nomination de commissaires pour examiner « à qui et à quelles conditions il conviendrait de confier cette importante opération ». — 21 mai. Le classement des archives est confié au sr Lengrené qui devra effectuer ce travail dans l'espace de quatre années. Il lui est alloué une somme de 10.000 livres, qui sera répartie sur dix-huit années. — Même date. Les srs Descamps et Tierce, consultés « au sujet de la forme qu'il convient de donner à la porte principale du grand portail de cette église dont on désire supprimer le pilier », ayant pensé que cette supression ferait un bon effet, les intendants « sont autorisés à passer outre à l'exécution dudit projet et à faire et signer les marchés nécessaires avec tels entrepreneurs qu'ils jugeront à propos d'employer ». — 24 juillet. Députation à envoyer à M. de Maussion, intendant de la généralité, nouvellement arrivé à Rouen. — 14 août. « Sur ce qu'il a été représenté que les officiers du régiment actuellement en garnison dans cette ville font depuis quelque temps la parade dans le parvis de cette église et qu'un grand nombre de soldats divagant dans l'église, troublent la piété des fidèles qui assistent aux deux dernières messes, M. le doyen a été prié de voir M. le commandant pour l'engager à choisir une autre place pour cet exercice ». — 17 août. Nomination par le Roi de M. Bridelle à l'assemblée provinciale qui doit se tenir à Alençon. — 19 novembre. Lecture d'une lettre du s^r Pellier, « ingénieur en mathématiques », à Paris, par laquelle il s'offre à réparer la cloche de Georges d'Amboise sans la fondre.

G. 9861. (Registre.) — In-folio, 55 feuillets, papier.

1788. — Délibérations capitulaires de Notre-Dame de Rouen. — 7 janvier. Lecture d'une lettre du s^r Clodion, sculpteur à Paris, par laquelle il mande que « le calvaire qu'il est chargé de faire pour être mis au-dessus du jubé étant en état d'être doré, il estime, d'après l'avis de plusieurs personnes de l'art, que la croix sur laquelle sera le Christ ne doit pas être dorée, mais bronzée ou peinte soit de couleur de cèdre du Liban, soit d'une autre couleur ». Réponse lui sera faite que le chapitre préfère le bronze « auquel on donnera la nuance qui sera jugée la plus convenable par les artistes de Paris ». — 29 janvier. Décision portant « que la place de maître de musique ne sera donnée à aucun homme engagé dans le mariage ». — 11 février. Fixation à 800 livres des appointements du maître de musique. — 28 avril. Cérémonial à observer lors de la bénédiction de la croix nouvellement placée sur le jubé de l'église métropolitaine. Cette bénédiction, que fera le cardinal, est fixée au 4 mai. — Conseillers au Parlement envoyés en exil, MM^s Le Prévost de la Croix, de Crindrieux et de Bouissent, tous trois chanoines de Rouen. Lecture des lettres, en avisant le chapitre, est donnée les 4, 7 et 14 juillet. — 23 août. Nomination de députés aux assemblées municipales des paroisses dont le chapitre est seigneur : pour la paroisse de Roumare, M. Louis-Théopompe Tuvache de Vertville, prêtre, licencié en théologie de la faculté de Paris, chanoine de l'église cathédrale; pour la paroisse de Martin-Église, M. Charles-Adrien de Quiefdeville, chanoine; pour la paroisse de Grèges, M. Adrien Osmont, docteur en théologie de la faculté de Paris, chanoine, archidiacre de la cathédrale, M. Michel-Ange-Charles Marion, bachelier en théologie, « de la maison et société de Sorbonne », chanoine; pour celle de Londinières et Bailly-en-Campagne, M. Guillaume-André-René Baston, licencié en théologie, chanoine; pour celle de Blayes, M. Michel-Alphonse Picot, chanoine; pour celle de Baillolet, M. Bernard de Bataille d'Omonville, chanoine. — 11 octobre. Députation nommée pour aller complimenter MM. du Parlement sur leur retour.

G. 9862. (Registre.) — In-folio, 90 feuillets, papier.

1789. — Délibérations capitulaires de Notre-Dame de Rouen. — 12 mars. Nomination de M. Osmont, archidiacre, en qualité de député à l'assemblée des trois Ordres du bailliage de Caudebec-en-Caux pour les États généraux. — 13 mars. Lecture des instructions données au député au bailliage de Caudebec. — 17 avril. Rapport des députés à l'assemblée du Clergé du bailliage de Rouen pour les États généraux, tenue aux Cordeliers de cette ville. — 19 avril. Sacre de M. Dulau, archidiacre de la cathédrale, nommé évêque de Grenoble, par le cardinal-archevêque, assisté des évêques de Beauvais et de Sarlat. — 14 août. Défense de laisser monter qui que ce soit à la tour de Georges d'Amboise. — 10 septembre. Lettre du Roi demandant des prières publiques pour faire cesser les calamités présentes : « dans plusieurs provinces, des brigands et des gens sans aveu s'y sont répandus; et, non contents de s'y livrer eux-mêmes à toutes sortes d'excès, ils sont parvenus à soulever l'esprit des habitants des campagnes, et, portant l'audace jusqu'à contrefaire mes ordres, jusqu'à répandre de faux arrêts de mon Conseil, ils ont persuadé qu'on exécuterait ma volonté ou qu'on répondrait à mes instructions en attaquant les châteaux et en y détruisant les archives et les divers titres de propriété. C'est ainsi qu'au nom du Souverain, le protecteur né de la justice, et au nom d'un Monarque qui, je puis le dire, s'en est montré le constant défenseur pendant son règne, on n'a pas craint d'exciter le peuple à des excès que les plus tyranniques oppresseurs auraient craint d'avouer. Enfin, pour augmenter la confusion et réunir tous les malheurs, une contrebande soutenue à mains armée détruit avec un progrès effrayant les revenus de l'État et tarit les ressources destinées ou au payement des dettes les plus légitimes ou à la solde des troupes de terre et de mer ou aux diverses dépenses qu'exige la sûreté publique ». — 30 octobre. Lettre du s^r Clodion, sculpteur, au chapitre pour l'aviser qu'on est parvenu à faire retirer de l'eau, où elles étaient tombées lorsque le bateau qui les portait s'était ouvert près le pont du Pec (avis donné au chapitre le 29 mai), les caisses qui contenaient les six vases destinés à être posés sur le jubé de la cathédrale. — 3 novembre. Lecture d'une lettre du cardinal-archevêque engageant le chapitre à se rendre à l'invitation que fait le Roi de porter l'argenterie des églises à la Monnaie pour être convertie en en espèces.

G. 9863. (Registre.) — In-folio, 264 feuillets, papier.

1759-1787. — « Juridiction des testats et intestats de l'église métropolitaine de Rouen, primatiale de Normandie ». — Procès-verbaux d'apposition et de levée de scellés après le décès des dignitaires et chanoines, des chapelains et officiers de ladite église et des domestiques. Parmi les dignitaires et chanoines, il y a lieu de citer : Mgr Nicolas de Saulx-Tavannes, cardinal-archevêque ; MM. Louis-François Poerier d'Amfreville, chanoine, prieur du prieuré Royal-Pré, conseiller au Parlement ; Henri-Bruno de Lezeau, archidiacre de la cathédrale, chanoine de Lisieux, conseiller au Parlement ; Thomas-Charles Rogier de Neuilly, curé de Saint-Patrice, chanoine honoraire, doyen de la Chrétienté ; Claude-Louis Rose, archidiacre du Grand-Caux ; Louis-Dominique Le Chevalier, chanoine, conseiller au Parlement ; Louis-Mathieu Sehier, archidiacre ; Pierre-Jacques Papavoine de Canappeville, archidiacre du Vexin français, conseiller au Parlement ; Pierre-René Le Frère de Maisons, chanoine, conseiller au Parlement ; François-Louis Cotton Des Houssayes, chanoine ; François-Christophe Terrisse, chanoine, haut-doyen, abbé de Saint-Victor-en-Caux ; Louis-Maxime Flavigny, chanoine, sous-chantre ; Jean-Baptiste-Pierre Bordier, chanoine, archidiacre du Grand-Caux. Parmi les chapelains et habitués, officiers et domestiques : François Du Lys, chanoine et comte honoraire de Lisieux, chapelain titulaire de la cathédrale ; Jean-Baptiste Barabé, clerc, joueur de serpent ; Robert Brunet, chapelain titulaire et musicien ; Jean-Baptiste Ancelin, chef de cuisine et concierge de Mgr de La Rochefoucauld, archevêque de Rouen ; Pierre-Joseph Bourquenoud, suisse de l'archevêché ; Lucas Loir, chapelain, curé de Saint-Cande-le-Vieux ; Philbert Léger, chapelain, curé de Saint-Pierre-le-Portier ; Jacques-Adrien-Simon-Jude Aubry, secrétaire de l'archevêché ; etc.

G. 9864. (Cahier.) — In-4°, 10 feuillets, papier.

1777-1787. — Registre des inhumations de l'église métropolitaine de Rouen. — Inhumations de : Guillaume-Étienne Baudouin, chapelain, ancien bibliothécaire ; Le Gras, clerc de la sacristie des messes ; Léger, curé de Saint-Pierre-le-Portier ; Claude-François Le Blond de Sauchay, chanoine ; Richard-Dauphin Dodard, chapelin, ancien curé de la paroisse de Saint-

Pierre de Vertbosc ; Louis-François Rimbert, chanoine ; André Marescot, chanoine ; Louis-Thomas-Romain Hunoult, chapelain, curé de Criquebeuf ; André-Albert Huet d'Amonville, chanoine ; Lambert-Joseph-Ignace Riquez, chapelain et maître de musique ; François-Christophe Terrisse, haut-doyen ; Henri-Nicolas Barabé, huissier du chapitre ; etc.

G. 9865. (Registre.) — In-folio, 40 feuillets, papier ; 2 pièces, papier.

1772-1790. — Registre des mandats payés par le receveur « des trois collèges des chapelains de chœur ». — Pour « la purgation d'une cave de commodités » dans le collège du Pape, 106 l. — Curage du puits du collège de Darnétal, 12 l. — « Pour moitié d'un mur en bloc et pierre fait entre la maison du sr Leleu, chapelain de chœur, et la cour du suisse de la cathédrale, l'autre moitié étant à la charge de la fabrique », 40 l. 10 s. — Aux ecclésiastiques qui ont fait les fonctions de porte-mitre, porte-crosse et porte-chape de Mgr l'archevêque le jour de Pâques, 9 l. — Au sr Salivas, musicien et joueur de violoncelle, pour un mois et dix-sept jours, à raison de 120 l. par an, 16 l. 10 s. ; etc.

G. 9866. (Registre.) — In-folio, 19 feuillets écrits, papier.

1677. — « Inventaire des lettres et escriptures consernant le bien et revenu du collège des Clémentins, tant hérittages, maisons que rentes fontières et hipotecques, conformément aux comptes-rendus cy-devant par devant Messieurs les intendants et chappellains dudit collège, suivant l'ordonnance des Messieurs dudit chapitre de l'église cathédralle de Nostre-Dame de Rouen ».

G. 9867. (Liasse.) — 45 pièces, papier.

1727-1765. — Baux passés par les chapelains du collège de Darnétal avec Marie Loysel, veuve Le Barbier (12 septembre 1727) ; avec le sieur Foubert, ébéniste (1730-1768) ; avec la dame Chédrue, veuve Lucas (1er décembre 1731) ; avec le sieur Roussel (9 avril 1742) ; avec le sieur Vallée pour une maison occupée par la demoiselle Vautrin (1743-1761) ; avec me Antoine de Gournay, procureur au Parlement (16 juillet 1748) ; avec le sieur Anquetin (1748-1757) ; avec Pierre Le François, maître-carreleur à Rouen

(1749-1765) ; avec le sieur Millon, maître-passementier
(1754-1761) ; etc.

G. 9868. (Liasse.) — 16 pièces, parchemin ; 13 pièces, papier.

1505-1800. — Pièces relatives principalement
au collège de Darnétal. — Quittance des chapelains
« du collège de la commune fondé en l'église cathédrale Nostre-Dame de Rouen » donnée aux chapelains
du collège de Darnétal pour le remboursement fait par
ces derniers d'une rente de 18 l. (1579). — Différents
jugements rendus en faveur des chapelains du collège
de Darnétal pour le paiement de 30 l. de rente hypo-
thèque à eux due par les s^rs Jean et Robert Fosse sous
la caution du s^r Jacques Frontin, maître des comptes
(1587-1597). — Arrrêt sur requête du parlement de
Rouen obtenu par les chapelains des collèges du Saint-
Esprit et de Darnétal et ordonnant le payement à leur
profit de 254 l. qu'ils ont le droit de percevoir chaque
année sur le revenu total de l'archevêché (1594). —
Procédures exercées au nom des chapelains du collège
de Darnétal contre un nommé Noël Dufour qui leur
était redevable de 21 l. de rente (1662-1663). — État
des baux des maisons sises à Rouen appartenant
ci-devant aux « chapelains clémentins » et depuis à la
Nation (sans date).

G. 9869. (Registre.) — In-folio. 388 feuillets, papier.

1561-1590. — Registre contenant les noms et
prénoms des frères et sœurs de la confrérie du Saint-
Sacrement. (Manquent les dix premiers feuillets).

G. 9870. (Registre.) — In-folio, 191 feuillets écrits, papier.

1591-1669. — Registre contenant les noms et
prénoms des frères et sœurs de la confrérie du Saint-
Sacrement, « substituée et érigée le dimenche 15e juing
1561 soubz l'authorité et permission de monseigneur le
prince cardinal de Bourbon, archevesque de Rouen et
primat de Normendye, le premier office faict et célébré
en l'église Saint-Amand par Monseig. l'évesque d'Ablon,
sufragand de mondict seigneur ». Au premier feuillet,
recto : « Iy ensuit la cauze et raison pourquoy la con-
frarye géneralle du très sainct sacrement de l'autel a
esté instituée et érigée en ceste ville de Rouen, auquel
temps le culte divin, la révérence et adorastion deubs
au très auguste et divin sacrement estoit empeschée et
l'exercice de la religion catholicque, apostolicque et
romaine prohibée et défendue par la viollence des héré-

ticques, lesquels s'estoient rendus maistres de la ville,
par l'audace, témérilté d'iceulx ennemys jurés de la foy,
après quelques progrès s'estoient tellement desbordés
que, sans crainte de Dieu ny respect du Roy et de la
justice, abatoient et ruynoient la croix, remembranse
de la passion de Nostre Sauveur et Rédempteur Jésus
Christ et les images des saincts, pilloient et violloient
les saincts temples et églizes, foulloient le sainct
Sacrement aux pieds et faisoient presche à main armée,
perpétoient publicquement et impugnément plusieurs
actes plus que barbares..., ayant proposé, comme il
est à juger par leurs actes et méchans livres, à abroger
et abolir le saint sacrifice de la messe, ce que voyant,
quelque petit nombre de notables personnes et bourgeois serviteurs de Dieu... s'assemblèrent et résou-
dèrent fère une associastion de confrérie du sainct
sacrement... ». Suivent les statuts de la confrérie de
1561 ; puis ceux de 1592 en 36 articles. — Viennent
ensuite les noms des membres de la confrérie depuis le
5 août 1590.

G. 9871. (Cahier.) — In-folio, 19 feuillets, papier.

XVIIe siècle. — Registre contenant les statuts de
la confrérie du Saint-Sacrement (f°s 4 à 10), puis « les
noms et surnoms des frères de ladicte association tant
antiens que modernes, vivans que trespassez, lesquels
depuis l'érection d'icelle jusques à présent ont esté
esleuz et nommez maistres et faict la recepte et des-
pence des deniers de ladicte associacion et de ceux qui
seront cy-aprez à ladicte charge, mesmes les années de
leurs charges les décédez », et enfin « les noms et surnoms des dix chappellains de ladicte confrérie... pour
faire le service de ladicte association ».

G. 9872. (Registre.) — In-folio, 176 feuillets écrits, papier.

1621-1746. — Le début de ce registre est le
même que celui du registre G. 9870. — Extraits des
délibérations des maîtres de la confrérie (fol. 5). —
« Mémoire de ce qu'il convient faire aux maistres en
charge de la confrairye » (fol. 10). — Mémoire des
fondatations de la confrérie (fol. 12). — Mémoire des
rentes dues à la confrérie (fol. 14). — Noms des
maîtres de la confrérie de 1561 à 1680 (fol. 16). —
Noms des vingt-quatre frères servants de la confrérie
(fol. 22). — Noms des clercs servants (fol. 23). —
Nombre des frères et sœurs associés (fol. 24). De 1561
à 1711 le nombre des associés était de 4,356. — Noms
des frères et sœurs associés de 1621 à 1746.

G. 9873. (Registre.) — In-folio, 11 feuillets écrits, papier.

1733-1784. — Concordat fait avec les frères servants de la confrérie. Par cet acte, les frères servants s'engagent envers les maîtres non seulement à faire le service accoutumé, tous les dimanches, dans les églises où se célèbre l'office de la confrérie, « mais encore de porter tous les dimanches, aux salut et procession, ainsi qu'au jour de la solennité, les torches en la manière accoutumée, revêtus de robes appartenant à ladicte confrérie que les maistres ont fait faire ». — Liste des frères servants en 1756. — Noms des aspirants pour être frères servants, en la même année. — Listes des frères servants pour les années 1766 et 1782.

G. 9874. (Registre.) — In-folio, 15 feuillets écrits, papier.

1656-1697. — Délibérations de la confrérie du Saint-Sacrement. — Façon d'une chasuble, de deux tuniques et d'un petit poële pour la confrérie. 21 décembre 1656. — Façon d'une chape de velours cramoisi « à fleurons à fond d'or ». 6 août 1658. — Remplacement des six ou huit torches « que l'on a acoustumé porter ardentes » à divers offices par « deux torches en forme de flambeaux à quatre melches de cire blanche ». 6 août 1659. — Acceptation d'une rente de 10 livres offerte à la confrérie par dame veuve Gourdin. 16 février 1681. — Fondation par le sieur Maupas, associé de deux messes hautes, l'une en la paroisse de Saint-Vivien, l'autre en la paroisse de Saint-Éloi. 9 juin 1697.

G. 9875. (Cahier.) — In-folio, 24 feuillets, papier.

1697-1732. — Délibérations de la confrérie du Saint-Sacrement. — Fondation d'une messe à dire chaque année, le dimanche de la quinquagésime, à l'église de Notre-Dame-de-la-Ronde, par le sʳ Leblond, en son vivant curé-doyen de ladite église. 6 septembre 1699. — Façon de « six robes de pluche de belle couleur qui seront portées tous les dimanches de l'année par les vingt-quatre confrères servants chacun à leur tour, au salut et procession dans les églises où se fait l'office de ladite confrérie et au jour de la procession solennelle d'icelle, au dos desquelles robes sera mis en broderie et faux or la figure du très saint sacrement ». 12 février 1702. — Fixation du jour auquel doivent être rendus les comptes de la confrérie. 22 novembre 1716. — Achat de huit aunes et un quart d'étoffe d'or « dont

le fond soit cramoisi à fleurs d'or et d'argent tramé de vert » pour les orfrois destinés à l'ornement que la confrérie a l'intention de faire faire. 31 mars 1729.

G. 9876. (Registre.) — In-folio, 16 feuillets écrits, papier.

1732-1746. — Délibérations de la confrérie du Saint-Sacrement. — Façon d'une écharpe et d'un dais. Vente d'anciens ornements. Impression des statuts de la confrérie. Augmentation des gages des deux frères servants désignés pour avoir soin des ornements. 23 décembre 1732. — Façon d'un autel confiée à Jean-Pierre Defrance, architecte à Rouen. 30 mars 1736. — « Règlement et mémoire instructif de ce que doivent faire les quatre clercs de la confrérie générale et ambulatoire du très Saint-Sacrement de l'autel pour le service de ladite confrérie ». 17 novembre 1737. — Suppression du repas que les maîtres de la confrérie avaient coutume de faire le mardi de la pentecôte, vu que « la cherté du pain cause beaucoup de misère chez les pauvres et qu'ils souffrent » ; distribution de la valeur du repas, soit 250 livres, « aux pauvres honteux à la connaissance des maîtres ». 14 mai 1739. — Nomination comme maître en charge de la confrérie pour l'année 1741, de mᵉ Barthelemi Le Cordier de Bigars de La Londe, docteur de Sorbonne, doyen et chanoine de l'église métropolitaine, conseiller honoraire au parlement de Rouen. 17 novembre 1740.

G. 9877. (Registre.) — In-folio, 50 feuillets, papier.

1747-1786. — Délibérations de la confrérie du Saint-Sacrement. — Mesures proposées « pour parvenir à l'acquit des dettes de la confrérie et la mettre en état de trouver dans ses épargnes les fonds nécessaires pour l'entretien de ses ornements, argenterie et autres meubles ». 28 avril 1751. — Vente des meubles inutiles de la confrérie « pour l'argent en provenant être employée à l'acquit des emprunts, soit par portions égales ou autrement ». 21 septembre 1751. — *Te Deum* à l'occasion du deuxième centenaire de la fondation de la confrérie. 10 décembre 1761. — Requête à adresser à Cour pour que la confrérie soit maintenue dans ses anciens usages, droits et possessions. 11 mai 1781. — *Te Deum* à l'occasion de la naissance du Dauphin. 21 novembre 1781. — Réforme des abus introduits dans la confrérie. 12 décembre 1784.

G. 9878. (Registre.) — In-folio, 140 feuillets, papier.

1561-1572. — « Compte particullier de maistre Loys Marc, huissier du Roy nostre sire en sa cour de parlement de Rouen, recepveur de l'associacion du Saint Sacrement naguères érigée en ceste ville de Rouen, et commencée en l'église de Sainct Amand dudict lieu, des receptes et despenses par luy faictes, du 15 juin 1561 au 11 juillet 1563. Recette : 501 l. 14 s. 4 d. ; dépense : 374 l. 12 s. 7 d. — Compte de Nicolas Richer, procureur aux bailliage et vicomté de Rouen, receveur de la confrérie (1563-1564). Recette : 148 l. 19 s. 7 d. ; dépense : 132 l. 16 s. 11 d. — Compte de Guillemine Le Maistre, marchand-drapier à Rouen, receveur (1564-1565). Recette : 159 l. 16 s. 11 d. Dépense : 130 l. 18 s. 4 d. — Compte d'Adrien Lemonnier, procureur en la cour de Parlement, receveur (1565-1566). Recette : 213 l. 4 s. 4 d. Dépense : 212 l. 6 s. 2 d. — Compte de Jean Langlois, marchand à Rouen, receveur (1566-1567). Recette : 112 l. 3 s. Dépense : 117 l. 14 s. 9 d. — Compte de Jean Le Sonneur, marchand à Rouen, receveur (1567-1568). Recette : 98 l. 11 s. 4 d. Dépense : 127 l. 19 s. 4 d. — Compte de Jean Belin, marchand-drapier à Rouen, receveur (1568-1569). Recette : 157 l. 8 s. 1 d. Dépense : 198 l. 11 s. — Compte de Nicolas Lemarchand, marchand-drapier à Rouen, receveur (1569-1570). Recette : 184 l. 7 d. Dépense : 108 l. 2 s. 1 d. — Compte de Jacques Planterose, receveur (1570-1571). Recette : 96 l. 18 s. 7 d. Dépense : 31 l. 13 s. 4 d. — Compte de Jean Simon, curé de Saint-André de Rouen, receveur (1571-1572). Recette : 179 l. 10 s. 11 d. Dépense : 141 l. 12 s. 11 d.

G. 9879. (Registre.) — In-folio, 344 feuillets, papier.

1572-1590. — Compte de Jean de La Ville, receveur de la confrérie du Saint-Sacrement (1572-1573). Recette : 122 l. 4 s. 1 d. Dépense : 74 l. 2 d. — Compte de Pierre Guillot, receveur (1573-1574). Recette : 106 l. 18 s. 6 d. Dépense : 89 l. 1 s. 2 d. — Compte de Nicolas de Lintot, secrétaire du Roi, receveur (1574-1575). Recette : 145 l. 4 s. 7 d. Dépense : 90 l. 18 s. 3 d. — Compte de Jean Beaudouin, receveur (1575-1576). Recette : 142 l. 9 s. Dépense : 122 l. 9 s. 8 d. — Compte de Richard Belan, receveur (1576-1577). Recette : 230 l. 11 s. 2 d. Dépense : 128 l. 12 s. 10 d. — Compte de Pierre Duval, receveur (1577-1578). Recette : 244 l. 9 s. 5 d. Dépense : 175 l. 7 s. 6 d. — Compte de Louis Gaillard, receveur (1578-1579). Recette : 246 l. 14 s. 1 d. Dépense : 133 l. 10 s. 8. d. — Compte de Louis Sandres, receveur (1580-1581). Recette : 349 l. 19 s. Dépense : 115 l. 7 s. 7 d. — Compte de Christophe Dehors, receveur (1586-1587). Recette : 272 l. 12 s. 3 d. Dépense : 156 l. 6 d. — Compte de François Quesnel, marchand à Rouen, receveur (1587-1588). Recette : 279 l. 8 s. 5 d. Dépense : 191 l. 9 d. — Compte d'Adrien Duval, marchand de vin à Rouen, receveur (1588-1589). Recette : 584 l. 16 s. 1 d. Dépense : 147 l. 16 s. 2 d. — Compte de Guillemine Gibert, chasublier à Rouen, receveur (1589-1590). Recette : 558 l. 1 s. 10 d. Dépense : 532 l. 10 s.

G. 9880. (Registre.) — In-folio, 332 feuillets, papier.

1590-1609. — Comptes d'Étienne Delaval, receveur de la confrérie du Saint-Sacrement (1590-1591) ; — de Jean Mirey, receveur (1591-1592) ; — de Noël Grevois, receveur (1592-1593) ; — de Jacques Carrey, receveur (1593-1594) ; — de Richard Jouvence, receveur (1594-1595) ; de Jean Jores, receveur (1595-1596) ; — de Thomas Liégeault, receveur (1596-1597) ; — de François Le Parmentier, receveur (1597-1598) ; — de Robert Le Mynier, receveur (1598-1599) ; — de Jean Dusaussay, procureur en la Cour, receveur (1599-1600) ; — de François Louis, receveur (1600-1601) ; — de Jean Goullard l'aîné, receveur (1601-1602) ; — de Pierre Le Cauchois, receveur (1602-1603) ; — de Louis Engren, receveur (1603-1604) ; — de Guillaume Rainboult, receveur (1604-1605) ; — de Jean Goullard le jeune, « l'un des anciens cappitaines » de Rouen, receveur (1605-1606) ; — de Pierre Gueroult, bourgeois, marchand-épicier, receveur (1606-1607) ; — de Jeuffin Delamare, bourgeois, marchand grossier-mercier à Rouen, receveur (1607-1608) ; — de Romain Le Piart, bourgeois, marchand tonnelier à Rouen, receveur (1608-1609).

G. 9881. (Registre.) — In-folio, 449 feuillets, papier.

1609-1638. — « Compte et estat de la recepte, mise et entremise que a eue et faicte Jehan Le Court, maistre et recepveur de la confrairie et asosiation du Sainct-Sacrement de l'autel, fondée à ceste ville de Rouen » — Deniers « cueillis par chacun jour de dimenche à la messe du Sainct-Sacrement, tant aulx bassins des trespassés que à l'offertoire », 1.194 l. 7 s. 2 d. — Deniers recueillis des personnes « qui ce sont rendues de la confrairie au Sainct-Sacrement de l'autel,

de ce qu'ilz ont donné pour leur entrée », 8 l. 18 s. 6 d.
— Argent reçu « pour la morte main des frères et sœurs
décédés », 1.214 l. 10 s. 14 d. — Chapitre des depenses,
« Mises faictes pour les acquictz qu'il a convenu des
frères et sœurs décédez qui estoient de ladicte confrairie
et l'argent payé pour les obitz généraulx », 561. 8 s. —
Inventaire des meubles appartenant « auls confraires et
sœurs de l'asosiation du Sainct-Sacrement de l'autel ».
— Compte de 1610-1911. Recette : 220 l. 1 d. ; dépense :
156 l. 7 s. — Compte de 1611-1612. Recette : 288 l. 5 s.
2 d. ; dépense : 205 l. 5 s. — Compte de 1612-1613.
Recette : 276 l. 12 s. 7 d. ; dépense : 140 l. 15 s. 6 d. ;
etc.

G. 9882. (Registre.) — In-folio, 344 feuillets, papier.

1638-1670. — Comptes : de Jean Dehors, maître
et receveur de la confrérie du Saint-Sacrement (1638-
1639) ; — de Geoffroy Larchevêque, bourgeois de
Rouen, receveur (1639-1640) ; — de Pierre Marlot,
bourgeois de Rouen, receveur (1640-1641) ; — de
Toussaint Briffault, bourgeois de Rouen, receveur
(1641-1642) ; — de Geoffroy Lemaistre, bourgeois de
Rouen, receveur (1642-1643) ; — de Louis de Bloville,
bourgeois de Rouen, receveur (1643-1644) ; — de
Pascal Mirault, marchand chincher à Rouen, receveur
(1644-1645) ; — de Samson Cirot, marchand épicier à
Rouen, receveur (1645-1646) ; — de François Regnard,
bourgeois, marchand à Rouen, receveur (1646-1647) ; —
de Pierre Bunel, marchand, bourgeois de Rouen, receveur (1647-1648) ; — de Simon Lemaistre, receveur
(1648-1649) ; — de Richard de Caumont, bourgeois de
Rouen, receveur (1649-1650) ; — de Mathieu Caumont,
bourgeois de Rouen, receveur (1650-1651) ; — de
Toussaint Tavillon, marchand, bourgeois de Rouen,
receveur (janvier-août 1652) ; — de Charles Coulon,
marchand, bourgeois de Rouen, receveur (1652-1653) ;
— de Louis Guéroult, marchand, bourgeois de Rouen,
receveur (1653-1654) ; — de René Dehors, marchand,
bourgeois de Rouen, receveur (1654-1655) ; — de
Nicolas Le Carpentier, marchand, bourgeois de Rouen,
receveur (1655-1656) ; — de Luc Bucquet, marchand
quincaillier, bourgeois de Rouen, receveur (1656-1657) ;
— d'Abraham Larchevêque, marchand, bourgeois de
Rouen, receveur (1657-1658) ; — de Nicolas Turgis,
marchand, bourgeois de Rouen, receveur (1658-1659) ;
— de Jacques Le Tellier, marchand, bourgeois de
Rouen, receveur (1659-1660) ; — d'Étienne Locquet,
marchand, bourgeois de Rouen, receveur (1660-1661) ;
— de Jacques Briffault, marchand, bourgeois de Rouen,

receveur (1661-1662) ; — de Philippe Le Baillif, marchand, receveur (1662-1663) ; — de Romain Lefebvre,
marchand, receveur (1663-1664) ; — d'Étienne Le
Tellier, marchand, bourgeois de Rouen, receveur
(1664-1665) ; — de Pierre Larchevêque le jeune, marchand, bourgeois de Rouen, receveur (1665-1666) ; —
de Jacques Asselin, marchand, bourgeois de Rouen,
receveur (1666-1667) ; — de François Regnard, marchand, receveur (1667-1668) ; — de Claude Judde,
marchand, receveur (1668-1669) ; — d'Alexandre
Briffault, receveur (1669-1670).

G. 9883. (Registre.) — In-folio, 337 feuillets, papier.

1670-1710. — Comptes : de Thomas Le Hoy le
jeune, marchand, bourgeois de Rouen, receveur de la
confrérie du Saint-Sacrement (1670-1671) ; — de Jean
Le Page, marchand, bourgeois de Rouen, receveur
(1671-1672) ; — de Thomas Horcholle, marchand,
bourgeois de Rouen, receveur (1672-1673) ; — de
Nicolas Godefroy, marchand, bourgeois de Rouen,
receveur (1673-1674) ; — de Nicolas Marlot, marchand,
receveur (1674-1675) ; — de Pierre Taillet, marchand,
bourgeois de Rouen, receveur (1675-1676) ; — de
Jacques Delamare, marchand, bourgeois de Rouen,
receveur (1676-1677) ; — de Guillaume Guymonneau,
marchand, bourgeois de Rouen, receveur (1677-1678) ;
— de Jean-Baptiste Tierce, bourgeois de Rouen, receveur (1678-1679) ; — de Pierre Hellot le jeune, marchand, bourgeois de Rouen, receveur (1679-1680) ; —
de Thomas Campion, marchand, bourgeois de Rouen,
receveur (1680-1681) ; — de Guillaume Vallet, marchand, bourgeois de Rouen, receveur (1681-1682) ; —
de Pierre Dufour, marchand, bourgeois de Rouen, receveur (1682-1683) ; — de Pierre Faucon, marchand,
bourgeois de Rouen, receveur (1683-1684) ; — de
Louis Formont, marchand, bourgeois de Rouen, receveur (1684-1685) ; — de Mathieu Allis, marchand,
bourgeois de Rouen, receveur (1685-1686) ; — de
Pierre Absolut, marchand, bourgeois de Rouen, receveur (1686-1687) ; — de Jean Robert, marchand,
bourgeois de Rouen, receveur (1688-1688) ; — de
Nicolas Judde, marchand, bourgeois de Rouen, receveur (1688-1689) ; — de Jean Sevestre, marchand,
bourgeois de Rouen, receveur (1689-1690) ; — de Germain Marlot, receveur (1690-1691) ; — de Nicolas
Belard, receveur (1691-1692) ; — d'Étienne Horcholle,
receveur (1692-1693) ; — de Nicolas Noël, marchand,
receveur (1693-1694) ; — de Pierre Taillet, marchand,
receveur (1694-1695) ; — de Robert Lenoble, marchand,

receveur (1695-1696); — de Nicolas Noël, marchand, receveur (1696-1697); — de Louis Duval, marchand, receveur (1697-1698); — de Jean Huey, marchand, receveur (1698-1699); — de Jean Cannet, marchand, receveur (1699-1700); — de Pierre Jorre, marchand, receveur (1700-1701); — de Guillaume Bons, marchand, receveur (1701-1702); — de François Chapuis, marchand, receveur (1702-1703); — de Jacques Delaville, marchand, receveur (1703-1704); — de Nicolas Hertier, marchand, bourgeois de Rouen, receveur (1704-1705); — de Nicolas Adam, marchand, bourgeois de Rouen, receveur (1706); — de Joseph Le Carbonnier, marchand, bourgeois de Rouen, receveur (1706-1707); — de Pierre Bulande, marchand, bourgeois de Rouen, receveur (1707-1708); — de Jacques Vachier, marchand, bourgeois de Rouen, receveur (1708-1709); — de Jean Colombel, marchand, bourgeois de Rouen, receveur (1709-1710).

G. 9884. (Registre.) — In-folio, 342 feuillets, papier.

1710-1740. — Comptes : de Simon Jorre, marchand, bourgeois de Rouen, receveur de la confrérie du Saint-Sacrement (1710-1711); — de Nicolas Desnoyers, marchand, bourgeois de Rouen, receveur (1711-1712); — de Jacques Guymonneau, marchand, bourgeois de Rouen, receveur (1712-1713); — de Pierre-Nicolas Marie, marchand, bourgeois de Rouen, receveur (1713-1714); — d'Alexis Pontrevé, marchand, receveur (1714-1715); — de Michel Duval, marchand, receveur (1715-1716); — d'Étienne Le Moyne, marchand, receveur (1716-1717); — de Mathieu Bocquet, marchand, receveur (1717-1718); — de Louis Maillart, marchand, receveur (1718-1719); — de Christophe Julien, marchand, receveur (1719-1720); — de Noël Goulay, marchand, receveur (1720-1721); — d'Hector-Benoist de La Rocque, marchand, receveur (1721-1722); — de François-Henri de Saint-Aubin, marchand, receveur (1722-1723); — de Jean-Baptiste Louis, marchand, receveur (1723-1724); — de Louis Paynel, marchand, receveur (1724-1725); — de Guillaume Ellye, marchand, receveur (1725-1726); — de Pierre-Samuel Chenu, marchand, receveur (1726-1727); — de Philippe Thiron, marchand, receveur (1727-1728); — de Pierre Jamet, négociant, receveur (1728-1729); — de Claude Bocquet, marchand, receveur (1729-1730); — de Jean-Baptiste-Paul Desnoyers, marchand, receveur (1730-1731); — de Léonard Hébert, marchand, receveur (1731-1732); — de Jean-Baptiste Davoult, marchand, receveur (1732-1733); — de Nicolas Germaine, marchand, receveur (1733-1734); — de Nicolas Ansoult, marchand, receveur (1734-1735); — de Gabriel Lamand, marchand, receveur (1735-1736); — de Romain Anquetin, marchand, receveur (1736-1737); — de Pierre Le Carpentier, marchand, receveur (1737-1738); — de François Guillemard, marchand, receveur (1638-1739); — de Jean-Joseph Louvet, marchand, receveur (1739-1740).

G. 9885. (Registre.) — In-folio, 17 feuillets écrits, papier.

XVIIe siècle. — « Inventaire des meubles, lettres et escriptures apartenans à la confrarie du Sainct Sacrement de l'autel fondée en ceste ville de Rouen, estans dans un bahut fermant à clef ». — Mémoire des fondations de ladite confrérie.

G. 9886. (Registre.) — In-folio, 44 feuillets écrits, papier.

XVIIIe siècle. — « Inventaire des meubles, lettres et escriptures apartenans à la confrarie du Sainct Sacrement de l'autel... estans dans un bahut ou coffre fermant à clef ». — Récépissés des maîtres de la confrérie à leur entrée en charge.

G. 9887. (Registre.) — In-folio, 13 feuillets écrits, papier.

XVIIIe siècle. — Inventaire des pièces et écritures de la confrérie générale du Saint-Sacrement. — Inventaire des ornements et meubles de ladite confrérie. — Récépissés des maîtres à leur entrée en charge.

G. 9888 (Registre.) — In-folio, 28 feuillets écrits, papier.

XVIIIe siècle. — Inventaire des pièces et écritures de la confrérie générale du Saint-Sacrement. — Inventaire des livres et registres de ladite confrérie. — Inventaire des ornements, meubles et argenterie lui appartenant (p. 27). — Mémoire de ce qu'il faut payer pour les fondations de la confrérie (p. 33). — Récépissés des maîtres à leur entrée en charge.

G. 9889. (Registre.) — In-folio, 20 feuillets écrits, papier.

XVIIIe siècle. — Inventaire des pièces et écritures appartenant à la confrérie générale du Saint-Sacrement. — Inventaire des livres et registres de ladite confrérie (p. 21). — Inventaire des ornements,

13

meubles et argenterie lui appartenant (p. 27). — Mémoire de ce qu'il faut payer pour les fondations de la confrérie (p. 33).

G. 9890. (Liasse.) — 15 pièces, parchemin ; 10 pièces, papier.

1594 - XVIII° siècle. — Confrérie de la Passion érigée en l'église paroissiale de Saint-Patrice de Rouen. « Cette confrérie, la plus ancienne des quatre érigées en la ville de Rouen, avait originairement pour objet de son institution et de sa piété le soulagement des pauvres de la ville et des veuves et enfants des maîtres et confrères qui se trouvaient en nécessité ». — Arrêt du Parlement qui condamne le s^r Étienne Delaval, « l'un des anciens confraires, eschevins de l'hostel commun dudict Rouen... », à « nommer un bourgeois solvable pour faire faire les solennitez, service de l'église et autres frais requis et accoustumez en ladicte confrairie et associacion » (1594). — Autre arrêt rendu par le Parlement contre le sieur Lucas Fermanel, marchand, maître de la confrérie (1635). — Confirmation par le Roi des statuts de la confrérie de la Passion érigée en l'église Saint-Patrice de Rouen le 2 septembre 1374 (1650). — Arrêt d'enregistrement au Parlement des lettres patentes du Roi pour la confrérie de la Passion (1651). — Procédure contre le s^r Hector Dubuisson, maître de la confrérie, qui se refusait à en exercer les fonctions et à payer les frais et service et qui y a été condamné par sentence du bailliage (1711). — « Inventaire des titres, lettres, arrêts et papiers concernant l'établissement de la confrérie de la Passion... en la paroisse de Saint-Patrice de Rouen ». A la suite copie d'une bulle du pape Urbain VIII, de 1640, accordant une indulgence plénière aux confrères de ladite confrérie, et d'arrêts et lettres patentes concernant la confrérie. — Statuts de la confrérie de 1374 et de 1636 (copie).

G. 9891. (Registre.) — In-folio, 92 feuillets écrits, papier.

XVIII° siècle. — « Livre de la famille du saint enfant Jésus établie en l'église des prêtres de l'Oratoire à Rouen le 25 mars 1661, dans lequel sont écrits les noms de ceux qui luy veullent appartenir en qualité de ses domestiques pour vivre, chacun selon sa condition, dans l'esprit de sa sainte enfance tant nécessaire à salut et sy expressément recommandée par ces paroles de Notre Seigneur même : *Amen dico vobis : nisi conversi fueritis et efficiamini sicut parvuli, non intrabitis in regnum cœlorum.* »

G. 9892. (Registre.) — In-folio, 580 feuillets, papier.

1763. — « Cartulaire de la paroisse et église collégiale de Notre-Dame de La Ronde de Rouen, dans lequel sont transcrits les titres primitifs des fondations faites en ladite église, ensemble les contrats de donations, acquisitions et autres pièces concernant les revenus du trésor d'icelle et les charges auxquelles il est sujet, le tout mis en ordre par les soins de Messieurs les curé-doyen et trésoriers de ladite église-collégiale en l'année 1763 ». En tête, table alphabétique des noms des fondateurs.

G. 9893. (Registre.) — In-folio, 144 feuillets écrits, papier.

1763-1790. — Registre des fondations de l'église de Sainte-Croix-des-Pelletiers de Rouen. Chaque colonne principale (elles sont au nombre de 8, verso et recto) est subdivisée en trois autres colonnes contenant : la première, les noms des fondateurs ; la seconde, le nombre des messes par numéro ; la troisième, les acquits de chaque fondation.

G. 9894. (Registre.) — In-folio, 60 feuillets écrits, papier.

XVIII° siècle. — Fondations de l'église de Sainte-Croix-des-Pelletiers de Rouen. — Ce registre est divisé en quatre chapitres : 1) « Fondateurs à réunir » ; 2) « Fondations racquittées en billets de banque suivant la quittance de finance du 30 juin 1724 de 118 l. 6 s. sur les tailles » ; 3) « Fondations sans titres et autres dont les titres sont perdus et les rentes abandonnées » ; 4) « Fondations avec titres en bonne forme ».

G. 9895. (Registre.) — In-folio, 87 feuillets écrits, papier.

1775-1790. — Comptes rendus à MM. les curé et trésorier, des biens et revenus appartenant à la fabrique de la paroisse de Saint-Étienne-la-Grande-Église de Rouen. — Comptes : de Jean-Baptiste Lange, bourgeois de Rouen (1775-1776) ; — de Charles Clavier, marchand orfèvre (1776-1777) ; — de Pierre Hubert de La Huberdière, marchand mercier (1777-1778) ; — de Jean-Baptiste-Joseph Gorin, marchand mercier (1778-1779) ; — de Pierre-Georges-Nicolas Le Taillandier, marchand mercier (1779-1780) ; — d'Antoine-Noël Le Peton, marchand (1780-1781) ; — de Pierre-Charles Delamare fils, orfèvre (1781-1782) ; — de Laurent

Camus, marchand chapelier (1782-1783); — de Philippe Eudelinne, négociant (1783-1784); — de Joseph Ferment, marchand (1784-1785); — de Jean-Jacques Yvelin, marchand (1785-1786); — de Jean-Vincent Bunel, marchand orfèvre (1786-1787); — d'Antoine-Jacques Cordier, bourgeois (1787-1788); — d'Étienne-Jacques Le Saas, marchand orfèvre (1788-1789); — de François Le Nouvel, marchand (1789-1790).

G. 9896. (Registre.) — In-folio, 130 feuillets, papier.

1782. — « Inventaire des fondations faites en l'église de Saint-Jean de Rouen, depuis celle de Marc Gabriel de l'an 1375 jusqu'à celle de Madame Vve Prevel du 7 may 1763, des titres, papiers, registres et écritures concernant lesdites fondations; et l'état des rentes, maisons, boutiques et autres revenus appartenant au trésor de ladite paroisse », le tout « dressé par les soins de Messieurs les curé et trésoriers de ladite paroisse en l'année 1782, immédiatement après la réduction faite par M. l'official de Rouen, le 21 mars 1782, des susdites fondations, le s^r Pierre Lignel étant dans son année de gestion ». — Cet inventaire est précédé d'une table des fondations (ordre alphabétique), des rentes dues au trésor, des maisons du trésor, des boutiques, et enfin des titres sur diverses matières; puis d'un « état des registres et comptes déposés aux archives de l'église de Saint-Jean ».

G. 9897. (Registre.) — In-folio, 144 feuillets écrits, papier.

1741. — « Livre ou inventaire des titres des fondations faites à l'église de la paroisse de Saint-Martin-sur-Renelle de Rouen et des biens fonds, rentes et maisons appartenant au trésor de ladite église ». — En tête du registre, table alphabétique des fondateurs. — Fondations : des religieuses de Bellefond; des maîtres teinturiers-corroyeurs; des chapelains de la commune; du s^r de La Croix; de Benoît et Maurice Le Flament; d'Adam et Jean de Houppeville; de Jean de Houdemare; de Robert de Lesperon; de Jeanne de la Motte; de Pierre et Étienne Le Normand; du s^r Pavyot de La Villette; de Jean Du Quesné; de Robert de Villeneuve; du s^r de La Quérière; de Robert de La Vigne; etc.

G. 9898. (Registre.) — In-folio, 107 feuillets écrits, papier.

1652-1656. — Église de Saint-Pierre-du-Chatel. — « Inventaire des lettres, escriptures, tiltres et enseignementz concernant les rentes et revenus appartenantz au trésor de l'esglize parochial de la paroisse de sainct Pierre du chastel de ceste ville de Rouen faicte par moy Pierre Pigeon, praticien en la cour, en la présence de discrepte personne maistre Jehan de Sahurs, prebstre, curé de ladicte paroisse, honnorables hommes de Bordeaux, Pierre Langlois et Laurent Aubert, marchands, bourgeois dudit Rouen, thrésoriers en charge d'icelle paroisse, le mardi douziesme jour du mois de novembre 1652, et suivant le pouvoir à luy donné par messieurs les curé et antiens trésoriers de ladicte paroisse en la deslibération par eux faicte, yssue de la grande messe parrochial à jour de dimenche, suivant qu'il est porté au registre des délibérations dudit thrésor, icelluy inventaire fait selon l'ordre des fondations faictes à la dicte paroisse et les noms et surnoms des personnes qui doibvent les dictes rentes et maisons affectez à icelles rentes foulières. » Continuation jusqu'en 1656. — Fondations de Pierre de La Haye. 1424; de Renault Bouette. 1465; de Robert Cornu, écuyer, sieur d'Épreville. 1482; de Colette Leclerc, femme de Pierre Roussel, précédemment veuve de Jean Héron. 1482; de Jean de La Haye. 1492; de Marion, veuve de Jean Bouette. 1494; de Jean Bouette. 1494; d'Isabeau Le Duc, veuve de Jacques de Croixmare. 1496; de Simon Legrand. 1515; de Mr Louis Laurent, prêtre. 1531; de Guillaume Le Trenchois, prêtre. 1545; d'Alain Espagnol. 1691; d'André Godard. 1633; de Gilles Lefebvre. 1636; de Jacques Boullet. 1650; du sieur Gaullard. 1664.

G. 9899. (Cahier.) — In-folio, 44 feuillets, papier.

1789. — « Rôle de supplément de la capitation sur les cy-devant privilégiés de la ville et fauxbourgs de Rouen pour les six derniers mois de 1789, en exécution du décret de l'Assemblée nationale du 26 septembre 1789, déclaration du Roi du 27 du même mois portant sanction dudit décret, et mandement adressé par Messieurs du bureau intermédiaire du département du 15 janvier 1790, dans lequel rôle est comprise la contribution aux travaux des routes ». — Le cardinal-archevêque est imposé à la capitation pour une somme de 300 l., et aux travaux des routes pour une somme de 75 l. Puis viennent les grands vicaires, les chanoines, les chapelains petits prébendés, les chapelains titulaires, les chapelains de chœur, les habitués, les musiciens, les hommes de charge de la cathédrale, puis le clergé des différentes paroisses de Rouen, les communautés religieuses et les séminaires. Le montant total de ce rôle, arrêté par les officiers municipaux de la commune de Rouen en présence de MM. Tuvache, chanoine, Blanquet, curé de Saint-Maclou, Desmazis, curé de Saint-Jean, et Lecerf, curé de Saint-Nicaise, s'élève à 4.429 l. 10 s. pour la capitation et à 1.107 l. 7 s. 6 d. pour la contribution aux travaux des routes.

G. 9900. (Volume.) — In-folio, 62 et 196 pages.

XVIIIᵉ siècle. — « Mémoire pour Messire François Rouxel de Médavy, archevêque de Rouen, et Messire Jacques-Nicolas Colbert, coadjuteur de Rouen, demandeurs, contre les sieurs abbé et religieux de l'abbaye de Fescamp, défendeurs », dans lequel on examine « si les religieux de Fescamp ont un titre pour s'attribuer l'autorité de l'épiscopat, et pour l'exercer à l'exclusion de l'archevesque de Rouen dans une grande partie de son diocèse, et au préjudice de son droit de métropolitain dans plusieurs éveschez de sa province » (p. 1-62). — « Défense de l'exemption et de la jurisdiction de l'abbaye de Fescamp » (p. 1-196).

TABLE

DU

SEPTIÈME VOLUME (3ᵉ PARTIE) DE L'INVENTAIRE DE LA SÉRIE G

NOTA. — *Les chiffres indiqués dans cette Table renvoient aux numéros d'ordre placés en tête de chaque article.*

SÉRIE G.